黙秘権の機能的分析

A FUNCTIONAL ANALYSIS OF THE RIGHT TO REMAIN SILENT

大角洋平
YOHEI OKADO

日本評論社

目 次

序 章 ……………………………………………………………… 1
　1　本書の目的　1
　2　本書の概略　3

第1章　到達点の確認と視座の設定 ……………………… 7
　I　はじめに　7
　II　第一期（1949年〜1965年）
　　　──告知規定廃止論、不利益推認許容論、取調べ技術の向上　8
　1　憲法と自己負罪拒否特権　8
　　(1)　自白偏重防止　9
　　(2)　訴訟主体としての承認　10
　　(3)　個人の尊厳　11
　　(4)　憲法と働きかけの限界　13
　2　刑事訴訟法と黙秘権　15
　　(1)　憲法の精神の拡充　16
　　(2)　当事者主義に由来する供述義務の不存在　16
　　(3)　刑事訴訟法と働きかけの限界　17
　3　刑事訴訟法と告知規定修正・廃止論（1953年）　19
　　(1)　告知規定修正・廃止論（1953年）　19
　　(2)　骨抜きとなった法案と反発　21
　4　憲法第38条第1項の修正・廃止論（1950年代半ば）　22
　　(1)　憲法調査会（1956年）　22
　　(2)　憲法調査会の議論の小括　32
　　(3)　告知規定廃止と供述採取　33
　5　不利益推認許容論（1950年代後半から1960年代前半）　34

6　取調べ技術の向上　36
　　7　裁判所の動向　40
　　8　小　括　42
　Ⅱ　第二期（1965年〜1980年）――捜査構造論・憲法学のコミット　44
　　1　背　景　44
　　2　捜査構造論　46
　　3　捜査構造論と法解釈　50
　　4　憲法学からの解釈論　53
　　5　小　括　55
　Ⅲ　第三期（1980年〜1995年頃）――プライバシーと自己決定　56
　　1　プライバシーと黙秘権　58
　　2　自己決定と黙秘権　63
　　3　小　括　65
　Ⅳ　自己負罪拒否特権及び黙秘権を巡る議論の現在地と課題　67
　　1　保障内容論の現在地　67
　　2　保障根拠論の現在地　68
　　　(1)　自己負罪拒否特権の保障根拠論　68
　　　(2)　黙秘権の保障根拠論　69
　　3　供述意思決定と分析の視座　71
　　　(1)　供述意思決定　71
　　　(2)　公共の利益に資する個人の権利　71
　　　(3)　憲法上の権利としての自己負罪拒否特権　73
　　　(4)　分析の視座　73

第 2 章　保障範囲の画定基準を巡る議論
　　　――証拠収集過程と認知機能　…………………… 75

　Ⅰ　はじめに　75
　Ⅱ　自己負罪拒否特権に関する州・連邦最高裁判例の展開　76
　　1　*Holt v. United States*, 218 U.S. 245（1910）――着衣強制　76

2　*People v. Sallow*, 100 Misc 447（165 N.Y.S 915）（1917）
　　──指紋強制採取　77
　3　*People v. Les*, 267 Mich. 648（1937）──指紋強制採取(2)　78
　4　*Block v. People*, 240 P.2d 512（Colo. 1951）──強制採血　79
　5　*Schmerber v. California*, 384 U.S. 757（1966）──強制採血　80
Ⅲ　画定基準とその背後にあるもの──理論整理　83
　1　被疑者・被告人のプライバシーに関わる事情に限定する見解　83
　2　被疑者・被告人の精神的プライバシーに限る見解　84
　3　証拠収集過程と認知機能に着目する見解　87
Ⅳ　画定基準を巡る議論と日本法への示唆　92
　1　自己負罪拒否特権の保障範囲の画定基準　92
　2　認知機能に着目する画定基準と理論的課題　93

第3章　熟慮に基づく自己決定と個人の権利としての自己負罪拒否特権及び黙秘権
　　──認知機能と証拠収集過程に着目して 95

Ⅰ　はじめに　95
Ⅱ　認知機能・メンタルワークロード・質疑応答　96
　1　認知機能とメンタルワークロード（認知的負荷）　96
　2　質疑応答とメンタルワークロード（認知的負荷）　98
Ⅲ　供述採取過程としての質疑応答の性質　100
　1　タスクの要求内容──自己の生存に関わる質疑応答　100
　　(1)　捜査取調べにおけるトピックコントロール　101
　　(2)　公判廷におけるトピックコントロール　103
　　(3)　トピックコントロールの目的と刑事司法手続　104
　　(4)　トピックコントロールの実行とパワーの源　104
　　(5)　刑事手続におけるタスクの要求内容とメンタルワークロード　106
　2　タスク処理を取り巻く諸制約──三重の不確実性　107
　　(1)　被疑者・被告人のニーズ　107

(2) タスク処理を取り巻く諸制約とメンタルワークロード　107
　3　自己負罪拒否特権と認知的負荷　110
　4　自己負罪拒否特権の保障と帰結　112
　5　帰結の評価　112
　6　保障範囲と自己負罪拒否特権　113
Ⅳ　黙秘権への拡充と認知的負荷　114
　1　捜査段階の黙秘権　114
　2　公判段階における黙秘権保障　114
　　(1) 被告人質問制度と黙秘権　115
　　(2) 被告人証人適格制度と自己負罪拒否特権　115
Ⅴ　タスク処理を複雑にする諸要因と弁護人立会権への拡充　116
　1　タスク処理を複雑にする諸要因　116
　　(1) 知識確認型質問（Knowledge Question）　116
　　(2) 誘導尋問・コンタミネーション　117
　　(3) 捜査官の迷妄的多義表現（deceptive ambiguity）の利用　120
　　(4) 取調べテクニックとパワー　127
　2　身体拘束中の被疑者に対する弁護人立会権と取調べ遮断効　127
　　(1) メンタルワークロードと身体拘束中の被疑者に対する
　　　　弁護人立会権保障　127
　　(2) 身体拘束中の被疑者の黙秘権行使と取調べ遮断効　129
　　(3) 身体拘束中の被疑者からの獲得供述量の低下と合理的被疑者　130
Ⅵ　小括　130

第4章　公共の利益に資する自己負罪拒否特権及び
　　　　　黙秘権　……………………………………………… 135

Ⅰ　はじめに　135
Ⅱ　真犯人による虚偽供述の防止　136
　1　Stuntz の見解──期待可能性理論と自己負罪拒否特権　136
　2　Seidmann、Stein の見解──ゲーム理論と自己負罪拒否特権　147

3　各理論の独自性　152
　　4　理論的差異　153
　Ⅲ　日本法への応用可能性　154
　　1　真犯人の虚偽供述と自己負罪拒否特権　154
　　2　無辜による過剰弁解と自己負罪拒否特権　157
　Ⅳ　自己負罪拒否特権の保障根拠　159
　　1　供述意思決定への影響　159
　　2　自己負罪拒否特権と不利益推認禁止　161
　Ⅴ　黙秘権の保障根拠　161
　　1　法と言語学からの示唆　161
　　2　不利益推認の禁止手段と黙秘権保障　162
　Ⅵ　小　括　163
　　(1)　自己負罪拒否特権及び黙秘権の保障根拠　163
　　(2)　自己負罪拒否特権の保障範囲論　163
　　(3)　被告人質問制度と被告人証人適格制度　164
　　(4)　玉石混淆防止と弁護人立会権　164

第5章　憲法上の権利としての自己負罪拒否特権
——不利益推認禁止を巡るアメリカ法の歴史 …………… 167

　Ⅰ　はじめに　167
　Ⅱ　被告人証人適格法の制定——（1860年～1899年）　169
　1　州法域の状況　169
　　(1)　不利益推認に関わる立法例　170
　　(2)　Maine 州判例——*State v. Bartlett*, 55 Me. 200（1867）　172
　　(3)　California 州判例——*People v. Tyler*, 36 Cal. 522（1869）　175
　　(4)　Maine 州判例と California 州判例の比較　178
　2　連邦法域の状況　179
　　(1)　連邦最高裁判決
　　　　——*Wilson v. United States*, 149 U.S. 60（1893）　179

3　小　括　181
Ⅲ　*Twining-Adamson* 判決下の動向──（1900年～1919年）　182
1　州法域の状況──Ohio 州憲法と不利益推認規定　182
　(1)　立法（案）と時代背景　182
　(2)　Ohio 州の憲法修正　184
　(3)　検　討　187
　(4)　修正後の実務の評価　189
2　連邦法域の状況　190
　(1)　連邦最高裁判決
　　　──*Twining v. State*, 211 U.S. 78（1908）　190
　(2)　法廷意見の分析　192
3　小　括　192
Ⅳ　*Twining-Adamson* 判決下の動向──（1920年～1939年）　193
1　立法提案　193
2　米国法律協会（American Law Institute）──1931年　195
3　Wickersham 委員会報告書──1931年　198
4　州法域の状況──California 州憲法と不利益推認規定　203
　(1)　California 州の憲法修正　203
　(2)　修正後の実務の評価　206
5　小　括　207
Ⅴ　*Twining-Adamson* 判決下の動向──（1940年～1959年）　208
1　立法提案の検討　208
　(1)　Model Code of Evidence　209
　(2)　Uniform Rules of Evidence　210
2　判例の動向　211
　(1)　*Adamson v. California*, 332 U.S. 46（1947）判決　211
　(2)　法廷意見の分析　213
3　小　括　215
Ⅵ　*Malloy-Griffin* 判決──（1964年～1965年）　216
1　*Griffin v. California*, 380 U.S. 609（1965）　218
2　法廷意見の検討　224

3　小括　227
　Ⅶ　司法政策局（Office of Legal Policy）による立法提案（1989）　228
　Ⅷ　傷つきやすく分かりにくい権利としての自己負罪拒否特権　231
　　1　不利益推認を巡るアメリカ法の歴史の通観　231
　　2　歴史から得られる日本法への示唆　233
　　（1）　傷つきやすい権利としての自己負罪拒否特権　233
　　（2）　分かりにくい権利としての自己負罪拒否特権　235

終章　自己負罪拒否特権及び黙秘権の保障根拠 ……………… 239

　Ⅰ　メンタルワークロード（認知的負荷）と保障根拠論　239
　　1　刑事手続における質疑応答の性質　239
　　2　自己負罪拒否特権の保障根拠　241
　　3　捜査段階の黙秘権の保障根拠　242
　　4　公判廷における黙秘権の保障根拠　242
　　（1）　計算量と認知的負荷　242
　　（2）　被告人質問と被告人証人適格　243
　　（3）　メンタルワークロードと弁護人立会権　243
　Ⅱ　玉石混淆問題と保障根拠論　244
　　1　玉石混淆問題と自己負罪拒否特権の保障根拠　244
　　2　黙秘権保障への拡充　245
　　（1）　不利益推認の禁止手段と黙秘権　245
　　（2）　被告人質問と被告人証人適格　245
　　（3）　玉石混淆防止と弁護人立会権　246
　Ⅲ　黙秘権の保障根拠　246
　Ⅳ　憲法上の権利としての自己負罪拒否特権　249
　Ⅴ　自己負罪拒否特権の保障範囲と供述採取制度の設計思想　250
　　1　自己負罪拒否特権の保障範囲とポリグラフ検査・復号強制　250
　　2　供述採取制度の設計思想　251

あとがき

序 章

1 本書の目的

　本書の目的は、学際的知見を用いて自己負罪拒否特権及び黙秘権の保障根拠を提示する点にある。近年、自己負罪拒否特権又は黙秘権の保障を徹底するために、取調べへの弁護人立会権が論じられている。他方、自己負罪拒否特権及び黙秘権の保障内容として不利益推認禁止が含まれるものと一般的には理解されてきたが、不利益推認を認める立法提案もなされている[1]。弁護人立会権を認めれば助言を通じて黙秘は容易になる一方、不利益推認を認めれば黙秘はしにくくなる。自己負罪拒否特権又は黙秘権を基軸に置きつつも、異なる方向の制度設計が提示されているのが現状である。

　こうした問題に対して、例えば、不利益推認を認めることが供述の「強要」に該当するかという規範的分析を行うのが一般的だろう。しかし、規範的分析に先立ち、まずは黙秘が供述意思決定やその帰結にどのような影響を及ぼすかの事実解明的分析を行う必要がある。すなわち、不利益推認が認められると人々の供述意思決定がどのようなものへと変わり、いかなる帰結が生じるのかを検証する必要がある。たとえ供述採取の必要性が高くとも、供述意思決定を歪ませて質の低い供述しか獲得できないことが予想されるのであれば、供述採取制度としては問題があるからである。

　本書に通底する発想は、関係する諸利益を特定した上で、人々の意思決定、とくに供述意思決定を分析しなければ、自己負罪拒否特権及び黙秘権の保障根拠を考察するのは困難であるというものである。その理由の一つとして、供述という証拠は、証拠収集過程において被疑者・被告人の認知

[1) 法制審議会・新時代の刑事司法制度特別部会「時代に即した新たな刑事司法制度の基本構想」35-36頁（2013年1月）。

機能を介在させて新たに生成されるという性質を有している点が挙げられる。被疑者・被告人の意思決定に応じて供述は千変万化する。捜査官・裁判官は、その性質を踏まえながら、被疑者・被告人の供述に関わる意思決定を行う。環境、心理状態、利害得失、働きかけによって被疑者・被告人の意思決定は変容し、供述内容も変わる。したがって、供述採取に向けた処分の規律を考えるにあたっては、供述意思決定の考慮を要する分、利益衡量によってその在り方が決まる物的証拠収集活動の規律とは異なる発想が必要となるのである。

　もっとも、自己負罪拒否特権及び黙秘権も何らかの利益の衡量結果として採用された権利のはずであるから、利益衡量とは無縁のものではない。しかし、これまでの保障根拠論は、「個人の尊厳」や「自己決定」といった利益衡量に馴染まない抽象的な概念に支えられている。そのためか、どのような事項が自己負罪拒否特権又は黙秘権の問題として議論すべきなのかが分かりにくくなっている。その典型例が、ポリグラフ検査や復号強制の問題だと思われる。規制の在り方を考えるためにも、自己負罪拒否特権及び黙秘権の保障根拠は、利益衡量に馴染むような諸利益に分解して検討しなければならない。

　そこで本書では、意思決定分析を得意とする心理学・言語学・経済学の知見を用いて、権利保障を施すか否かで人々の供述意思決定がどのように変わるのかを予測し、その予測される帰結の評価をもって権利保障の望ましさを論じるという分析手法を採用する。その帰結は、ⅰ）無辜の処罰、ⅱ）真犯人の不処罰、ⅲ）プライバシーの利益、ⅳ）捜査資源・裁判資源を合わせた刑事司法資源といった、刑事司法制度を設計するにあたり考慮されてきた諸利益に焦点を当てて評価を行う。

　もっとも、供述意思決定分析とコストベネフィット分析に基づいて保障根拠を論じた場合、自己負罪拒否特権を憲法上の権利として格上げすべき理由が見えにくくなる。そこで、本書では、アメリカにおける自己負罪拒否特権と不利益推認に関する歴史的展開から得られる示唆をもとに、自己負罪拒否特権を憲法上の権利として位置づけるべき理由も明らかにする。なお、研究方法の限界から、被疑者・被告人以外の者に対する自己負罪拒

否特権の保障根拠については検討から外している。これらを論ずるために、本書は次のように議論を進める。

2　本書の概略

　第1章では、憲法第38条第1項、刑事訴訟法第198条第2項、同法第311条第1項の保障内容論及び保障根拠論に関する議論の歴史的展開を通じて、議論の到達点と問題点を明らかにし、分析の視座を設定する。そこでは、(不利益な) 供述をするか否かの被疑者・被告人の自己決定の実現に自己負罪拒否特権又は黙秘権の保障の狙いがあったと整理する。しかしそうした見解には、いくつかの課題があることも指摘する。まず、(不利益な) 供述をするか否かの自己決定の実現を確立すべき理由が明らかではないことが挙げられる。また、自己決定といえど、捜索・押収を拒否する被疑者・被告人の自己決定は保障されず、本人の自己決定が反映されているはずの被疑者・被告人が所有する私的文書の捜索・押収も許容されている。自己決定という観点からはこれらも保護の対象になりうるが、保障範囲を「供述」に限定する理由が明らかではない。保障根拠論及び保障範囲論に関して課題が残っているといえる。

　そこで課題を解決するための基礎的作業として、第2章では、アメリカにおける自己負罪拒否特権の保障範囲を巡る議論を参照し、検討の土台を構築する。日本では、供述するかしないかの自己決定の尊重が求められてきたのに対して、捜索・押収を拒否するという自己決定は尊重されず、自己決定が反映されている被疑者・被告人の私的文書の押収も許容されている。まずは、そのような切り分けがいかなる観点から行われるのか、保障範囲の画定基準を明らかにすることが必要となる。この解明に向けた基礎的作業としてアメリカ法を参照する。アメリカでは、合衆国憲法修正第5条によって自己に不利益な証人になることを強要されないとする自己負罪拒否特権が保障され、州憲法においても同様の保障が定められている。この「証人」という文言を巡って州・連邦最高裁において議論が交わされてきた。そこでは「証人」という概念を広げて、保障範囲を証言に限定しない立場もあれば、限定する立場も存在し、保障範囲を巡り長年にわたって

争われてきた。議論の蓄積が豊富にあり、参照価値が高い。この章では、州・連邦最高裁判例の法廷意見・反対意見を整理したところ大別して3つの画定基準があることを示すが、そのうち、「証拠収集過程において被疑者・被告人の認知機能を介在して新たに生成される証拠であるか否か」という保障範囲の画定基準を取り上げる。もっとも、判例及び学説検討からは、なぜ証拠収集過程において認知機能が介在したか否かという点に着目すべきなのかは明らかにならなかったため、次章以降にて、この画定基準を土台に、証拠収集過程と認知機能に着目しながら分析を進める。

　第3章では、証拠収集過程、認知機能と自己負罪拒否特権及び黙秘権がいかなる関係を有しているのかを、被疑者・被告人、捜査機関・裁判所の言葉の使い方やコミュニケーションの有り様から説明を試みていく。こうした作業を通じて、個人の権利として自己負罪拒否特権及び黙秘権が保障されるべき理由を提示する。具体的にはⅰ）証拠収集過程である取調べや被告人質問にはどのように認知機能が介在しているのかを確認する。ⅱ）そのうえで、取調べ・被告人質問はどのような性質を有しているのかを、法言語学の概念及び認知心理学のメンタルワークロード（または認知的負荷）概念を用いて明らかにする。質疑応答とは何をトピックとする会話形式なのか。それは、いかなる制約のもとで行われるのか。質疑応答の際に用いられる言葉はいかなるものか。これらを明らかにすることで、取調べや被告人質問の性質を明らかにし、個人の権利として自己負罪拒否特権及び黙秘権を保障すべき理由を提示する。

　第4章では、自己負罪拒否特権及び黙秘権には公共の利益を増進させる性質を有していることを指摘する。自己負罪拒否特権は公共の利益に資する性質を有するものと指摘したWilliam J. Stuntzの研究を参照する。また、ゲーム理論分析をもとに自己負罪拒否特権の保障根拠を提示したDaniel J. SeidmannとAlex Steinの共同研究を紹介する。これら研究を整理し、無辜の供述と真犯人の供述との玉石混淆状態の発生防止に自己負罪拒否特権及び黙秘権の保障根拠を見いだす。

　第5章では、憲法上の権利として自己負罪拒否特権を位置づけるべき理由を検討する。本書は自己負罪拒否特権の保障根拠を、供述意思決定分析

を踏まえたコストベネフィット計算結果に見いだす。その結果、個人の尊厳に保障根拠を見いだす立場とは異なり、自己負罪拒否特権を憲法上の権利として保障すべき理由が見えにくくなった。そこで、憲法上の権利として保障すべき理由を、アメリカにおける不利益推認を巡る歴史的展開から示唆を得ようとする。アメリカ法の歴史からは、真犯人だから黙秘するという素朴な経験則と刑事司法運営の効率化という要請によって、自己負罪拒否特権は容易に掘り崩されてしまうことが明らかとなる。そして不利益供述をするかしないかの自己決定を保障する自己負罪拒否特権の機能は、実際に刑事訴追を受けた者には理解しやすく、そうでない者には分かりにくい。社会的厚生を改善する権利であるものの、分かりにくい権利としての性格を有する。このような傷つきやすく、分かりにくい権利という自己負罪拒否特権の性格に、憲法上の権利として格上げすべき理由を見いだす。

　終章では、これまでの議論を総括し、黙秘権の保障根拠論を提示する。以上が本書の概要となる。

第1章
到達点の確認と視座の設定

I　はじめに

　本章の目的は、自己負罪拒否特権及び黙秘権に関する学説の到達点と課題を浮き彫りにし、分析の視座を定めることにある。この目的を遂行するにあたり、戦後に現れた学説を時系列に沿って整理していく。

　当時の課題や必要性に応対すべく、学説が新しく生まれてくるのであるから、各時代の背景事情を明らかにすれば各学説の目的が鮮明になるだろう。例えば、戦後直後は拷問的取調べが問題視されていたが、時代が下るにつれて異なる取調べ手法が議論の俎上に上がり、黙秘権告知規定の廃止論も提唱された。このような問題意識の推移が、学説の形成にも影響を与えているはずである。そうだとすれば、時系列に沿った形で整理するほうが学説への理解を深めることになろう。

　また、学説の受容・反発を追うことにより、どのような分析手法であれば、理論の受容可能性が高められるのかが明らかになるだろう。例えば、憲法改正の見込みが高く、条文が容易に変わりうる時代では、条文の文言にこだわった理論の影響力は弱いだろう。議論の変遷を通じて、保障根拠論の分析方法を考えたい。

　このように、過去から現在に至るまでの過程を叙述することで、学説の到達点と課題を明らかにし、分析の視座を設定したい。そこで本章は、戦後に現れた学説や議論を3つの区分に分け、憲法第38条第1項、刑事訴訟法第198条第2項、同法第311条第1項の保障内容と保障根拠論を巡る学説を整理していきたい。第一期が1949年～1965年、第二期が1965年～1980年、第三期を1980年～1995年とする[1]。

II　第一期（1949年～1965年）——告知規定廃止論、不利益推認許容論、取調べ技術の向上

1　憲法と自己負罪拒否特権

　1949年から1965年にかけての議論の特色は、憲法第38条第1項の保障内容と保障根拠の模索であり、これらを踏まえたうえでの供述意思決定への働きかけの限界に焦点が当てられた点にある。その働きかけの例として、告知規定の修正・廃止、不利益推認の許容、取調べ技術の向上が挙げられる。

　憲法制定直後から1950年代半ば頃まで、憲法第38条第1項が何を保障しているのか、その保障内容が問題となった。学説は、被疑者・被告人を問わず、少なくとも自己に不利益な供述の拒否（自己負罪拒否特権）を認めたとする点で軌を一にしていた[2]。

　ただし、被疑者・被告人が書いた日記などの物的証拠にまで、自己負罪拒否特権の保障が及ぶかは見解が分かれた。例えば、青柳文雄は「我が國の民主化のためには、供述を強要されないというだけで十分であると考えられるし、……（中略）……職業裁判官が判決に証拠説明をする我が國では、証拠能力をなるべく廣く認めなければ、不当に巨悪を逸する嫌がある」として、その趣旨は必ずしも明確ではないものの、民主化と証拠説明との関係から、特権の保障範囲を供述に限定する[3]。他方、被疑者・被告人が有する物的証拠にも特権の保障が及びうるという理解もあった[4]が、「何人も、自己に不利益な供述を強要されない」と定めていることもあり保障範囲の拡張は否定された。

---

1) 本論に入る前にいくつかの留意事項を指摘しておきたい。まず本章の目的は、学説史の形成ではなく、あくまで議論の精髄を引き出すことに留まる。学説を網羅的に紹介するものではない。また時代区分に完全に従って学説等を紹介するわけでもない。この区分は議論の大きな流れを示す目安に過ぎないからである。本章にはこうした限界を内包していることを予め指摘しておきたい。
2) 平野龍一「黙秘權」刑法雑誌2巻4号39頁、39頁（1952年）。
3) 青柳文雄『刑事訴訟法通論』54頁（立花書房、1949年）。

II　第一期（1949年〜1965年）——告知規定廃止論、不利益推認許容論、取調べ技術の向上

　論争の的になったのは、自己負罪拒否特権の保障根拠である。旧法下の実務では自白が重視されていた。自白の採取手続とその使用について種々の定めを置いた現行法に移行した直後も、自白採取の必要性が実務から指摘されていた。そのため、供述・自白の採取を困難にする自己負罪拒否特権を疑問視する声は当然に生まれてくる。そのような時代にあって、自己負罪拒否特権の保障根拠として有力視されたのが自白偏重防止、訴訟主体としての承認、個人の尊厳保障の3つであった[5]。

(1)　**自白偏重防止**

　現行刑事訴訟法の立案関係者らは、憲法第38条全体によって自白偏重防止を実現しようと考えていた。立案関係者らは、「自白偏重の傾向は、任意でなくても眞實であれば良いという考え方を導く。そこで捜査機関は、無理をしても自白を得んとし、遂に人権蹂躙の批難を招いた。これがわれわれの過去の現實である。新憲法第38條は、この弊風を匡正せんとするものである」という[6]。旧法下においても、自白偏重を戒める規定は存在していた。しかし、証拠としての価値に加え、罪の精算という社会的価値も有していたこともあって自白が偏重され、自白強要がなされてきた。こ

---

[4] 河原畯一郎は青柳文雄とは異なる解釈を提示する。河原は、文書提出命令、法人への特権付与、要保存記録を素材に自己負罪拒否特権の保障範囲を考える。そして、憲法第38条第1項がアメリカ合衆国憲法修正第5条に由来するものであると位置づけ、当時の連邦最高裁判例に即した解釈を導く。例えば、文書についても特権の保障が及びうるとし、要保存記録や法人・労働組合などが有する文書は特権の保障外とすべきとする。河原畯一郎「黙秘権と関連する諸問題（上）」ジュリスト104号50頁（1956年）、河原畯一郎「黙秘権と関連する諸問題（下）」ジュリスト105号59頁（1956年）〔同「黙秘権の問題」『基本的人権の研究』129頁（有斐閣、1957年）所収〕参照。

[5] これらの見解が両立することは認識されていた。例えば、大阪地方検察庁検事の徳永正次は、被告人にその犯した罪悪を語らせることは残酷であるといういわば人道主義的な考え方と、被告人を証拠の対象としないことによって自白偏重・自白強要の危険を防止する実際的な効果があることを指摘する。徳永正次「被告人の黙秘権について」法律のひろば3巻2号22頁、22-23頁（1950年）参照。

[6] 野木新一＝宮下明義＝横井大三『新刑事訴訟法概説』153頁（立花書房、1948年）。

うした弊風を是正するべく、自白に任意性を求めることで人権蹂躙を防止しようとしたというのである。「憲法上、何人も自己に不利益な供述を強要されず、いやしくも強制による自白は、これを證據とすることができないものである以上（憲法三八ⅠⅡ）、被疑者の取調についても、このような嚴格な條件を課して、供述の任意性を確保する必要があるのである」[7]と説明するところからも、憲法第38条全体により自白偏重を防止しようと考えていたことがわかる。立案関係者らによる説明の特色は、憲法第38条各項を個別に見るのではなく、憲法第38条全体をもって自白偏重防止を実現しようとする点にある[8]。

(2) 訴訟主体としての承認

一方、自白偏重防止という狙いは共通するものの、当事者主義の理念と結びつけて説明する見解も存在する。当事者主義を採用した現行刑事訴訟法のもとでは、旧法と異なり、被告人は取調べの客体から訴訟主体として位置づけられた。その地位を反映したものが自己負罪拒否特権の保障だという。

例えば、1948年に小野清一郎は、自己負罪拒否特権をはじめとする憲法第38条の規定は、自白の強要を絶対に否定する「自由主義的および辯論主義的、當事者訴訟主義的な意圖から出てゐる」として、当事者主義との関係を指摘する。旧法のもとでは、被告人は当事者であると同時に、1つの証拠方法でもあった。これに対して現行法のもとでは、純粋な訴訟の当事者として取り扱うこととなり、自己負罪拒否特権を認めることになったと説明する[9]。

1955年に江家義男は同種の見解を提示する。「被告人は検察官と対等の

---

7) 野木ほか・前掲注6) 120頁。
8) 同種の見解として、岸盛一『新刑事訴訟法義解』37頁、57頁（法文社、1948年）、齊藤金策『刑事訴訟法學』196頁（有斐閣、1951年）、田中政義『新刑事訴訟法講義』159頁（巌松堂、1951年）参照。
9) 小野清一郎『新刑事訴訟法概論』27頁、80-81頁（法文社、1948年）。

立場で、検察官の攻撃に対し自分を防禦する権利をもっている。……（中略）……被告人は取調べの対象でないのであるから、検察官の質問に対してはもちろんのこと、裁判官の質問に対しても供述する義務がないのである」[10]という。このことを江家も旧法との対比で説明する。旧法においても被告人に供述義務は存在しなかった。しかし、証拠調べ手続に入る前に裁判所による「被告人尋問」が行われていた。被告人が一言も喋らない場合は追及して尋問するなど、被告人は取調べの客体としての地位に置かれていた。そこで現行刑事訴訟法では、被告人が取調べの客体でないことを強調すべく、憲法第38条が定められたという[11]。

このように、被告人の訴訟主体としての地位の承認に自己負罪拒否特権の保障根拠を見いだす。自己負罪拒否特権は、被告人の取調べの客体化を否定する当事者主義との関係で説明されたのである。ここにいう取調べの客体からの脱却の狙いが、自白偏重防止にあるのだとすれば、先の見解と軌を一にする。ただし、当事者主義という訴訟構造と結びつけた点に若干の違いが存在する。

(3) 個人の尊厳

他方、憲法第38条第1項それ自体に固有の意義を見いだそうとする見解も存在する[12]。それが、個人の尊厳を尊重するべく自己負罪拒否特権を保障したものとする見解である。

1952年、平野龍一は、憲法第38条第1項の規定は自己負罪拒否特権を保障したものであり、アメリカ合衆国憲法修正第5条に由来することから[13]、アメリカ法の歴史に遡ってその保障根拠を検討する。この規定は、個人の尊厳に対する真実発見の要請の譲歩を求めたものと位置づける。平野は、

---

10) 江家義男『刑事訴訟法教室上巻』96-98頁（大蔵省印刷局、1955年）参照。
11) 被告人の当事者的地位を尊重したものと位置づける見解として、他にも安平政吉『改正刑事訴訟法（上）』461-462頁（青林書院、1954年）、高田卓爾『刑事訴訟法』18頁、78頁（青林書院、1957年）。
12) 平野・前掲注2）52頁。

自己負罪拒否特権の歴史を辿り、この特権は糾問主義から弾劾主義への発展とともに発生したという[14]。糾問主義のカロリーナ法典では供述義務が課され、厳格な要件のもとで拷問が認められていた。拷問の廃止後も、真実義務が課され、尋問技術の名のもとで供述の矛盾が追及され、返答に窮したことをもって自白として扱うなど「精神的拷問」が加えられたという。同様にドイツでも1848年に供述義務を廃止したものの、道徳上の義務があるという感情が根底にあったために、尋問技術による精神的拷問が絶えなかったと説明する[15]。一方、アメリカの諸州では、人権宣言の中に自己負罪拒否特権の保障を謳っていた。これは、ピューリタンの精神と、植民地におけるイギリスの裁判所に対する反抗が大きな原因として、アメリカの植民地で独自の発展を遂げたものとされる。この特権は、被告人の証言能力が認められるとともに問題となった。証言台に立って厳しい反対尋問に晒され、結局不利益な供述を強要されるか、証言台に立たないことをもって不利益な事実を認めたとみなされるか、このような進退窮まる状況に陥ることを防止するべく、不利益推認・不利益コメントを禁止するにまで至ったと紹介する[16]。そして、自己負罪拒否特権と自白法則とをそれぞれの歴史・効果・射程に鑑み峻別していく。平野によると、自白法則は、虚偽自白を排除することで真実発見を実現しようとする証拠法則に該当するのに対し、自己負罪拒否特権は、他の利益を実現しようとする証拠禁止に分類されるという。ここにいう他の利益を明示するなかで、平野は自己負罪拒否特権（平野はこれを黙秘権と呼ぶ）の本質を次のように述べる。

---

13) 憲法第38条がアメリカ法由来と考える者は多い。例えば、栗本一夫は憲法第33条から第39条までの規定はアメリカ合衆国憲法の規定の影響を強く受けていることから、憲法第38条もアメリカ法を参照して解釈を試みようとしている。栗本一夫『改訂新刑事証拠法』6-7頁（立花書房、1950年）。同種のものとして石山富太郎『犯罪捜査と司法的抑制』司法研究報告書第5輯第2号、73-74頁（1952年）がある。
14) 平野・前掲注2）39-40頁。
15) 平野・前掲注2）40-41頁。
16) 平野・前掲注2）41頁。

默秘權の本質は、個人の人格の尊嚴に對する刑事訴訟の譲歩にある。人格は自律を生命とする。自己保存の本能を克服して、自己を進んで刑罰に服させるのは崇高な善であり、人はそのように行爲する道德的義務を持つ。それは極めて崇高な道德的義務である。しかし正にその故に他からの強制を許さない。ただ各自の自發的行爲にまつだけである。この故に、積極的に自己を有罪に導く行爲をとることを法律的に強制しない。まして國家は、個人を保護するためにのみ存在するものである。その目的達成のための手段として、個人の人格を侵害するというのは、自己矛盾である。默秘權とは、このような人格の尊嚴に對して刑事訴訟が譲歩した「證據禁止」である[17]。

このように平野は、憲法第38条第1項の自己負罪拒否特権の保障根拠を個人の尊厳の尊重に見いだす。罪の告白は崇高な道徳的義務であるがゆえに、その強要を禁じたと説明するのである。また、後述するように、憲法第38条第1項の保障内容に不利益推認禁止も含まれていると解していた。

抽象的内容も含まれているこれらの見解は、どのような受け止められ方をしたのだろうか。これを明らかにすることで、後の時代の学説の問題意識を浮き彫りにできるだろう。そこで当時問題となった事件や、実務の声を引きながらこれを考えてみたい。

(4) 憲法と働きかけの限界

これら保障根拠論のうち、自白偏重防止については広く共有されただろう。その背景事情には、旧法下で行われた拷問への反省と、なおも残存する拷問的取調べへの糾弾があった。日本弁護士連合会人権擁護委員会によれば、1950年頃は、頭髪を掴み上げ、陰部を蹴り上げるなどの暴行や、長時間にわたる正座をさせるなどのような、それ自体で特別公務員暴行陵虐罪を構成するような取調べ方法が残存していたとされる[18]。1956年にな

---

17) 平野・前掲注2) 50-51頁。

ると、法務省人権擁護局に対してなされた申告が最も多い事件が暴行陵虐事件であり、次いで多いのが自白強要事件であった[19]。その時期に至ると、従前のエビ責め等という手段は取られなくなったと指摘されるものの、1957年には二俣事件（拷問を伴う取調べ）、1958年には小島事件（顔面への殴打）、幸浦事件（耳に焼火箸を押し付ける）などを通じて、拷問的取調べがなおも存在していることが発覚したのであった。また、自白強要の手段として殴打も用いられていた[20]。目の前の惨状を防ぐにあたっては、自白偏重防止に力点を置いた理解は有力であっただろう。

　もっとも、新憲法のもとでも供述採取の重要性が指摘された。その結果、拷問的取調べに至らないような働きかけならば、憲法上、許容されるという主張がされる。

　例えば、1949年、検事である塩野宜慶は、被疑者取調べについて次のように指摘する。まず、憲法第38条第1項は不利益供述強要の禁止を定めている。しかし刑事訴訟法上は、取調べを認めている。それゆえ「強要にわたらない限りその被疑者に対しその不利益な事実について尋ねることは取調として認められているのである。そこで捜査官としては、取調を行う以上、事理を説いて被疑者の反省を促し、その不利益な事実についても供述がなされることを期待して努力を盡すになる訳である」と指摘する[21]。

　さらに、現行刑事訴訟法のもとでも自白それ自体の証拠価値や道義上の価値は依然として高いことに加え、物的証拠の証拠価値との関係からも供述採取の必要性を塩野は指摘する[22]。現行憲法・刑事訴訟法の下では自

---

18) 日本弁護士連合会人権擁護委員会編『日弁連人権侵犯申立事件警告・勧告・要望例集1950-1974年度：警察官、検察官、裁判官、刑務所職員、税務職員、その他の公務員、報道機関、宗教団体、医療機関、市民、教育機関等、企業、その他による侵害』（明石書店、2005年）参照。
19) 戸田正直「警察官の人権侵害について――人権擁護局で取り扱った事件を中心として――」警察学論集9巻10号1頁（1956年）参照。
20) 戸田・前掲注19）9-10頁。もっとも、申告件数のうち暴行陵虐・自白強要のカテゴリーにあてはまる申告が件数としては多いものの、程度の低いものが多くの比率を占めるようになったようである。戸田・同論文14頁参照。
21) 塩野宜慶「刑事訴訟法通信講座」研修18号47頁、49頁（1949年）。

白の証拠能力が厳格に制限されており、客観的証拠の収集に重点を置き、科学的捜査の実現が求められていることから、「傍証の収集を主眼とするのが新法の予想する捜査の定型である」と述べる。他方、被疑者の供述と相まって物的証拠の証拠価値が増進することもあるから、取調べを等閑視すべきではないとする[23]。それゆえ被疑者の取調べにあたっては、自白を偏重し、脅迫、欺罔等が行われるべきではないものの、供述採取の必要性それ自体は否定されないとする[24]。

同様に、1950年、法務府統計課長補佐検事である武安將光は、自白に道義的価値を見いだし、自白採取の必要性を指摘する。自ら後悔し、強要されることなく自白することは「道義的宗教的の見地」から望ましいとして、自白に道義的価値を見いだして自白採取の重要性を語る[25]。

このように自白採取の必要性が指摘される中で、1952年、出射義夫は、強要によらない方法による自白採取を目的とする取調べを憲法は禁止するところではないと指摘する[26]。このように新憲法の制定後も、捜査機関からは自白・供述採取の重要性が指摘されてきた。そして、不利益供述の強要に至らない程度の働きかけであれば、憲法上、許容されるという論理が提示されてきたのであった。

2　刑事訴訟法と黙秘権

次に刑事訴訟法に目を移してみよう。制定当時の刑事訴訟法第198条第2項が「前項の取調に際しては、被疑者に対し、あらかじめ、供述を拒む

---

22) なお、当時は公判廷における黙秘は問題視されず、捜査取調べにおける黙秘が問題となっていた。公判廷で黙秘すると捜査段階の調書が提出されてかえって不利益になるため、公判廷で黙秘する事例は統計上少なかったとされる。武安將光「刑訴法改正問題についての若干の考察」警察研究21巻10号28頁、28-29頁（1950年）。
23) 塩野・前掲注21) 50頁。
24) 塩野・前掲注21) 51頁。そのほか、「取調は、被疑者の人格と捜査官の人格との戦である」とも述べる。塩野・同論文51頁参照。
25) 武安・注22) 28-29頁。
26) 出射義夫『犯罪捜査の基礎理論』331頁（有斐閣、1952年）。

ことができる旨を告げなければならない」と定めていたことから、刑事訴訟法は利益・不利益を問わない黙秘権を保障していることは明らかであった。それでは学説は、刑事訴訟法が保障内容を拡張した理由をどのように見いだしたのだろうか。それが憲法の精神の拡充と当事者主義に由来する供述義務の不存在である。

(1) **憲法の精神の拡充**

1948年、団藤重光は、刑事訴訟法第311条第1項の黙秘権についての指摘ではあるが、憲法から刑事訴訟法への保障内容の拡張は、憲法の精神を進めたものと評する[27]。そのため、団藤はあくまで、憲法上の保障内容は自己負罪拒否特権に限られるという。この指摘は刑事訴訟法第198条第2項にも及ぶだろう。しかし、自己負罪拒否特権から黙秘権へと保障内容を拡張すべき実質的理由は不明確である。

(2) **当事者主義に由来する供述義務の不存在**

1952年、平野龍一は、当事者主義に由来する供述義務の不存在から、黙秘権の保障を導こうとする。憲法第38条第1項は自己に不利益な供述を強要されない特権（自己負罪拒否特権）を保障しているが、この特権は一般的な供述義務を前提とする。他方、供述義務が前提とされていないような場合は、当然に有利・不利を問わず供述を強要されない。そこで被疑者の供述義務の存否について考えると、当事者主義構造のもとでは、検察官・司法警察職員は当事者であって、反対当事者たる被疑者に供述義務を課することができない。それゆえ対捜査機関との関係においては、供述義務を有さない被疑者は、有利・不利を問わず供述を強要されない[28]と考える

---

27) 団藤重光『新刑事訴訟法綱要』265頁（弘文堂書房、1948年）。なお、高田卓爾は「出頭した被疑者が取調官に対して供述するか否かもその者の任意に委ねられる。即ち被疑者は供述拒否権（黙秘権）をもっている。これは憲法三八条一項から当然に認められる」とする。高田卓爾「［二四］被疑者の取調べ」団藤重光編『法律学演習講座刑事訴訟法』113頁、114-115頁（青林書院、1955年）参照。

のであった[29]。

　しかし、当事者主義構造から被疑者に供述義務が存在しないことを引き出すに留まり、黙秘権を保障すべき積極的理由は指摘されていない。こうした理論的問題からか、捜査段階は公判廷に比べて当事者性が弱まることを理由に、少なくとも公判廷における黙秘権（刑事訴訟法第311条）よりも保障が弱まるのではないかと指摘されることもあった[30]。

(3)　刑事訴訟法と働きかけの限界

　このように黙秘権の保障根拠が曖昧であった一方、供述採取の必要性が指摘されていた状況にあっては、供述の強要に至らない程度の働きかけを刑事訴訟法は許容しているのではないかと論じられるようになる。制定当時の刑事訴訟法第198条第2項「供述を拒むことができる」という定めが、質問・説得といった捜査機関による積極的な働きかけを禁止しているように読めたこともあり、この問題は深刻であった。そこで働きかけが可能か否か、可能だとすればその限界はどこまでなのかが検討されるようになる。

　例えば、1950年、小野慶二は、捜査機関側からの説得活動について次のように指摘する。刑事訴訟法第198条第1項は任意捜査の方法として任意の供述を求めることを認めている。それゆえに被疑者は捜査機関による取調べを当然受け、問答が行われる。小野は「被疑者にとつてはそのこと自體がすでに一つの精神的威壓である」と述べるものの、これは捜査の性質上当然の結果であって、これを理由に取調べそのものを禁ずることはできないと指摘する。また、基本的人権は国民各個の努力によって実現されるべきであるから、国民としての被疑者も、たとえ叱責されたとしても、不

---

28) 同種の見解として、青柳文雄は「被疑者の供述拒否権は、相対立する当事者たるべき捜査機関に対して供述しないということであって、その利益、不利益を問うところではな」いとして当事者主義の関係を指摘する。青柳文雄『全訂刑事訴訟法理論（下巻）』415頁（立花書房、1954年）。

29) 平野・前掲注2）66頁。

30) 例えば、第16回国会衆議院法務委員会第19号昭和28年7月21日及び第21号昭和28年7月23日〔岡原昌男政府委員発言〕。

実の自白をしない決意が必要であって、真意でない調書には署名捺印を拒否すべきであり、また強要を受けた場合は、それを公判で積極的に立証すべきだと説明する。このように、捜査機関側からの積極的な働きかけ自体を刑事訴訟法は許容しているとする[31]。

　1954年、出射義夫は、強制捜査と任意捜査を論ずる中で被疑者取調べについて次のように述べる。まず、憲法第38条第1項は不利益供述の強要を禁止し、刑事訴訟法第198条第2項は黙秘権の告知を定めている。その結果、法文の建前としては、捜査機関は純粋に任意の供述を受け身的に聞くこととなっており、矛盾を突いたり説得したりすることは想定されていない。しかし、出射の経験からすると法文の建前を貫徹すれば、取調べの戦術はほとんど無意味になり、取調べの目的として出射が挙げる真犯人の識別と自白による更生も実現できないという。こうした目的を実現するためには、少なくとも、暴力と脅迫を伴わない説得は許されるべきであると主張するのである。

　それでは、働きかけとして許容される限界はどこまでなのだろうか。このことにつき出射は、説得は単なる会話であって、説得を受ける側は不愉快な気持ちになるものの、少なくとも脅迫や強制に至らない程度のものであれば許されると説明する。「社会常識は被疑者の取調べを、純粋な任意と強制との中間的なものとして認容しているようにも考えられるのである」と述べ、強要に至らない限りの説得[32]であれば許されると考える[33]。このように刑事訴訟法レベルにおいても、働きかけの限界が問題となった。そこでは、供述の強要に至らない程度の働きかけであれば許容されると考えられたのである。

---

31) 小野慶二「強制による自白――殺意の認定――憲法三七條一、二項の解釋」警察研究21巻3号61頁、64-67頁（1950年）。
32) 出射は被疑者の氏名・住所は不利益供述にあたる場合もありうるとしつつも、「強制にわたらない限り住所氏名の如きは供述を求めて差支えないと」と指摘する。出射義夫「第4章捜査の方法」団藤重光編『法律實務講座刑事編第三巻捜査及び公訴(1)』583頁、597頁（有斐閣、1954年）。
33) 出射義夫「任意・実力・強制」ジュリスト65号14頁、15-16頁（1954年）。

説得活動以外の供述・自白採取に向けた具体的な働きかけとして、告知規定の廃止・修正、不利益推認の許容、取調べ技術の向上も検討されていた。

3 刑事訴訟法と告知規定修正・廃止論（1953年）
(1) 告知規定修正・廃止論（1953年）

供述・自白採取の方法として検討されたのが、黙秘権告知規定及び憲法第38条第1項の廃止又は修正であった[34]。1950年頃はメーデー事件の関係者が、氏名、住所、年齢なども含めて黙秘した。これを「黙秘権の濫用」と呼んで批判する見解が新聞の紙面を賑わせ、黙秘権告知規定の修正・廃止が謳われた。

例えば、時の検事総長である佐藤藤佐は、日本国憲法第38条第1項はアメリカ合衆国憲法修正第5条に由来するものとし、アメリカに比べてその保障範囲が広すぎることや黙秘権の濫用という現象が起きていることを指摘して改正を訴える[35]。

1952年、当時の法務大臣である木村篤太郎も、メーデー事件の関係者が全面黙秘するために捜査が難航することから黙秘権告知規定の改正に意欲的であった[36]。法廷闘争に対抗するために、告知制度が改正の槍玉としてあげられたのである[37]。

法廷闘争への対抗のみならず、自白採取の必要性からも、告知規定の修正・廃止が早くから提示されていた。例えば、1949年に、石川芳雄は黙秘権が与えられているからといって、「同時にこの規定は犯人が自己の前批

---

34) 告知規定の修正・廃止を巡る議論は、松倉治代「刑事手続におけるNemotenetur原則(3)——ドイツにおける展開を中心として」立命館法学337号77頁（2011年）、102頁以下に詳しい。
35) 朝日新聞昭和28年（1953年）1月29日朝刊「黙秘権の非合理性」。
36) 毎日新聞昭和27年（1952年）2月12日夕刊「黙秘権改正改正立案木村総裁言明」。
37) 最高裁判所長官であった田中耕太郎は、1953年1月に法廷闘争への対策という文脈にて、被告人の氏名・住所の黙秘は権利として認められないと指摘する。田中耕太郎「法廷秩序維持の諸問題」法曹時報5巻1号1頁、26頁（1953年）参照。

を悔い甘んじて法の裁きを受けようと進んで眞實を吐露するのを妨げるものではない。捜査に携わる者が自白を強要し、またはその他の不当な行動に出ない限り、供述拒否権の告知はいわゞ実益がないことになるのではあるまいか。取調に先だち、被疑者に対し捜査官が『あらかじめ、供述を拒むことができる旨を告げ』たばかりにたまたま自己に不利益な眞實を述べようと決意していた被疑者も、忽ちその決心を鈍らせ、或は自己の共犯者等に対する行懸りやいわゆる仁義やに拘泥して、供述を拒否する傾向が現に少くないし、またすでに犯行を否認しようと考えている被疑者はこれによつていよいよ否認の決意を固めることになり易い」[38]としたうえで、「知識階級の人々」による犯罪や、「外国人の集団スリ事件」、「瀆職選挙違反」といった事件において被疑者らがほとんど濫用に等しい供述拒否があることを指摘する。このような現状認識のもと、論者は、真実発見を目的とする刑事訴訟の信義に背くものとして告知規定を批判するのであった。

　1950年、自白に道徳的価値を見いだす武安將光は、検察官として複雑な事件の捜査と公判に従事した経験と統計資料をもとに、告知規定の修正・廃止を求める。統計上、公判廷にて黙秘・否認する事件は少なかったという。問題は捜査段階である。武安は、憲法第38条第1項は不利益供述を強要されないことを定めたにすぎないのだから、告知するにしてもその限度に限れば良いとし、その修正を求める。当時の刑事訴訟法第198条第2項の定めが利益・不利益を問わず供述を拒否できるような積極的な権利が与えられているようにも読めてしまい、この告知規定は憲法の規定よりも内容が相当強くなっている。論者の捜査経験からして、この告知規定があることで、懺悔の念から自発的に自供するという精神に悪影響を及ぼすというのである。捜査関係職員は、真に道義的に更生させようとする者もいるのだから、そのような意図と告知規定は正面から衝突するように感じられ、捜査官の熱意を削ぐ結果になるとも指摘する[39]。このような理由から、武

---

38) 石川芳雄「新刑事訴訟法のなやみ――検察官はなげく」法律のひろば2巻11号23頁、29頁（1949年）。
39) 武安・前掲注22) 28-29頁。

Ⅱ　第一期(1949年～1965年)——告知規定廃止論、不利益推認許容論、取調べ技術の向上　21

安は告知規定の修正又は廃止を求めるのである。

　さらに憲法第38条第1項「何人も自己に不利益な供述を強要されない」という文言を手がかりにして告知規定の修正・廃止論が提示されていた。それによると、憲法上の「不利益な供述を強要されない」という文言から直ちに刑事訴訟法の「供述を拒否することができる」というような包括的に供述を拒否できる権利が生じることにはならず、ましてやその旨の告知もこの文言からは引き出すことはできないというのである[40]。それゆえ告知規定の修正が検討の俎上にあがった。

　こうした背景から、「供述を拒むことができる旨」という規定から、「自己の不利益な供述を強要されることがない旨」の告知へ修正する法律案が提示された[41]。憲法第38条第1項に即した告知規定へと修正しようとしたのである。

(2)　骨抜きとなった法案と反発

　しかし強い反対を受けたために、1953年の法改正により、現存の形(「前項の取調に際しては、被疑者に対し、あらかじめ、自己の意思に反して供述をする必要がない旨を告げなければならない」)となった。この結果については、改正刑事訴訟法を批判的に分析した者らは、告知規定に実質的変更はないとして評価する[42]。

　こうした立法の動きへの反発から、憲法第38条第1項の規定そのものを修正・削除を求める意見が生まれてくる。その契機が憲法調査会である。

　自主憲法の策定を謳う岸信介らにより「憲法調査会法案」が発案され、1956年に憲法調査会法が公布・施行され、憲法調査会が内閣に設置された。憲法調査会は、日本国憲法の制定過程を含め、その問題点や憲法の在り方、

---

40) 当時の議論状況を示すものとして、安平政吉『改正刑事訴訟法（上）』363頁（青林書院、1954年）、横井大三「刑事訴訟法一部改正法律略説」法曹時報第5巻8号21頁（1953年）がある。
41) 第16回国会参議院法務委員会第7号昭和28年7月6日〔岡原昌男政府委員発言〕
42) 江家義男「刑訴一部改正について」瀧川幸辰編『改正刑事訴訟法——解説と批判』217頁、219頁（有斐閣、1953年）。

現行憲法が抱える諸問題を含めて検討がなされた。憲法第31条から第40条までの規定も検討の対象とされたのである。そこでは、憲法第38条第1項の修正・廃止が議論の俎上に上る。以下では憲法調査会を追いながら議論を整理していこう。

4 憲法第38条第1項の修正・廃止論（1950年代半ば）
(1) 憲法調査会（1956年）

憲法調査会の総会・委員会の流れを、憲法第38条に焦点を当てながら素描しよう。憲法調査会第1回総会（昭和32年8月13日）から第3回総会（昭和32年10月2日）までは審議の進め方が議論された[43]。憲法調査会第4回総会（昭和32年10月16日）から第10回総会（昭和33年2月19日）までは日本国憲法の制定過程が議題となり[44]、第11回会議から参考人として当時の最高裁判所裁判官の真野毅が、憲法問題として最高裁が扱った論点を紹介した[45]。そのうちの一部が第12回総会以降から取り扱われるようになる。第12回総会（昭和33年3月19日）では、弁護士である島田武夫が、憲法第38条第3項の補強法則に関わる当時の判例の問題点を指摘する[46]。

第13回会議（昭和33年4月16日）では、小野清一郎が参考人として憲法と刑事訴訟法の関係について、旧法との対比や、旧法下で行われた刑事実務の実情を紹介しながら、概略、次のような意見を述べた。旧憲法に比べて、新憲法は個人の自由、特に身体的自由を尊重・確保する点で前進している[47]。しかし、自白の証拠価値は、新憲法・新刑事訴訟法のもとでも存在するという。もっとも、自白を証拠の「定法」とする考え方は、必然

---

43) 憲法調査会「憲法調査会第1〜3回総会議事録」（昭和32年8月13日〜昭和32年10月2日）。
44) 憲法調査会「憲法調査会第4〜10回総会議事録」（昭和32年10月16日〜昭和33年2月19日）。
45) 憲法調査会「憲法調査会第11回総会議事録」（昭和33年3月5日）。
46) 憲法調査会「憲法調査会第12回総会議事録」11頁以下〔島田武夫発言〕（昭和33年3月19日）。なお他にも憲法33条と緊急逮捕、証人審問権などについても第12回総会議事録8頁以下にて指摘しているが本章の目的から外れるので割愛する。

II　第一期(1949年〜1965年)——告知規定廃止論、不利益推認許容論、取調べ技術の向上

的に供述を強いる結果となり、拷問に類する取調べを生み出す可能性がある。だからこそ、憲法第38条第1項が自己に不利益な供述を強要されないことを定めたことには意味があるとし、権限濫用防止に自己負罪拒否特権の保障の狙いを見いだすのであった[48]。この目的を実現するために、自白法則・補強法則が定められていると説明する。

他方、刑事訴訟法第198条2項、同法第311条第1項は利益・不利益を問わず供述しなくてもよいことを告知する規定を定めている。そこで、小野は、問題の頭出しとして、氏名や住所についても黙秘することができるのかという論点を出すことで自己負罪拒否特権の保障範囲を問う。

小野自身は、「氏名、年令のごときを黙秘する権利はないのだと思いますけれども、しかし、それも原則でありまして、氏名、年令を告げることが、直接に自己の……たとえば、あるすでに問題となつている犯罪の、『わしが犯人だ』ということを名乗ると同じことになる場合もあり得るから、そういう場合には、やはり黙秘すること——権利というべきかどうか、厳格な意味の権利ではないと思いますけれども——を認めなければならないのではないか」として、氏名・住所などについては自己負罪拒否特権の保障範囲外とする余地があるという[49]。なお、衆議院が解散されたことから、第14回総会（昭和33年7月2日）は運営委員の任命などに終始した。

第15回総会（昭和33年7月16日）では、前検事総長・法務省特別顧問としての肩書で佐藤藤佐が参考人として呼ばれた。佐藤は、憲法第38条第1項はアメリカ合衆国憲法修正第5条を取り入れたものと説明したうえで、英米法と対比しながら、憲法第38条第1項の廃止もしくは修正を主張する。佐藤は、憲法第38条第1項につき、この規定は個人の人格の尊厳に対する刑事訴訟の譲歩であって、罪を犯した者が自ら刑罰に服することは道徳

---

47) 憲法調査会「憲法調査会第13回総会議事録」2頁以下〔小野清一郎発言〕（昭和33年4月16日）。なお、小野は罪刑法定主義や、緊急逮捕の問題などについても言及している。
48) 憲法調査会第13回総会・前掲注47) 8-9頁〔小野清一郎発言〕。
49) 憲法調査会第13回総会・前掲注47) 25頁〔小野清一郎発言〕。

義務であっても、これを他から強要されてはならない点に見いだされるものと説明する[50]。しかし、この特権は、アメリカにおいては一般に証言義務があることを前提としたものであって、修正第5条の特権は判例により合理的な制限[51]が設けられていると指摘する。

　これに対して、日本法はその保障が広汎に過ぎ、次のような問題が生じていることもあり、廃止を訴える。その問題の一つ目として、捜査の進行に著しい支障を来していることを挙げる。告知規定の存在により、質問をしたいのにも関わらず、何も答えなくても良いという告知をするといったある種の矛盾を現場が感じているというのである[52]。二つ目の問題として公判廷の進行も困難になっていることを指摘する[53]。「常習的な犯人」や、「破壊活動その他あるいはスパイ活動をするような確信犯人」、「その他多数の被告人で、強盗、脅迫をしたといういわゆる多衆の暴力犯」[54]が供述しないために訴訟が遅滞していると説明する[55]。その実情として、被疑者・被告人が氏名、住所、年令を一切言わないという実例が挙げられた。被疑者・被告人が供述しない心理について、佐藤は、「住所あるいは自分の名前を言えば、自分の犯罪事実も、当然推定されるから言えば損だから言わないというのがかなり出て来たのであります」と説明する[56]。そのほか、社会生活上の道徳規範に与える悪影響も指摘する。それによれば、そもそも社会生活上、嘘を言うな、正直にいえ、過ちを犯せば懺悔しろと

---

50) 憲法調査会「憲法調査会第15回総会議事録」2-3頁〔佐藤藤佐発言〕（昭和33年7月16日）。
51) 例えば、一つの事実について証言したならば、これに関する他の事実についても特権を放棄したものとみなすことや、偽証罪による制裁が存在すること、反対尋問にも応対しなければならず、反対尋問に答えない場合は、その部分の供述が証拠として採用されないことなどを紹介する。憲法調査会第15回総会・前掲注50) 3-4頁〔佐藤藤佐発言〕。
52) 憲法調査会第15回総会・前掲注50) 5-6頁〔佐藤藤佐発言〕。
53) 憲法調査会第15回総会・前掲注50) 6頁〔佐藤藤佐発言〕。
54) 憲法調査会第15回総会・前掲注50) 27頁〔佐藤藤佐発言〕。
55) 憲法調査会第15回総会・前掲注50) 27頁〔佐藤藤佐発言〕。
56) 憲法調査会第15回総会・前掲注50) 27頁〔佐藤藤佐発言〕。

いう道徳的規範を共有してきたにも関わらず、自己負罪拒否特権が憲法に規定されて世間に浸透していく結果、社会生活においても都合の悪いことを言わなくてもいいと誤解されているため、道徳的観点からも問題があるというのである[57]。

　佐藤はこうした問題を踏まえ、拷問的取調べの禁止とこれにより採取された自白の証明力の制限又は証拠能力の否定を定める必要はあるものの、それを超えて憲法第38条第1項を定めるのは行き過ぎであるとしてその廃止を求める。本来は刑事訴訟法上の告知規定の廃止で足りるところ、これを廃止できないのは憲法第38条第1項の規定が災いしているものと考えるのである[58]。廃止を訴えていることは、「英米法的なかような特権を憲法でこれを保障するということも、また刑事訴訟法で規定する必要もぜんぜん認められないのであります」[59]とか、「アメリカの憲法の規定とくらべて無制限な、野放しな黙秘権を認めたと言うことは、その存在理由を理解するに苦しむ」[60]といった指摘のほか、「もし憲法の三十八条第一項の規定を、厳格に解釈して、それをそのまま適用して濫用されましたならば、裁判は自滅するんじゃないかということさえ心配いたしておるのであります。しからば、この規定を設ける必要がどこにあるか、わざわざこういう誤解を受けたり、濫用をされる規定を憲法の三十八条一項に設ける必要があるのかというと、先ほど申し上げましたように、私はその存在理由を一つも認めないのであります」[61]という主張からも明らかである。その後、第16回総会（昭和33年9月3日）では、違憲審査権など、司法権や最高裁

---

57) 憲法調査会第15回総会・前掲注50）6頁〔佐藤藤佐発言〕。
58) 憲法調査会第15回総会・前掲注50）6頁〔佐藤藤佐発言〕。そのほか憲法第38条第3項についても、不当に長く抑留することを禁じる一方、その結果による自白の証拠能力を認める余地があるとか、憲法第38条第3項の趣旨を徹底すると、無数に存在する軽微事件の処理の扱いに困ることも指摘する。憲法調査会第15回総会・前掲注50）6-7頁〔佐藤藤佐発言〕参照。
59) 憲法調査会第15回総会・前掲注50）3-4頁〔佐藤藤佐発言〕。
60) 憲法調査会第15回総会・前掲注50）4頁〔佐藤藤佐発言〕。
61) 憲法調査会第15回総会・前掲注50）28頁〔佐藤藤佐発言〕。

判所の機構が議論され、第17回総会へと移る。

　第17回総会（昭和33年9月17日）では、参考人として団藤重光が呼ばれ、憲法の制定過程などを含めて説明が行われ、当事者主義と職権主義との対比をしながら、憲法第38条第1項によって生じる弊害の解決策を提示することでその存置を求める。団藤によれば英米法系の当事者主義の刑事手続を取り入れなければ憲法草案が成り立たず、最初から当事者主義的な方向へと踏み切ったとされる。憲法の個別規定では憲法第37条第2項の証人審問権や第33条・第35条の令状主義が、そして憲法全体としては個人の尊厳や個人の地位といったものが強調され、これに不利益供述の強要禁止といった規定が加わり、総合されることで、当事者主義の方向へと舵を切ったという[62]。旧法の職権主義下において発生した種々の問題に鑑みると、「新憲法の予想しておりますところの刑事手続における当事者主義的な方向というものは、これは仮りに憲法の改正ということが問題になるといたしましても、堅持して行かなければならないもののように思うのであります」とし、当事者主義の一翼を担う憲法第38条第1項をはじめとする各権利の存置を主張する[63]。

　団藤は、権利の濫用と評される事案はあるものの、それは特殊な事件であると説明することで刑事訴訟法第198条第2項の告知規定の存置も求める。特殊な事件に関わる者は、告知規定を置かなかったとしても既に権利の存在を知っているような人物である。しかも仮に告知を行わなかったとしても、相当に自己弁護できる能力を有しているような者たちである。それゆえ、告知規定を廃止したとしても、特殊事案の解決には至らないと主張する。加えて、取調べの場に鑑みると、不利益供述を拒否することは事実上困難であり、戦前・戦時中の経験からしても、この告知規定を設ける必要があるとも指摘する[64]。他方で、憲法第38条第1項は自己負罪拒否

---

　62) 憲法調査会「憲法調査会第17回総会議事録」29頁〔団藤重光発言〕（昭和33年9月17日）。
　63) 憲法調査会第17回総会・前掲注62) 30頁〔団藤重光発言〕。
　64) 憲法調査会第17回総会・前掲注62) 39頁〔団藤重光発言〕。

II 第一期(1949年～1965年)——告知規定廃止論、不利益推認許容論、取調べ技術の向上　27

　特権を定めたものであるから、その保障範囲は一般に自己の刑事責任を基礎づけるようなものに限るのであって、財産上の損失や名誉に関する不利益な供述や、氏名・年齢等の刑事責任と全く無関係な事項は保障範囲には含まれないとする[65]。それゆえ、刑事訴訟法がすべての事項について黙秘できるとしていることに対して変更を加えるにしても、憲法規定まで動かす必要はなく、刑事訴訟法のみに手を加えれば足りるとする。団藤は、もし憲法上の自己負罪拒否特権を廃止するとか、これに重大な制約を設けることとなれば、たちまち「昔流の追及的な訊問が復活する」おそれがあるとし、「黙秘権を全然落としてしまう、あるいはこれに重要な制限を加えるということは、私としては適当でないと思います」とし、告知規定の問題を解消するために憲法第38条第1項を廃止するべきではないと訴えるのである[66]。さらに憲法第38条第1項や告知規定を定めることによって事件解決が困難になることは認めつつも、そうした弊害は捜査の合理化（科学的捜査）や、その合理化を実現するための予算を付けることで解決できると指摘する[67]。

　このように団藤は、憲法第38条第1項は自己負罪拒否特権を保障したものであって、保障に至った理由を当事者主義や自白偏重防止に求めつつ、捜査への弊害については捜査の科学化という処方箋を提示する。そして、憲法第38条第1項修正・廃止論、告知規定廃止論に対して批判的態度を採りつつも、告知内容それ自体には修正の余地を認めるのであった。その後、憲法第6章「司法」に関する規定と第3章「国民の権利及び義務」に関する規定のうち、第31条以下の司法に関する基本的人権規定について調査するため、第一委員会に付託することが決まった。第一委員会第1回会議（昭和33年9月17日）から第一委員会第3回会議（昭和33年11月27日）までは委員会の進行方法について話が進められている。

　第一委員会第4回会議（昭和33年12月11日）では、東京地方裁判所裁判

---

[65] 憲法調査会第17回総会・前掲注62) 48頁〔団藤重光発言〕。
[66] 憲法調査会第17回総会・前掲注62) 48頁〔団藤重光発言〕。
[67] 憲法調査会第17回総会・前掲注62) 39頁〔団藤重光発言〕。

官の岸盛一が、裁判官の立場から、裁判実務の実情や当事者主義の理念についての説明を行った[68]。岸は、統計上、裁判で被告人が供述しないという事例は極めて少なく、またそうした事件を取り扱った経験からしても訴訟運営に支障はなかったという[69]。そのうえで、告知規定は自己負罪強要の禁止といった基本的権利の保障に繋がるものであって、「単なる実務処理の便宜とか訴訟技術上の観点」から告知規定を削除すべきではないという[70]。その後、第一委員会第9回会議（昭和34年5月28日）において、平野龍一が調査会総会で議論された論点をまとめて、調査課題を整理した[71]。

第一委員会第12回会議（昭和34年9月3日）では、東京地方検察庁総務部長の本田正義が、検察官の立場から、団藤や岸の議論と対比する形で刑事実務の問題点が説明された。第一に、岸が指摘するような公判廷で供述しない事例が少ないのは、公判段階で供述しなかった場合、検察官調書が提出されて自己の主張が通らなくなることを恐れているからであると説明する[72]。第二に、団藤が提示した科学的捜査の充実化という処方箋に対しては、贈収賄罪のような被害者のいない犯罪は科学的捜査の介入は困難であること、また当時の科学技術の水準では十分な証拠を確保できず、自白を重視せざるをえないことが指摘された[73]。

それではそもそもなぜ自白が重視されるのだろうか。このことにつき本

---

68) 憲法調査会「憲法調査会第一委員会第4回会議議事録」1頁以下〔岸盛一発言〕（昭和33年12月11日）。
69) 憲法調査会第一委員会第4回会議・前掲注68）16頁〔岸盛一発言〕。
70) 憲法調査会第一委員会第4回会議・前掲注68）16頁〔岸盛一発言〕。
71) なお平野龍一により総会で議論された論点を端的にまとめたものが、憲法調査会第一委員会第9回会議の付録として存在する。憲法調査会「憲法調査会第一委員会第9回会議議事録」22頁以下参照。刑事訴訟法上の黙秘権告知規定は廃止すべきであるが、廃止できないのは憲法の規定が災いしているものとして、佐藤藤佐の見解を位置づけている。
72) 憲法調査会「憲法調査会第一委員会第12回会議議事録」18頁〔本田正義発言〕（昭和34年9月3日）。
73) 憲法調査会第一委員会第12回会議・前掲注72）20-21頁〔本田正義発言〕。

田は、主観的要件の立証が原因であると説明する[74]。ドイツ流の実体刑法により主観的要件が綿密に定められ、その立証が求められている。しかし、主観的要件にかかわる法律上の推定規定が存在しておらず、間接証拠による有罪立証が行われることも当時は少なかった[75]。こうした現状のもとでは、自白を重視せざるをえないという[76]。

　もっとも、自己負罪拒否特権が保障されているにも拘わらず自白を採取できるのはなぜか。本田は、結局のところ、何らかの有形・無形の力や、理詰めの追及、連日長時間の取調べが一種の力となって自白が得られていると説明する[77]。そのうえで、被告人証人適格制度が存在せず、偽証罪の制裁が科されることもないために、被告人が虚偽・誇大を述べることがありうるとして現行の供述採取制度には問題があると指摘する。そこで、虚偽・誇大を述べる虞に鑑みると、被告人に証人適格を認めて、偽証罪の威嚇のもとで証言させる制度設計もありうると指摘する[78]。

　こうした検討が重ねられる中、第一委員会第15回会議（昭和34年12月3日）にて、弁護士の竹内誠が自己負罪拒否特権の廃止論に異論を唱える。一般論として、人権擁護と公共の福祉の調和というのが刑事訴訟法上に掲げられているところ、「人権の擁護に徹底することによつて公共の福祉はかえつて全うせられるものであつて、決して両者は平行線を歩む相容れない観念だとは思つておりません」[79]として、個人の利益を擁護することによって、公共の福祉あるいは公共の利益が増進すると指摘する。そのうえ

---

74) 憲法調査会第一委員会第12回会議・前掲注72) 8頁以下〔本田正義発言〕。
75) 間接証拠だけで起訴し、裁判官もそれのみで有罪判決を下すようにならないと自白偏重は無くならないことが指摘される。憲法調査会第一委員会第12回会議・前掲注72) 26頁以下〔本田正義発言〕。
76) 憲法調査会第一委員会第12回会議・前掲注72) 8-11頁〔本田正義発言〕。また議長の真野毅も、実体法と手続法との齟齬があることに同調し、刑法改正を考える。憲法調査会第一委員会第12回会議・前掲注72) 36頁以下〔真野毅発言〕参照。
77) 憲法調査会第一委員会第12回会議・前掲注72) 15-16頁〔本田正義発言〕。
78) 憲法調査会第一委員会第12回会議・前掲注72) 17頁〔本田正義発言〕。
79) 憲法調査会「憲法調査会第一委員会第15回会議議事録」1-2頁〔竹内誠発言〕（昭和34年12月3日）。

で、憲法第38条第1項は自白強要防止を目的としており、仮に自己負罪拒否特権により、捜査や公判に不自由さがあってもやむをえず、実務上も氏名・住所を無理に言わせずとも、捜査・公判を維持することはできるという。また、「黙秘権の濫用」論に対しては、被疑者・被告人が自ら利益になることを言わないことで、かえって不利益になる場合があり、これがある種の権利行使に対する自然の制約であるという。無制約に用いることでかえって被疑者・被告人に不利になる場合があるのだから、その限りにおいて権利行使は抑制される。それゆえ濫用への懸念は重大なものではないというのである。そして、いったん権利行使に制約を認めると、そこから権利保障が掘り崩されるとして政治的問題も考慮した指摘を行った[80]。

この間に行われた第40回総会（昭和35年1月20日）では、広瀬久忠委員及び前検事総長である花井忠からは、憲法が捜査官に拷問しないように要求するのは良いものの、更に進んで、不利益供述を一切しなくてもよいといった積極的な権利を与えるのは行き過ぎでは無いかということが指摘された[81]。

第一委員会第19回会議（昭和35年3月3日）では、警察刑事局長の中川薫治も、先の本田意見と同様に、科学的捜査の拡充には限界があること、実体法と手続法に齟齬があるがゆえに自白に頼らざるをえないことを指摘する[82]。東京地方検察庁次席検事の岡嵜格も、佐藤藤佐と同様に、任意性のない自白の排除だけを定めれば足りることから憲法第38条第1項の削除を提唱する。また暴力団関係者なども完全黙秘を行うなどの黙秘権の濫用という現象が起きていることと、国民一般に自己負罪拒否特権の存在を周知していることから、あえて告知規定を置く必要は無いとして告知規定を削除すべきだという[83]。

---

80) 憲法調査会第一委員会第15回会議議事録・前掲注79) 2頁〔竹内誠発言〕。
81) 憲法調査会「憲法調査会第40回総会議事録」52-53頁〔広瀬久忠及び花井忠発言〕（昭和35年1月20日）。
82) 憲法調査会「憲法調査会第一委員会第19回会議議事録」8-9頁〔中川薫治発言〕（昭和35年3月3日）。
83) 憲法調査会第一委員会第19回会議議事録・前掲注82) 18-19頁〔岡嵜格発言〕。

これに対して、弁護士の大竹武七郎が、諸外国に比べて手厚い人権規定の存在は、犯罪捜査の暗い過去からの反省を反映したものであることを指摘したうえで[84]、取調べ実務に照らしながら議論を提起する。「肉体的拷問、例えば殴る、蹴る、頭の毛を引つ張る、長時間板の間に正坐せしめるというような、いわゆる拷問は戦前に比較すればはるかに少なくなつていると私は思つております。しかし私の経験でも、決して絶無ではありません。私が弁護人として取り扱つている事件の中に、重大なる拷問が行われた実例があります。また最高裁裁判所の判例集に掲載されている判決の中に、そういう事実があつたことを認定しているものがあります」[85]とし、いまなお不適切な取調べが存在することを指摘する。そして、不適切な取調べが存在する原因としては、捜査官に対する世間からのプレッシャーを挙げる。世間は重大な犯罪が起こると、その解決を望む。その期待を背負う警察官としては、偶然、真犯人と思われるような者を見つけたときは、これを真犯人であると見込み、取調べにより自白を得ようとしているという。そして、捜査官の見込みに合う供述のみが真実らしく取り扱われたり、暗示・誘導が行われたりしていることを指摘する[86]。

 こうした議論が交わされた結果、第一委員会報告書案が植松正によって作成され、憲法調査会第50回総会（昭和36年4月5日）にて真野毅により報告書が提出されるに至ったのである[87]。その後、憲法調査会第57回総会（昭和36年9月20日）で争点整理がなされ、総会においても議論となったが、基本的には以上の議論に収まるものであった[88]。

---

84) 憲法調査会第一委員会第19回会議議事録・前掲注82）34頁〔大竹武七郎発言〕。
85) 憲法調査会第一委員会第19回会議議事録・前掲注82）39頁〔大竹武七郎発言〕。
86) 憲法調査会第一委員会第19回会議議事録・前掲注82）39頁〔大竹武七郎発言〕。
87) 第一委員会第40回会議にて、報告書の作成に至るまでの経緯の詳細が述べられている。憲法調査会「憲法調査会第一委員会第40回会議議事録」（昭和36年3月16日）。なお、報告書はその他の事項についての修正が加えられたが、司法上の人権（憲法第31条から第40条）については修正が加えられなかった。憲法調査会「憲法調査会第50回総会議事録」2頁参照。

(2) 憲法調査会の議論の小括

　議論が錯綜していたこともあり、憲法第38条第1項に焦点を当てながら論点を整理していこう。

　第一に、旧法下の捜査実務に対する反省に力点を置く立場は、憲法第38条第1項の保障根拠を自白偏重の防止（権限濫用防止）や当事者主義に由来する訴訟主体の承認に見いだし、アメリカ合衆国憲法修正第5条が由来と考える立場は個人の尊厳の尊重に見いだした。これらは、叙上した議論と同様である。問題はその保障根拠の妥当性である。

　まず、実体的真実発見・訴訟遂行への弊害から、憲法第38条第1項の廃止や告知規定の修正・廃止が主張された。この弊害に対しては、次のような応答がなされた。黙秘権の濫用とも呼ばれるような事案が見られるが、それは一部の特殊な事件に過ぎない。特殊な事件に関わる者は、告知規定を置かなかったとしても既に特権又は権利の存在を熟知している。そのうえ特殊な事件に関わる者は、既に相当に弁護をできる能力を有している。それゆえ、告知規定に手を加えても、特殊事案の解決には繋がらないとして反論が加えられたのであった。また、真実発見が阻害されたとしても、その問題は捜査の合理化や科学的捜査の充実化によって克服されるべきものであるとされた。そして訴訟遂行に関しても、氏名・住所などが伏されても工夫次第によっては支障が無いと主張された。

　他方、自白偏重防止（権限濫用防止）のために憲法第38条第1項を定めるのは行き過ぎであることから、その廃止が訴えられた。旧法のもとで行われた過酷な取調べは確かに問題であった。しかしそのような取調べを防止するためには自白法則などによって捜査機関の行為様式を変えればよいだけであり、それを超えて、被疑者に自己負罪拒否特権のような権利を与える必要性はないというのである。これに対して、憲法第38条第1項の削除やそれへの重大な制約を設けることは、たちまち「昔流の追及的な訊問

88）憲法調査会報告書案が憲法調査会第120回総会（昭和38年10月9日）に提出され、憲法調査会第131回（昭和39年7月3日）に報告内容が確定し、提出されたが、その内容は第一委員会報告書と変わりはない。

Ⅱ 第一期(1949年〜1965年)——告知規定廃止論、不利益推認許容論、取調べ技術の向上　33

が復活する」おそれがあると指摘され、存置が訴えられたのである。

　供述の強要や拷問的取調べは禁止されるべきという点で合意が形成されているものの、その働きかけの限界が問題視されたのであった。もっとも、告知規定を廃止するとしても、どのようなメカニズムにより供述採取を可能とすると考えられてきたのだろうか。そこで1953年の告知規定廃止論に対して批判を加えた柏木千秋の見解を通じてそのメカニズムを把握したい。

(3) 告知規定廃止と供述採取

　柏木は、告知規定修正・廃止論を次のように評価する。1953年の告知規定改正の原案は「自己に不利益な供述を強要されることがない旨」であった。刑事訴訟法上、被告人の黙秘権については刑事訴訟法第311条第1項という明文規定があるのに対して、被疑者の黙秘権については告知規定が存在するだけであって、権利の存在を明示的に定めたものはない。しかし、「被疑者と捜査機関の相對的関係性に鑑み」、捜査機関の取調べに対して一般に供述を拒みうることは当然であると指摘する[89]。利益・不利益を問わず供述一般を拒否できるのは、その被疑者の地位に由来するものであって、不利益供述の強要を禁止する憲法第38条第1項とは由来が異なるという[90]。また、告知規定はまさに権利内容を告知するだけであって、告知内容が権利を定めるわけではないとし、不利益供述に限定した告知をする原案は、事実上、不利益でない事柄について任意の供述を取りやすくしようとする点に狙いがあると評価する。すなわち、本来ならば被疑者の地位に鑑み、有利・不利を問わず供述を拒否できる黙秘権が保障されているにも拘わらず、実際の告知内容を不利益供述に限定することによって、あたかも不利益事項以外の事項については供述義務があるかのように錯誤に陥らせる点にあるというのである[91]。そのほか、実際に、何が利益か不利益かの判別は困難であり、その判別を強いたうえで不利益でない事柄につ

---

89) 柏木千秋「刑訴一部改正について」瀧川編・前掲注42) 203頁、205頁。
90) 柏木・前掲注89) 206頁。
91) 柏木・前掲注89) 207頁。

いて供述義務があるとすると、結局は不利益な供述までも強要する結果になるとも指摘する[92]。

すなわち、拷問的取調べのような（不利益）供述の強要は禁止されるべきであるが、（不利益）供述の強要にあたらない程度の働きかけは許容され、それがより機能しやすくするために、告知規定の修正・廃止が主張されたのである。このような強要に至らない限りの働きかけであれば許容されるという論理は、不利益推認の許容論にも見いだせる[93]。

5　不利益推認許容論（1950年代後半から1960年代前半）

黙秘した事実を不利益に取り扱うことについては、禁止する立場が有力であった。例えば、1949年、平場安治は、憲法第38条第1項から不利益推認禁止が導かれるほか、無罪の推定を受けていることからも説明できるという[94]。また1954年、平野龍一は、憲法第38条第1項の効果として、単に直接・間接の強要を受けないことのみならず、黙秘したことを不利益な証拠として扱われないことをも含むとする[95]。さらに1955年、江家義男は、不利益推認を認めれば、不利益な判断を避けるために「やむをえず供述をする（供述を強要される）」という結果になり、この結果は、訴訟の当事者という被告人の地位を無視することになるから禁止しなければならないという[96]。憲法第38条第1項の保障内容として不利益推認禁止が含まれる

---

[92]　江家・前掲注10）100-101頁。

[93]　なお1960年前後は、自動車事故の報告義務規定の合憲性が学説・（裁）判例において華々しく争われた時代であり、その中においても憲法第38条第1項の保障根拠論を巡った議論が交わされた。例えば、田宮裕「自動車事故の場合の報告義務と黙秘権――最近の下級審判例をめぐって」ジュリスト189号24頁（1959年）、長島敦「黙秘権――セルフ・インクリミネーションに関する特権と関連して」総合法学34号47頁（1961年）、早井博昭「〈刑事実務ノート29〉自己負罪の理由による証言拒絶権」判例タイムズ195号57頁以下（1966年）など。

[94]　平場安治『新刑事訴訟法』74頁（法律文化社、1949年）。

[95]　平野龍一『刑事訴訟法』69頁（弘文堂、1954年）、平野龍一『刑事訴訟法』229頁（有斐閣、1958年）。

[96]　江家・前掲注10）102-103頁。

と考えるのが有力な立場であった。

　こうした不利益推認禁止論に対し、1950年代後半から有力な論者から不利益推認許容論が提示されてきた。例えば1957年、長島敦は、アメリカ法及びインド法を参照し、不利益推認を認める余地を見いだす。長島は、United States v. White 判決[97]の法廷意見を引き、合衆国憲法修正第5条が定められている理由として、第一に「刑事裁判ならびに捜査手続における人間性と不遍性への崇高な感情と配慮であり」、第二は、「『容疑者から自己負罪的自認を得るかもしれぬという確実なあてを一切排除して、真実性の一そう信頼できる担保として、客観的な捜査方法と言いうるやり方を奨励する』ことの必要性である」と指摘する。第二の理由が自白法則に該当し、第一の理由こそが自己負罪拒否特権の正当化根拠とする。自己負罪拒否特権の基礎には「司法手続の人道的な運用に対する国民大衆の支持」がある。それゆえ、自己負罪拒否特権そのものが廃止されることはなくとも、特権の内実は社会感情の推移に応じて変化しうるという[98]。

　そして、被告人が沈黙又は供述拒否したことが、場合によっては何らかの推論の原因や当事者の評論の対象となったとしても、直ちにそれが自己負罪拒否特権の侵害にあたるとは考えにくいとする。「当事者の評論が全く許されず、かつ、推論がなされるとしても、事実の審判者だけが各事件の特定事件に応じて、これをなすに過ぎない場合であつたとしても、それはあまりに間接的で、この特権の保護の範囲には入らない」という。すなわち、不利益推認を認めることによって意思決定に負担が生じたとしても、それは「強要」に至らない程度の間接的影響に留まると指摘する。

　同様に、1963年、田宮裕が当時のアメリカ法の議論に大きく影響を受け、被告人質問に対して供述しなかった事実からの不利益な推認を認める。当時のアメリカの議論を参照しながら、「歴史的に見ても、刑罰による強制または拷問への反感から、黙秘権は獲得されたのであって、有罪推定とは

---

97) United States v. White 332 U.S. 694.
98) 長島敦「自己負罪拒否特権の比較法的考察(1)」法律のひろば10巻7号33頁、34頁（1957年）。

無関係である。また、たとえ強制的効果があっても、わずかなものにしかすぎない」[99]という見解を紹介し、これは説得力のある議論だと評する。被疑者が供述しなかった事実についても、具体的状況に照らして証明力が肯定される場合もあるという[100]。田宮も、(不利益)供述の強要に至らない限りの働きかけであることから不利益推認を肯定するのである[101]。

　告知規定修正・廃止論や不利益推認許容論はいわば被疑者・被告人に対する間接的な働きかけを模索したものであるが、直接的な働きかけである取調べ技術も研究が深められていた。

6　取調べ技術の向上

　自白・供述の動機に関する分析や取調べ技術研究は、1950年初頭からなされていた[102]が、1950年代半ばから研究が盛んになった。まずは取調べ技術の許容性に関わる指摘を見ていこう。1954年、青柳文雄は、「被疑者の真実の供述を得るためには捜査機関の人格の力により、被疑者がその責任を自覚して供述するのが最上であるが、常にこのことを期待することは

---

99) 田宮裕「被告人・被疑者の黙秘権」日本刑法学会編『刑事訴訟法講座第1巻』71頁、83-84頁（有斐閣、1963年）。
100) 田宮・前掲注99) 91頁。ただし、その推認力は非常に弱いと考えるべきとする。
101) そのほか、黙秘した事実を逃亡・罪証隠滅要件を認定する事情として用いることや、黙秘したことを理由に弁護人選任届の効力を否定する見解が、1965年、春山宗利により出される。論者によれば、憲法第38条第1項が保障するのは自己負罪に関する供述を強要されない権利である一方、被告人は、訴訟の当事者である以上、「公正な訴訟関係の維持およびその正常な発展に誠実に奉仕すべき法律上の義務」を有するとする。それゆえ被告人の黙秘権も、無制約に認められるわけではなく、権利の濫用とされるようなものは認められないとする。そして、証拠調べ手続に入る前の人定質問において、被告人が氏名・住居について沈黙することを認めれば、公正な手続の発展が認められないとし、氏名・住居がそれ自体、犯罪の全部もしくは一部を構成する場合は黙秘権の行使とみなすものの、単に氏名・住居を伏せたいことを理由にしてはならないとし、「裁判所は、例外的に、それが黙秘権の行使と認められる場合にかぎり、黙秘したこと自体について、被告人に不利益な推測をすることができない。そして、その反面、原則的には、氏名等の供述を間接的に強制することは可能であるとともに、黙秘していることから一定の不利益な事実の推測を導くこともまた、可能であるべきである」とする。春山宗利「氏名の黙秘と弁護人選任届の効力」『裁判所書記官研修所創立15周年記念論文集』231頁（1965年）。

できないから理詰の質問も、頑張り合いも、誘導的な質問も、真実を話せば公判において酌量されて刑が軽くなるであろうという示唆も、他に証拠が揃っているという詐術的な言葉も程度を超さなければ許されるもの」と指摘する[103]。取調べの際には、様々な態様の働きかけが許容される余地があるという。

1956年になると警察にてポリグラフ検査が導入された。科学警察研究所によるポリグラフ検査の研究も1958年以降から盛り上がりを見せる[104]。山田誠編『科学捜査ノート』（講談社、1959年）によるポリグラフ検査の一般向けの紹介[105]もなされていた。また、下山田行雄「自白の心理的背景」司法研修所『創立十周年記念論文集（下）』309頁（1958年）といった自白心理についての研究も出されるようになった。下山田によれば、1958年当時、心理学の発展が著しく、法と心理学という一分野が形成されつつ

---

102) 『わが国における刑事事件記録作成についての技術的改善：特に公判調書の作成について』司法研究報告書第3集4号（1951年）にて、自白に至る動機が考察されている。同書では、裁判所書記官の臨廷にあたり、なぜ被告人が自白をしようとするのか、その心理についての予備的素養がないと公判廷を正確に記することができないことから、自白の動機について説明が施される。自白の理由としては、反省悔悟の念、良心の呵責、諦めの心理、寛大な処罰を得るといった功利的動機、取調官から与えられる愛憎の念（拘禁され興奮状態に陥った被疑者に対して、僅かな愛情にも感激して自白の動機となるという）、面会中の対談などにより生じる近親の真情、虚言癖による虚偽自白といった病的虚言、勾留を期に精神異常が発生し、それにより自白するといった「勾禁性心理異常による場合」のほか、信仰に由来する場合とされる。同書・335-361頁。また1952年、検察官の出射が取調べ技術や相対する犯人の心理等をはじめとする犯罪捜査技術や心理を詳細に説明する。出射・前掲注26）。
103) 青柳・前掲注28）413-414頁。
104) どのような研究が科学警察研究所で行われていたかについては、『科学警察研究所最近の十年史』45頁（警察庁科学警察研究所、1968年）参照。
105) 山田誠編『科学捜査ノート』18-19頁（講談社、1959年）では、昭和31年5月頃に警察がはじめてポリグラフ検査を用いるようになったことや、昭和34年にはポリグラフ検査の統計調査から成功率の高さが明らかになったことが紹介されている。そして、ポリグラフ検査を用いることで自白を得られた実例や、その際に用いる質問事項などについて解説している。これも取調べ技術の向上を実現しようとした一例だといえよう。

あったようである[106]。

　実際に、1959年になると警察学論集にて「被疑者等の心理と供述」と題する特集が組まれ、供述心理と取調べの在り方を探ろうとする試みが行われる。以下にその特集の内容を要約しておこう。

　本特集の冒頭を飾る奏野章は、「捜査員の取調技術が、捜査活動全般のなかで最も重要なもの」となるため、「供述の心理についての研究を必要とし、やや未開拓のこの種の分野に各方面の努力が注がれることを期待する」として、取調べ技術の向上にむけて、心理学の知見を取り入れるべきと主張する[107]。同特集の著者である小山田正義は、捜査において客観的証拠収集は犯人の絞り込みには有効ではあるものの、特定の一人を選び出すためにはやはり自白が必要であることから、取調べが有用であることを指摘する[108]。そのうえで、被疑者取調べというのは、被疑者と取調官の一対一の人間関係において、いかにして任意性を確保しつつ真実の供述を得るか、その手段・方法が課題であるとする。そして取調べの実例を紹介しつつ、被疑者取調べは、事前の捜査によって警察が形成した一定の嫌疑・確信のもとで、合理的な取調べ技術をもって臨むべきとする[109]。

　そのほかにも、村田宏雄は、供述とは言語的行動であって、その言語的行動は物理的環境のみならず、心理的状況にも影響されると指摘する[110]。その心理的状況の一つが、取調官と被疑者との人間関係であり、その人間

---

106) そのほか、この時期に証言の心理学についての分析が盛んになりつつあることも指摘しておこう。例えば、植松正『証言の信頼度――特にその性的・年齢的差異』（有斐閣、1959年）、植松正『供述の心理』（日本評論社、1964年）などが挙げられる。植松研究の特色は実証的研究を行った点にあろう。被疑者供述に関する心理は、捜査機関の経験や勘、常識によって導かれていたものが多かった。これに対して、植松研究は証人を念頭に置いているものの、実証性を重視した点に特色がある。

107) 奏野章「自白について」警察学論集12巻11号1頁（1959年）。

108) 小山田正義「取調技術と供述――凶悪被疑者取調の実際」警察学論集12巻11号3頁（1959年）。

109) 小山田・前掲注108) 13頁。

110) 村田宏雄「取調官と被疑者の人間関係」警察学論集12巻11号121頁（1959年）。

関係が供述を左右する要因であると考えて、供述録取の科学化を図ろうとする。取調べを受ける被疑者の心理を支配するのは著しい不安感であって、それが防衛心理として退行現象を引き起こし、筋の通らない供述や、矛盾する供述を行う要因になっているという。筋の通らない供述は、その誤りを糊塗・正当化する方向に歪みやすく、防衛の心理としての攻撃的反応が取調官への反抗や黙秘という形で現れると説明する。そこで取調官としては、被疑者の心理を和らげていき、質問の順序も考えていくべきとする[111]。

1960年になると、捜査力の充実化に向けて幹部警察官（警部補クラス）の捜査実務の修習を行うように、警察庁訓令第13号「幹部警察官の捜査実務修習準則」が定められた。この訓令のいきさつは次のとおりに説明されている。

刑事訴訟法が戦後に一新されて、警察・検察組織も変貌を遂げ、警察が捜査の第一次的な責任を負うようになった。捜査が成功するように、これまでも各都道府県警が独自に訓練を行っていたものの、日常業務の繁忙から訓練成果が充分にあがっていなかった。そこで、訓練の実施が要請された。1960年当時、捜査技術水準・証拠収集能力は高度であったと評されていた。しかし、公判で有罪を立証するためには、その収集された各証拠を一つの事件としてまとめ上げる必要があるところ、無罪となる事例をみると、このまとめあげの作業に不備が見られるというのである。このまとめあげとは、供述調書（自白調書）の作成を指す。その調書の作成のほとんどが巡査部長の階級にある者が行っていた。しかし、「上位の階級にある幹部が、みずから捜査活動に従事し、事件のかなめを押え仕上げをする」といった組織構造の維持のためにも、そして、捜査組織の上位にあたる者が供述を採取した事実をもって調書の信用性を獲得するためにも、警部補以上の者が調書を作成すべきとして、幹部を対象に取調べの実務修習を行うことが求められたのである[112]。このように訓令レベルでも取調べ

---

111) 村田・前掲注110) 125-133頁。

技術の向上が謳われたのである[113]。

　以上の学説・訓令の存在に鑑みると、捜査実務は、被疑者の供述心理を研究し、取調べ技術を向上させることで、（不利益）供述の強要に至らない程度の働きかけによって供述・自白を採取しようと試みてきたといえよう。こうした捜査実務に対して、裁判所側はどのような評価を下してきただろうか。

7　裁判所の動向

　当時の裁判所の傾向としては、強制、拷問、脅迫による自白と評価することに対して慎重であったことが1957年に指摘されている[114]。その一例として、「警察官自身が被告人の取調は被告人に手錠をはめたままで行われたこと、午前二時頃まで取調べたこと、警察官が四人がかりで被告人を取調べたこと、警察官の一人が被告人を殴つたことのあることを認めている」にもかかわらず、自白調書を採用した下級審の判断が紹介されている。もっとも、その後最高裁は経験則違反として判決を破棄している[115]が、

---

112) 村上健「捜査力の充実について——幹部警察官の捜査実務の修習(1)」警察研究31巻7号53頁、54頁以下。幹部警察官の捜査実務修習準則（昭和35年6月24日警察庁訓令第13号）によると、修習実施上の留意事項として第4条2号「修習の事項は、捜査実務のうち、被疑者の取調べ及び供述調書の作成に重点をおいて行なうこと」と定める。警察研究31巻7号141頁参照。

113) 取調べ技術の向上に連なる業績として、1966年にフレッド・E・インボー＝ジョン・E・リード（小中信幸訳）『尋問の技術と自白』（日本評論社、1966年）が挙げられる。インボーらは偽計を認める。インボー＝リード・同書226頁参照。

114) 平場安治「自白の任意性」団藤重光＝佐伯千仭編『総合判例研究叢書刑事訴訟法(1)』1頁、16頁（1957年）。そのほか、松尾浩也は、間接的・直接的な強制の存在等が主張された裁判例・判例を概観し、証拠にできるものとする裁判例が多いことを指摘し、「わが国の裁判所は、おおむね捜査の実際に十分な理解を示していると評しても誤りではないだろう」と指摘する。松尾浩也「被疑者の取調」警察学論集第12巻12号16頁、26-27頁（1959年）。もっとも捜査に秤を傾けているかというとそうではなく、現行刑事訴訟法が志向した捜査の当事者主義化を徐々に実現しようと試みているとも指摘する。松尾・同論文28頁。

115) 最判昭和26年8月1日刑集5巻9号1684頁、1690頁。平場は、「強制による自白を過度に認めまいとする下級審の態度に対する頂門の一針」としてこの判例を位置づける。平場・前掲注114) 16頁。

II 第一期(1949年〜1965年)——告知規定廃止論、不利益推認許容論、取調べ技術の向上

当時の傾向として裁判所も自白を重視していたことの証左といえよう[116]。

1958年、東京地検特捜部副部長である高橋正八は、裁判所が自白を重視する理由を次のように推測する。「現在の捜査の水準では、やはり被疑者の自白によってある程度の証拠を得るということが実情」としたうえで、「裁判所においても自白のある事件のほうが判決をくだしやすいんじゃないかと思われる」という。裁判所が有罪判決を心理的に下しやすくするためにも必要なものとして、自白に価値を認める[117]。証拠が必ずしも豊富ではない中では、判決の下しやすさという観点から裁判所サイドも自白を必要としていると推測するのである。

もっとも、自白採取に向けた取調べ技術の向上にも問題が無かったわけではなく、虚偽自白を引き出す危険性を有していた。例えば、1967年「自由と正義」18巻3号では、違法捜査と自白の誘導の事例が紹介されており、編集委員会による巻頭言において「数年前までのいわゆる違法捜査は小島事件、幸浦事件、二俣事件等を典型とする強制拷問による自白強要であったが、最近の違法捜査は利益供与による自白誘導という形態をとり、装いを新たにして登場した感がある。違法捜査のテクニックがそれだけ巧妙化したと謂うべきであろうか」[118]と述べられている。取調べ技術の向上が必ずしも良い結果を生んだわけではないという認識が存在している。また、1961年の贈収賄被疑事件において、様々な便宜が図られ、被疑者親族の就職の斡旋まで捜査機関が行うなどの便宜供与があったことが紹介されている[119]。この事件を担当した弁護士は「確たる証拠のないままこのような

---

116)「裁判官の心裡の奥にある自白に対する渇望」から裁判所が自白を偏重する傾向にあると指摘するものとして、横山晃一郎「刑事手続における当事者主義思想の展開」法律時報39巻11号84頁、88頁(1967年)〔同「第1章刑事手続における憲法理念の展開——戦後の刑事手続における当事者主義思想の展開」『憲法と刑事訴訟法の交錯』(成文堂、1977年)所収〕。

117) 横川敏雄編『逮捕・勾留・保釈:刑訴実務の綜合研究』75頁〔東京地検特捜部副部長高橋正八〕(日本評論社、1958年)。

118) 自由と正義18巻3号(1967年)巻頭言を参照。

119) 西村金十郎「贈収賄事件の自白調書が不当な誘導によるものとして排斥され全面無罪となった事例」自由と正義18巻3号5頁、8頁(1967年)。

手段方法で被疑者を手馴れづけ、歓心を買い、以って収賄事実を探知しようとしたところに虚偽の自白誘導の典型がみられる」[120]という。そして、1962年の窃盗被疑事件では、酒・たばこの供与がなされ、警察官と被疑者がともに麻雀・碁・花札・将棋に興ずる中での取調べが行われるほか、面会室における配偶者との性交渉の積極的な許可・黙認、軽い刑期の予告などを行うことにより虚偽自白が引き出されたことが紹介されている[121]。そのほかにも同特集では様々な利益供与を原因とする虚偽自白の実例が紹介されている[122]。もちろんこれらは少数の例かもしれないが、少なくとも取調べ技術の向上が謳われる中で、数々の利益供与が行われ、虚偽自白が発生していた。こうした利益供与は、伝統的に考えられてきた拷問のような強要とは性質が異なる。それゆえ、この利益供与という手段は、供述の強要に当たらない限りの働きかけとして許容されるという認識が捜査機関にあったのだろう。

8 小括

ここまでの議論を整理したい。この時代は憲法・刑事訴訟法の理解に努めてきたといえよう。諸外国の議論もを参照し、憲法第38条第1項の歴史的沿革を深く遡ることで、その意義の把握に注力してきた。

憲法第38条第1項の保障内容は、自己負罪拒否特権と不利益推認禁止にある点では一致が見られた。その保障根拠として、過去の過酷な取調べへの反省に力点を置く立場は、自白偏重防止（権限濫用防止）を掲げる。また、訴訟主体としての地位の承認（当事者主義）と取調べの客体からの脱却に保障根拠を見いだす立場もあるほか、憲法第38条第1項をアメリカ法由来とする立場は、個人の尊厳の保障に保障根拠を見いだしたのであった。他方、捜査取調べが問題視されたこともあり、論鋒を向けられたのが刑事

---

120) 西村・前掲注119) 10頁。
121) 寺本勤「窃盗被告事件」自由と正義18巻3号1頁、2-4頁 (1967年)。
122) 例えば、安広輝＝野中邦子「水戸集団スリ事件」自由と正義18巻3号10頁 (1967年)、渡辺良夫「何不自由のない勾留生活」自由と正義18巻3号14頁 (1967年)。

訴訟法第198条第2項であった。学説上、これは黙秘権を保障したものであり、その保障根拠は、憲法の精神の拡充や、当事者主義に由来する供述義務の不存在に見いだされた。しかし、黙秘権を保障すべき積極的理由は明らかではなかった。

この時代の特色の一つとして、各アクターの意思決定への着目が挙げられる。憲法調査会の議論はそのことを色鮮やかに表している。例えば、本田正義は、公判廷での黙秘権が行使されない理由を、被告人の意思決定に見いだす。公判廷で黙秘すると、捜査段階の調書が提出されてしまうから供述するのだと分析する。竹内誠も、被疑者・被告人の意思決定に着目し、黙秘権濫用論への反論を提示していた。有利な事すら喋らなければ、被疑者・被告人はおのずと不利な立場に置かれることになるから、黙秘権の濫用というのは発生しえないと指摘した。大竹武七朗は、過酷な取調べが存在する理由を、捜査官の意思決定に見いだした。それによると、捜査官は、真犯人確保という世間からの期待に応えようとするから、自白を採取しようと動いてしまうというものであった。

このように憲法調査会では、刑事司法に関わるアクターの意思決定を踏まえながら、憲法第38条第1項の保障根拠が検討されてきたのであった。伝統的な解釈論では、条文や判例を基に議論が展開され、整合性を図ろうとする。しかし憲法改正では、条文や判例そのものを塗り替えることが試みられる。自己負罪拒否特権の存在意義そのものが問われている状況下では、様々なアクターの意思決定が絡み合うなかで自己負罪拒否特権がいかなる機能を果たしているのかを検証し、その存在意義を提示する必要があったのだろう。意思決定の分析は、制度の変更がどのような影響をもたらすのかを予測するのに役に立つ。自己負罪拒否特権が廃止された場合に、捜査実務や裁判手続がどのように変わるのか。その具体的な影響やリスクが把握しやすい。各アクターの意思決定に着目した議論の力強さは、憲法第38条第1項の存在を自明視することなく、そのルールの有効性を示すところにあるだろう。

この時代のもう一つ特色として、拷問的取調べのような（不利益）供述の強要に至らない限りの働きかけであれば許容されるという論理が奔流を

なして広まっていったことが挙げられるだろう。新憲法・刑事訴訟法への移行後も、自白・供述採取のために取調べが必要であることが繰り返し指摘された。こうした必要性が、告知規定修正・廃止論、不利益推認許容論、取調べ技術の向上という形で現れた。これら議論の根底には、(不利益)供述の強要に至らない限りの働きかけであれば許容されるという論理であった。後に述べるように、この論理の克服が次の時代の課題となったのである。

Ⅱ 第二期（1965年～1980年）——捜査構造論・憲法学のコミット

1 背 景

　第二期の時代背景を簡単に押さえよう。先に述べたように、(不利益)供述の強要に至らない限りの働きかけは許容されると考えられてきた。新憲法・刑事訴訟法への移行後も一貫して取調べの必要性が指摘され、1950年代半ばから1960年前半にかけては捜査技術の向上も謳われた。しかしながら、そうした捜査実務は虚偽自白という負の結果を生み出してきたために、捜査実務の見直しが迫られるようになる。石川才顕が「一九六〇年代に入って、諸外国の判例や立法の推移のなかで、捜査手続は、格別の関心をあつめることとなったし、これによって、被疑者の捜査機関に対する人権保障問題も、輝かしい発展をとげることとなった」[123]というように、1960年代に入って捜査に問題関心が集まってきたとされる。

　例えば1965年、田宮裕は、被疑者を取調べの客体として位置づけて行われる捜査機関による徹底的な取調べを批判する。田宮によれば、被疑者の準備活動の制約を伴う徹底的な取調べは、糾問的捜査観に立脚しているという。この実務に対して、田宮は「憲法以下の法の精神ではないし、この捜査観に立脚しているかぎり捜査の向上をはかることはでき」[124]ないと

---

123) 石川才顕「被疑者の取調についての一つの試論」司法研修所『創立20周年記念論文集第3巻（刑事編）』479頁、481頁（1967年）。
124) 田宮裕「捜査の構造」研修11号209巻3頁、6頁（1965年）。

指摘する。同様に、1967年、横山晃一郎は、「松川事件、八海事件の発端となった自白調書は、捜査における人権保障なくしては当事者主義の主張もむなしいことを訴訟法学者に教え」[125]たとし、「捜査の構造の当事者主義化構想は、このような司法の現実の中から生まれてくる」[126]と述べる。

取調べ技術の向上についても、肯定的評価が下されたわけではない。1970年、萩原太郎は偽計による自白に関する判例評釈の中で「自白の追及はいまや身体的強制から心理的強制に移りつつある。そこで、前者の非なることはすでに明白である以上、現代の解決課題は当然後者の規制に重点が向けられる趨勢である。『偽計の使用』はその重要な論点の一つとされなければならない」[127]と指摘する。翌年の1971年、井戸田侃も「取調べ技術の巧妙化は、いわゆる物理的な拷問等による圧迫から、精神的・心理的圧迫による自白の採取という方向をたどる」と述べる。先の時代から進められつつあった取調べ技術の向上に対して、その懸念が示されていたのであった[128]。

供述の強要に至らない程度の取調べであっても、一定の弊害を生み出すのだとすれば、それを克服する論理を築く必要がある。このことは1963年に早くも井上正治がいわゆる捜査の構造を論ずる中で指摘する。曰く、「わが国の捜査の実情は、現在までのところとりたてて批判されるでもなく、全く野放しのまま放りっぱなし来た」とし、その原因を強要に至らない程度の働きかけ・説得を許容する論理と、それを裏付ける「日本的感覚」にあったと指摘する[129]。井上の指摘に見られるように、供述の強要に至らない程度の働きかけという論理を克服することが課題となった。そこで次の二つの方策が考えられた。その一つが捜査の構造論であり、もう

---

125) 横山・前掲注116) 91頁 [18頁]。
126) 横山・前掲注116) 91頁 [20頁]。
127) 萩原太郎「偽計による自白」熊谷弘＝浦辺衛＝佐々木史郎＝松尾浩也編『証拠法大系Ⅱ第2編自白』100頁、102-103頁（日本評論社、1970年）。
128) 井戸田侃「判例評論」判例時報624号130頁、130-131頁（1971年）。
129) 井上正治「捜査の構造と人権の保障」日本刑法学会編・前掲注99) 114頁、114-115頁。

一つが捜査の構造論を裏付けるような実定法上の根拠の提示である。そしてこの捜査構造論の中に、黙秘権の保障根拠が提示される。

2 捜査構造論

　既に、平野龍一は1958年に体系書『刑事訴訟法』で捜査の構造論を提示していた。捜査の構造の見方として、糾問的捜査観と弾劾的捜査観があるという。捜査を被疑者取調べを目的とする手続と位置づけ、強制力を用いた処分が許されるのも被疑者を取り調べるためであるとするのが糾問的捜査観である。強制力を伴う処分たる逮捕・勾留も、被疑者を取り調べるためのものとして位置づけられる。一方、捜査を捜査機関が単独で行う準備活動として位置づけ、被疑者も独立に準備を行うものと考えた上で、強制力を用いた処分が許されるのは将来行われる裁判のためだとするのが弾劾的捜査観である。それゆえ、逮捕・勾留といった強制力を用いた処分も、公判廷への出頭確保を目的とするものであり、取調べを目的としないとする。こうした対照的な捜査観が法解釈に反映されているという。

　平野自身は、逮捕・勾留が取調べのためにあるかどうかについては、「法の規定は明確を欠く。しかし、われわれは、憲法の趣旨に従って、これを解釈しなければならない」[130] ところ、法は被疑者に供述義務を認めていないから、「取調室まで出頭する義務があり、取調がすむまで、そこに留る義務があるものと解する」ことになれば、「供述の義務はないといっても、実質的には供述を強いるのと異ならない」とする。それゆえ、刑事訴訟法第198条第1項ただし書「但し、被疑者は、逮捕又は勾留されている場合を除いては、出頭を拒み、又は出頭後、何時でも退去することができる」との定めについては、出頭拒否・退去を認めることが、逮捕または勾留の効力自体を否定するものではない趣旨を注意的に明らかにしたにとどまるとして、取調室へ行くよう強制することもできず、また居房へ帰ることを求めたときはこれを許さなければならないと解釈するのであ

---

130) 平野・前掲注95) 84-85頁（有斐閣）。

II　第二期（1965年～1980年）——捜査構造論・憲法学のコミット

る[131]。

　平野の議論を嚆矢とし、捜査の構造に関する議論が盛んになったが、その例をいくつか挙げてみよう。1961年、訴訟的捜査構造論を提示した井戸田侃は、捜査の構造を考えるあたっては捜査目的を考えなければならないとし、その目的を起訴・不起訴の決定に向けて嫌疑の有無を解明する点にあるとした[132]。その目的からすると、起訴・不起訴の決定に向けて嫌疑の有無を明らかにするべく被疑者・弁護人が関与することについては何ら妨げるところはなく、それどころか、そのふるい分けこそが重要ならば、関与がむしろ望ましいとする[133]。できるかぎり早い段階で刑事手続から解放する機会を与えるべく、被疑者に「いわれもない検察官の公訴提起を妨げるべき訴訟法上の手段（地位）が与えられていなくてはならない」[134]という。この考えからすると被疑者取調べも、被疑者の弁解・主張を聴取して嫌疑の有無を明らかにするための被疑者の権利と位置付けられる[135]。

　井戸田は自らの捜査構造論に基づき取調べの在り方を詳細に提示する。それによれば、取調べの目的は弁解の聴取であるから、「『理詰の質問も、頑張り合いも、誘導的な質問も真実を話せば公判において酌量されて刑が軽くなるであろうという示唆も、他に証拠が揃っているという詐術的な言葉も』すべて限界を超えることになる」という[136]。井戸田は自らの捜査構造論に基づき、取調べの目的とその限界を設定したのである。

　また、1965年、田宮は取調べ受忍義務を認める実務を糾問的捜査観に立脚したものと評したうえで、「弾劾的捜査観をとるか糾問的捜査観をとるかで一番きわ立った違いをみせるのは、被疑者の取調に対する考え方であ

---

131) 平野・前掲注95）106頁（有斐閣）。
132) 井戸田侃「捜査の構造序説」立命館法学39号・40号合併号129頁、134-136頁（1961年）〔同『刑事手続の構造序説』72-74頁（有斐閣、1971年）収録〕。
133) 井戸田・前掲注132）141頁〔同80頁〕。
134) 井戸田・前掲注132）144頁〔同83頁〕。
135) 井戸田・前掲注132）146頁〔同84-85頁〕。
136) 井戸田侃「取調の法的規制」熊谷弘＝松尾浩也＝田宮裕編『捜査法体系Ⅰ　第1編逮捕・取調』238頁、248頁（日本評論社、1972年）。

ろう。糾問的捜査観では、捜査はまさに被疑者の取調のための手続であるから、供述を直接に強要することは許されなくても、いろいろの手段で間接的に強制される」[137]として、糾問的捜査観を採用する実務のもとでは様々な働きかけが行われることを指摘する。これを克服するべく弾劾的捜査観の帰結を示していく。それによると、弾劾的捜査観のもとでは被疑者も被告人と同様、訴訟主体としての地位が確保されるために黙秘権が保障され、取調べ受忍義務が否定されるという。被疑者にも弁護人依頼権が保障され、国選弁護制度の対象とされる。そして被疑者の訴訟準備活動のために、接見交通権、証拠保全請求、証拠開示を認めるべきとする[138]。弾劾的捜査観の下での権利保障のあり方を示していくのであった。

　平野は再度、1974年に「捜査の構造」を公刊する[139]。1958年に提示した捜査構造論を1970年代に「捜査の構造」という形で再提示する。その理由を、緑大輔は次のように分析する。「本論文は、高度経済成長期の下で安定した社会状況になりつつあった時期に、それでもなお捜査の在り方をどのような方向に導くべきかを訴える性質を帯びている……（中略）……本論文が体系書『刑事訴訟法』と異なり、弾劾的捜査観に関して大正刑訴法やアメリカ法に目を配りつつ論証がなされているのも、平野理論が目指す方向性の妥当性をより積極的に論証すべき時代背景の変化が生じたことを示唆している」[140]という。供述の強要に至らない程度の説得や働きかけが許容されることで、平野が理想とするような実務とは大きく異なっていた。こうした中にあって、平野は捜査の在り方の見直しを図ろうとしたのだろう。

　平野は、捜査の構造について、取調べのみならず捜索、押収についても

---

137) 田宮・前掲注124) 7頁。
138) 田宮裕「捜査の構造」判例時報編集部編『刑事訴訟法基本問題46講』113頁、118頁以下（一粒社、1965年）。
139) 平野龍一「捜査の構造」書研所報24号1頁（1974年）〔同『捜査と人権』67頁（有斐閣、1981年）所収〕。
140) 緑大輔「捜査構造論」川崎英明＝葛野尋之編『リーディングス刑事訴訟法』85頁、87頁（法律文化社、2016年）。

目配りしながら次のように指摘する。「強制取調権を認めるかということと、取調べの権限を認めるかということとは別の問題」としつつも、アメリカのミランダ判決、イギリスのジャッジズ・ルールと比較しながら、少なくとも「法律的な建前として、強制的な取調べであるということを正面から認めるということは、おそらく世界にも類の無い制度ではないか」[141]と指摘し、取調べ受忍義務を認める現状を比較法的見地から批判する。そして平野は、「強制力を使って集めた証拠というものは、本来は客観的に被疑者、被告人も利用できる性質のものではない」とし、「捜査の段階においても、やはり検察官と被疑者、弁護人というのは対立した当事者という形をとり、その各々は捜査の段階では独自の立場で自分の訴訟の準備をやるわけです。ただ……（中略）……強制的に証拠を集める必要がある、あるいは被疑者の身柄を確保する必要があるという場合には裁判官がでてきてやる。すなわち捜査の段階における裁判所あるいは裁判官の関与というのは、強制的な措置を必要とする限度において出てくるわけですけれども、しかしその限度においては、やはり当事者主義的な構造をもっているんじゃないか。それが基本的な捜査の構造ではないかと考えられる」と述べるように、証拠開示や捜索・押収の性格を再定位することで捜査構造論を論証しようとするのであった。

捜査構造論のもとでは、黙秘権の保障根拠は、被疑者の主体的地位の承認にある。被疑者に対して黙秘権を中核とする様々な権利を保障することで、捜査段階であっても訴訟当事者としての主体的地位を確保しようとするのである。他方、華々しく展開された捜査構造論が実務に影響を及ぼさず、定着しなかった理由の一つに法解釈の問題が指摘されている。そこで捜査構造論が示す展望を実定法上の根拠と結びつけるべく、法解釈作業が求められた[142]。

一部の論者は、捜査の構造論から直接に法解釈を提示していた。その一

---

141) 平野・前掲注139) 9-11頁。
142) 田宮裕は、平野の見解に賛同しつつも、「多少の文理上の無理はある」と指摘する。田宮裕「被疑者・被告人の取調べ」綜合法学6巻2号44頁、46頁（1963年）。

例として、1967年、石川才顕は「捜査の基本的構造は、弾劾的手続であり、弾劾的捜査観のもとでは、被疑者の側の防禦的捜査活動が尊重されなければならない」から、刑事訴訟法第198条第1項の「必要があるとき」の解釈は、被疑者側の防御活動の状況も考慮しなければならず、取調べの必要性・目的には制約が及ぶものと解釈しなければならないとする[143]。そして、井戸田が提示する訴訟的捜査構造論に従い、取調べの目的は捜査機関が傍証の収集を終えた後に行われる被疑者側の事実上・法律上に関わる各主張・弁解の聴取手続であり、自白採取を目的とする取調べは許されないというのである[144]。石川は捜査の構造から直接に、弾劾的捜査観が理想とする法解釈を導くのであった。

しかし、捜査構造論とは捜査の在り方についての理念モデルに過ぎないから、特定のモデルを所与の前提に解釈を導くことは想定されていない。実際、捜査構造論を提示した平野も、実際の法解釈にあたっては憲法の理念に基づく必要があると指摘していた。

3　捜査構造論と法解釈

そこで刑事訴訟法の文言を丹念に追い、弾劾的捜査観の理念を貫徹するような法解釈を提示したのが沢登佳人である。1979年、沢登は逮捕・勾留中の取調べそのものを否定する法解釈を提示した。平野理論は、逮捕・勾留中の取調べ自体を認めつつも、出頭・滞留義務を否定するに留まったのに対し、沢登は逮捕・勾留中の取調べそのものを否定する。平野理論を徹底した見解と評することができる。沢登によれば、従前、被疑者取調べに関する問題となると、現行刑事訴訟法は「英米法的な純然たる弾劾的捜査観」に立っておらず、大陸法的な糾問的捜査観に部分的には立脚していると考えられてきたという。しかし、沢登は法解釈を通じて、現行刑事訴訟法は「純然たる弾劾的捜査観」に立脚しており、弁護人の立ち会いを認め

---

[143] 石川才顕「被疑者の取調についての一つの試論」司法研修所『創立二十周年記念論文集第3巻（刑事編）』479頁、490-492頁（1967年）。
[144] 石川・前掲注143）492-493頁。

ず、出頭滞留義務を課すような取調べというものを否定しているはずだと指摘する[145]。法解釈を通じて、逮捕・勾留中の被疑者取調べは現行刑事訴訟法は想定していないとし、弾劾的捜査観を基礎づけようと試みるのである。

　まず、逮捕・勾留の要件に取調べ目的が含まれていないことを挙げる。条文上、逮捕・勾留は取調べを目的とするものではないから、「被疑者の取り調べを可能にすること、ないし取り調べの効果、または能率を高めること」が目的になるのはありえないとする[146]。そして、刑事訴訟法第198条第1項ただし書「逮捕又は勾留されている場合を除いては」の除外規定は、逮捕・勾留されている者の不出頭の権利を否定する趣旨ではなく、そのような権利付与を要する状況が存在しないこと、すなわち取調べそのものが許されていないことを前提に条文が書かれているという。このことにつき、当時の刑事訴訟法第77条第1項「被告人を勾留するには、被告人に対し、弁護人を選任することができる旨及び貧困その他の事由により自ら介護人を選任することができないときは弁護人の選任を請求することができる旨を告げなければならない。ただし、被告人に弁護人があるときは、この限りでない」の読み方との対比で説明がなされている。まず、本条ただし書の除外規定の存在理由を、既に逮捕時点で権利告知をなされているために権利告知を必要とする状況が存在しない点に見いだす。そして、同様の規定様式である刑事訴訟法198条第1項「検察官、検察事務官又は司法警察職員は、犯罪の捜査をするについて必要があるときは、被疑者の出頭を求め、これを取り調べることができる。但し、被疑者は、逮捕又は勾留されている場合を除いては、出頭を拒み、又は出頭後、何時でも退去することができる」も同様の読み方をするならば、身体拘束中の取調べは否定されるというのである。すなわち、逮捕・勾留されている場合に出頭拒否権が与えられていないのは、逮捕・勾留されている者の出頭拒否権を

---

　145) 沢登佳人「逮捕または勾留中の被疑者の取り調べは許されない」法政理論12巻2号1頁、19-20頁（1979年）。
　146) 沢登・前掲注145) 4-5頁。

否定する趣旨ではなく、そうした権利を保障する状況が存在しない点に求められるという。出頭拒否権を要する状況は、取調べのための出頭要求がなされているような状況である。その出頭拒否権を要する状況が存在しないということは、取調べのための出頭要求自体が行えないことを意味するというのである[147]。

　そのうえで様々な解釈がありうる場合は、憲法第31条のデュープロセスの要請に基づき、自由の制限を許すような曖昧な解釈は否定されるべきであるという。取調べという行為ですら独立の一箇条として定めるにもかかわらず、それよりも重大な権利制約を除外規定の反対解釈で導けるような曖昧な定め方は許されないと主張する[148]。

　加えて、身体拘束されていない被疑者の取扱い方とも矛盾があるという。様々な情報が遮断されて不安定な状況に置かれている身体拘束中の被疑者に対して更に追い打ちをかけるような取調べ受忍義務を認めることは、逮捕・勾留されていない者への取調べに対してすら心理的負担を少なくするように注意を払っている法の建前と反するという[149]。そのほか、権利行使をしている人に、権利行使をやめさせようと説得することが、権利を保障することと矛盾する行為であること[150]や、刑事訴訟法第39条第3項も逮捕・勾留中の取調べを認めていないことを前提とした定めであること[151]、弁護人立会権の不存在のほか[152]、自白法則、伝聞法則と刑事訴訟法第322条第1項との関係[153]をもとに、沢登は、以上のような法解釈を前提とすると、現行刑事訴訟法は「『純然たる』弾劾的捜査観に立脚している」[154]のではないかと主張する。こうした法解釈については、横山晃

---

147) 沢登・前掲注145) 5-8頁。
148) 沢登・前掲注145) 8頁。
149) 沢登・前掲注145) 8-9頁。
150) 沢登・前掲注145) 9-10頁。
151) 沢登・前掲注145) 10-11頁。
152) 沢登・前掲注145) 12-15頁。
153) 沢登・前掲注145) 15-19頁。
154) 沢登・前掲注145) 19頁。

一郎は「まさに間然する所のない議論」として高く評価する[155]。これは刑事訴訟法の法解釈を通じて、弾劾的捜査観の実現を試みるものであった。

そして、憲法学からも憲法解釈を通じて、弾劾的捜査観の実現を図ろうとする議論が提示された。その代表的な論者として杉原泰雄が挙げられよう。

4　憲法学からの解釈論

1970年代中頃から、憲法学から刑事法へのコミットが見られるようになる。1973年、その先駆者たる杉原泰雄が、「日本国憲法における刑事手続の検討を憲法学の固有の課題とはみなさず」[156]、現行刑事訴訟法は、憲法第31条以下の要請を反映して具体化されたものという前提がアプリオリに指定されて議論が展開されていることを批判し、最高法規としての憲法の意義が軽視されていると主張する。そこで杉原は、団藤・平野・田宮を刑事訴訟の基本的価値を提示した有力な論者として位置づけたうえで、刑事訴訟法学の成果の摂取を試みた。平野の『刑事訴訟法』や、田宮の『捜査の構造』などを引き、田宮のデュープロセス論は「魅力に富み、憲法学にとって示唆的である」として評価する[157]。その一方で、刑事訴訟法学の論理に憲法学からすると賛同できない点もあるために、「刑訴法学の成果に埋没しきることなく、憲法上可能な問題提起をすることが憲法学にとって必要である」と指摘する[158]。

こうした意識のもと、憲法学から刑事訴訟法を分析する杉原は、憲法第38条を次のように読み込む。すなわち、憲法第38条は、旧法下において行

---

155) 横山晃一郎「身柄拘束者の『取調』」法学セミナー27巻4号140頁、140頁（1983年）〔同「第4章拘束された被疑者の立場」『誤判の構造——日本型刑事裁判の光と影』53頁、67頁（日本評論社、1985年）収録〕。
156) 杉原泰雄「『人身の自由』と刑事手続——具体的憲法解釈の前提問題として」法律時報45巻2号8頁、15頁（1973年）〔同「第1章『人身の自由』と刑事手続」『基本的人権と刑事手続』1頁、23頁（学陽書房、1980年）所収〕。
157) 杉原・前掲注156）22頁〔41-45頁〕。
158) 杉原・前掲注156）21頁〔41頁〕。

われた拷問的な取調べを防止するべく、「自白の強要に対して黙秘権を保障し、さらに自白の証拠能力と証明力を制限する」ものであり、過去との決別を明示したのだと述べる。それゆえ、憲法第38条第1項をアメリカ合衆国憲法修正第5条に依って解釈する必然性もなくなる。実際に、杉原は、文言や規定の仕方からしても、憲法第38条第1項は修正第5条とは異なるのだから、これを前提に解釈する必然性は無いと述べる。そのうえで、憲法第38条第2項・第3項が「自白」という表現を用いているのに対して、第1項は「自己に不利益な供述」と包括的な表現を用いていることと、「人権の最大限の尊重原則や適法手続主義」からすると、「自己に不利益な供述」とは「自己の人権保障に不利益な供述」と広く解するべきだという。さらに、被疑者のみならず被告人も、憲法上一般的な取調べ受忍義務・供述義務が課されていないことを指摘する。加えて、憲法第19条によって沈黙の自由が保障されており、また実際上、いかなる供述が「自己に不利益」であるかは本人が判断せざるをえないことからもすると「本条項の不利益供述拒否権は、黙秘権の保障としての意味を持っているものと解される」とし、被疑者・被告人に黙秘権を保障する刑事訴訟法の規定は、「本条項の保障範囲を拡張したものではなく、それを確認したものと解さなければならない」という[159]。

先行研究は、文言の違いに着目することで憲法と刑事訴訟法とでは保障内容を異にするものとしてきた。しかし、杉原は、日本法の歴史、適正手続、憲法第38条第2項・第3項との対比、憲法第19条の沈黙の自由の保障、事実上の問題に鑑み、憲法も有利・不利を問わずに供述を拒否できる黙秘権を保障したと構成することで、刑事訴訟法と憲法のズレを解釈上一致させようと試みた。このように、この時代は、弾劾的捜査観とそれを裏付ける解釈論が一つの特色であった。

---

159) 以上、芦部信喜編『憲法Ⅲ人権(2)』208-213頁〔杉原泰雄〕（有斐閣、1981年）。

5　小括

　以上で見たようにこの時代は、捜査構造論が華々しく展開されてきた。捜査構造論のもとでは、被疑者に対して黙秘権を中核とする様々な権利を保障することで、訴訟当事者としての主体的地位を確保しようと試みられた。先の時代では、供述・自白の価値が謳われ、(不利益)供述の強要に至らない程度の働きかけとして行われる説得活動により、供述拒否という自己決定の貫徹が困難となっていた。そのような実務のもとでは、種々の権利保障を施すことで被疑者の主体的な自己決定を実現し、取調べを不可欠なものとしない捜査手続をパッケージとして示すことにより現状を脱却しようとする捜査構造論に訴求力があったのは自然であったように思われる。

　弾劾的捜査観が訴求力を持った事実からは、捜査手続において主体性や主体的な自己決定を確保することが、何らかの意味で重要だと理解されていたことが分かる。ここからは自己負罪拒否特権及び黙秘権の保障根拠を考察するにあたり、自己決定という要素が重要であることが示唆される。

　他方、華々しく展開された捜査構造論であったが、それが成功しなかったこともこの時代の特色だといえよう。1960年代から1970年代に隆盛を極めた捜査構造論に対して、三井誠は、「私の目では、捜査構造論、捜査観などをめぐる学説の展開とその学説が現実に捜査の場でどのように機能していくかがうまくリンクしていないと感じられました。それが現実の場で何を動かしたのだろうかと言われると、もうひとつよく分からない」と述懐する[160]。捜査構造論は実務にインパクトを与えなかったものと評価されるのであった。

　捜査構造論に代わって現れたのが、権利の実質化論である。三井は、先の言葉に続いて「そうであるなら、捜査手続や取調べの可視化とか客観化、そのような具体的な提言をするほうが実務に対して説得的では、インパク

---

[160] 三井誠(司会)＝松尾浩也＝小田中聰樹＝鈴木茂嗣「刑事訴訟法と刑事訴訟法学の60年」ジュリスト1370号4頁、28頁〔三井誠発言〕(2009年)。

トを与えるのではと思いました」と述べる[161]。節を代えて、このことを詳しくみていこう。

III 第三期（1980年〜1995年頃）――プライバシーと自己決定

　この時代の特色は、権利の実質化論及び社会からの合意調達が可能であるような自己負罪拒否特権・黙秘権の保障根拠論――プライバシー論、自己決定の実現論――の提示にある。捜査構造論という試みが挫折し、それに代わって台頭したのが権利の実質化論である。捜査の構造という大きな物語のなかで取調べを位置づけ、刑事司法全体を変えようとする動きは失敗に終わった。抜本的改革が難しいとすれば、今度は実定法上、既に確実に保障されている諸権利を確認し、その権利を実質的に保障する形で個別に手続を変えようとする動きが生まれる。その最たるものが、当番弁護士制、国選弁護士制度や取調べの可視化論である。

　例えば、1981年の日本弁護士連合会「刑事裁判に関する決議」では、「われわれは、数年に亘り多数の誤判・誤起訴事件を調査分析するとともに、重大な再審事件を精査してきた。その結果、捜査段階における虚偽の自白・供述が誤判・誤起訴の最大の原因であり、これら虚偽の自白・供述は、初動捜査の誤りと取調の密室性に起因することが実証された」と指摘し、具体的な制度提案を行う。

> 1）弁護人の接見交通権、その他、弁護活動を立法精神の原点に立ち返って最大限に保障すること
> 2）被疑者に対する国選弁護制度を確立すること
> 3）被疑者の取調についての弁護人の立会権を制度的に保障するよう具体的に検討すること
> 4）代用監獄を廃止すること

161）三井ほか・前掲注160）28頁〔三井誠発言〕。

> 5）裁判所は、違法収集証拠を厳格に排除し、供述調書の採否に当っては、伝聞禁止の法則を厳守すること
> 6）検察官に、捜査機関が収集した証拠物及び全捜査記録の開示を義務づけること

　一般指定をはじめとする接見指定の在り方の見直しや、捜査段階の国選弁護制度の確立、弁護人立会権、証拠開示の保障が挙げられた。弁護人依頼権、接見交通権、黙秘権といった実定法上、保障されていることが明らかな権利の保障を徹底するために、被疑者国選弁護制度・弁護人立会制度・証拠開示制度を実現し、代用監獄を廃止することを主張するのである[162]。

　1980年代から、青木孝之が「刑事弁護ルネッサンス」[163]と呼ぶ刑事弁護の復興が起きる。青木は、刑事弁護ルネッサンスの背景には、刑事弁護離れと平野龍一のいわゆる「絶望論文」があったと説明する。精密な証拠収集と起訴の厳選といった効率的な刑事司法運営が成功し、実務に根付いた結果、一般的な弁護士の刑事弁護離れが広がりつつあった。その最中、1985年に平野は、日本の刑事司法を「かなり絶望的である」と評するいわゆる絶望論文を提示した。平野が描いた刑事司法とは異なる実務が根付いたことへの嘆声を漏らすものであった。しかし平野論文に触発され、様々な論者が日本的司法論を提示する中、刑事弁護ルネッサンスという事象が見られ始めるようになったという。1985年頃から各単位弁護士会で刑事弁護センターが設立され、1988年の日本弁護士連合会第12回シンポジウムに招かれた平野が被疑者弁護の強化を訴え、1989年には「刑事訴訟法40周年宣言」にて刑事司法の問題点を総花的に指摘するに至るのであった。

---

162) 日本弁護士連合会「刑事裁判に関する決議」(1981年9月26日) (https://www.nichibenren.or.jp/document/civil_liberties/year/1981/1981_2.html、2024年11月5日最終閲覧)。
163) 刑事弁護ルネッサンスについては、青木孝之「刑事司法改革の現状と展望――二〇年改革の軌跡に寄せて」琉大法学75号19頁、24-27頁、31-34頁（2006年）に従った。

もっとも、制度の拡充により権利の実質化を図るには、実質化の対象となる各権利の保障根拠を再確認する必要がある。また、権利の実質化を図ろうと制度を拡充しようとするならば、そのための予算調達が必要になるところ、そのためには社会からの合意が必要となる。しかし、自己負罪拒否特権・黙秘権の保障根拠論は抽象度が高く、そして社会からの合意を調達できるようなものではなかっただろう。自らを潜在的な犯罪被害者と考える人々にとって、自己負罪拒否特権の保障根拠を個人の尊厳に見いだす見解には賛同しないだろう。また、黙秘権の保障根拠も、当事者主義に由来する供述義務の不存在等に見いだされたが、その内容も抽象的なものであろう。実際、供述義務の不存在という実体的権利と結びつけずに黙秘権の存在を理由づける見解に対して、1963年に田宮裕が、「捜査官憲に対して被疑者がもつ黙秘の権利は、法的な黙秘権ではなく、事実上のものだという。それならば、法の認めた各種のサンクション（たとえば侵害の場合の証拠排除）はなくなってしまうのではないか。黙秘権以上のものだということを主張するために構成された主張ではあるが、実はこうして、黙秘権の保障を喪失してしまうという不本意な結論になる」[164]と述べ、批判を加えていた。

　このような状況にあっては、自己負罪拒否特権及び黙秘権の保障根拠を改めて考え直す必要が生じる。そこで出てきた有力な理解が、プライバシー論と自己決定論である。これらの見解の共通点は、黙秘権の機能を考察し、潜在的被害者と考える人々にその有用性を訴えかけ、社会からの合意を調達しようとする姿勢にあると思われる。

1　プライバシーと黙秘権

　1982年、黙秘権の保障根拠を説明する概念としてプライバシーを持ち出したのが鴨良弼である。鴨は、プライバシーが有する機能への考察を出発点に、プライバシーと黙秘権との関係を分析する。鴨は広義のプライバシ

---

[164] 田宮・前掲注99）89頁。

ーと狭義のプライバシーがあるという。広義のプライバシーとは to be let alone にはじまる、政府機関からの干渉から解放される利益であり、狭義のプライバシーとは、「自己に属する事項を、いつ、どこで、どのように、どのような限度で、他人にコミュニケーションするか、これを判断・決定しうる」個人の自由を指すという[165]。

　プライバシー概念を二分した上で、プライバシーの機能を考察する。その一つの機能が、外部からの干渉を排除し、自由な生活を営む「ゼロ関係」の枠を設け、保護する壁としての機能（生活利益の固守）である。すなわち、「ゼロ関係」の枠内にいる限り、人はいかなる生活も行う自由があり、同意がない限りは外部からの干渉を許さないという機能である。もう一つの機能が、自己に専属する生活利益を外部の者へと分配する機能である。自己に専属する生活利益を「ゼロ関係」の枠を超えて外部の者に分配するにあたっては、これをどの範囲で、どのように分配するかは個人の自由であり、個人の自由な自己実現の範囲に属するものである。生活利益を分配し、自己の思想・感情を外部に向けてコミュニケーションすることは、個人の人格の尊厳・自由にとって欠くことのできないものという。

　鴨は、「以上の二つのファクターが互いに作用しあって、個人のプライバシーの利益が構成され、また、その自由な処分が自己実現の自由となって個人の尊厳・人格・自由が形成され、さらにまたそのような個人相互の交渉、相互依存の関係によって生きた社会が構成される」[166]という。すなわち、生活利益を不当な干渉から保護されるという利益が存在する一方、その自由な処分を認めて個人相互のコミュニケーションが実現するという利益も存在する。これら利益が相互に働くなかで、個人の人格は形成されていき、生きた社会が構成される。だからこそ、「法はプライバシーの利益については、これを一定の権利として保障する必要がある」[167]という

---

165) 鴨良弼「プライバシーの権利と刑事訴訟──とくに黙秘権と同意について」亜細亜法学16巻1・2号11頁、12頁（1982年）〔同『刑事訴訟法の基本理念』64頁（九州大学出版会、1985年）所収〕。
166) 鴨・前掲注165) 14頁〔同82頁〕。

のである。

　このプライバシーの利益が、刑事司法の中で黙秘権という形で現れると、鴨は説明する。ゼロ関係の支配する領域においては、物的なプライバシーと精神的なプライバシーに類別されるところ、後者の精神的プライバシーの利益を内容とするのが黙秘権であるというのである[168]。そして鴨は、プライバシーとしての黙秘権論の独自性を、既存の黙秘権論と対比しながら次のように説明を加える。

　鴨は、これまでの黙秘権理解につき、ⅰ）弾劾システムの純粋性と機能の維持とするもの、ⅱ）ヒューマニズムに由来するもの、ⅲ）プライバシーの権利の側面から理由づけするものの3つに大別する[169]。そしてⅰ）の理解については、黙秘権を他の制度の依存するような技術的便宜のために存在価値を求めるべきではないとする。ⅱ）の理解については、通説的見解ではあるものの、黙秘権の真の存在価値を本質的に捉えていないとし、ⅲ）の見解こそ黙秘権の存在価値を機能的に捉えていると指摘する。

　鴨は、黙秘権をプライバシーと関連づけたうえで、参考人や被害者と比較しながら、被疑者・被告人に手厚い手続的保障が与えられている理由を説明する。個人の固有の生活領域については、個人の自己実現の自由が保障されなければならない。しかし、このことは被疑者・被告人のみならず、参考人から被害者まで同じく当てはまる。それにも関わらず、なぜ被疑者・被告人に対しては手厚くこれを保障したのだろうか。鴨によれば、プライバシーの干渉を予防する必要性が高いからだと説明する[170]。被疑者・被告人は、嫌疑が向けられているからこそ、公権力によるプライバシーへの不公正な干渉を受ける危険性が非常に高い。必要性の名のもと、公権力による不当な干渉が生じる高度な危険性が、現実的に存在するという。だからこそ、その不当な干渉に対して排斥・拒否する自由を保障しなければ

167）鴨・前掲注165）14頁〔同82頁〕。
168）鴨・前掲注165）22頁〔同89頁〕。
169）鴨・前掲注165）16-17頁〔同84頁〕。
170）鴨・前掲注165）18頁〔同85頁〕。

ならず、その干渉から防衛する地位が法的に容認されなければならない。その保障がほかならぬ黙秘権であるという[171]。もっともこの黙秘権は、それのみでは有効に機能しがたい弱い性格を持っている[172]。その脆さから守るために証明責任の原則、黙秘権の事前告知、取調べ時間・内容の制限、弁護人依頼権の保障などがあるというのである。

　鴨の独自性は、プライバシーの機能を考察し、プライバシーと黙秘権の関係を明解に分析した点にある。黙秘権を論ずるにあたっては、制度史的な背景のみならず、「刑事訴訟で現実的に黙秘権の機能する内容の側面も考慮に入れなければならない」[173]と述べるように、黙秘権が現実としてどのような機能を果たしているのかの考察を行う点に、既存の理論研究とは異なる独自性があった。

　それでは、なぜ鴨が個人の尊厳（ヒューマニズム）や当事者主義に依拠せずに、黙秘権の機能的考察を行ったのだろうか。恐らく、社会からの合意を調達しようと試みたのではないか。鴨は、「なぜ、黙秘権が犯罪嫌疑者のみにみとめられ、犯罪の被害者ないし一般第三者にはみとめられないのか。公平さを欠いた制度理論ではないか。そのような疑問が当然生ずるであろう」[174]として多くの人々が抱えるであろう疑問から検討を出発する。そして、この疑問に答えるべく、犯罪被害者や一般第三者に比べて被疑者への手続的保障が手厚い理由を説明するのであった。このことは、犯罪被害者や一般第三者といった社会の大半を占める人々から、被疑者・被告人に対して黙秘権が保障されることへの納得や合意を調達しようとする意図が窺える。

　社会からの合意を調達しようとする努力は、いわゆるモデル論への批判や、緻密な利益衡量の志向からも窺える。鴨は、それまで日本で活発に議論されてきたモデル論が有する限界を次のように指摘する。モデル論のよ

---

171) 鴨・前掲注165) 18頁〔同86頁〕。
172) 鴨・前掲注165) 19頁〔同86-87頁〕。
173) 鴨・前掲注165) 17頁〔同84頁〕。
174) 鴨・前掲注165) 18頁〔同85頁〕。

うな二元的なポール論は明快であるものの、「複雑な多元的な要因を持つ刑事訴訟では容易に納得しがたい」とする。例えば、刑事訴訟の公正な運用と人権の保護を重視する適正手続モデルのもとでは、違法の程度、具体的事情を問わず、違法に収集された証拠は一律に排除されることとなる。しかし許容性が全て否定されるのであれば、「公共の利益の担い手に対する社会の信頼は容易に満足しがたい」とする[175]。この指摘からは、鴨が社会からの合意を調達できるような議論を志向していることが窺えよう。

プライバシーに基づく黙秘権論は実務家から高く評価されたと思われる。例えば、長年裁判官として勤めていた沼尻芳孝はエッセーの中で次のように述べる。「この黙秘権というものについて、その本質を深く掘り下げた法律上の見解が従来あまり示されていないことを非常に残念に思っているのです」と従来の学説を批判する。「黙秘権というものは、どんな悪いことをしてもその事実を供述する必要が無いとしてその人を助けるためにあるものではありません」と述べた上で、「どんなに悪い事をしたと疑われる人でも、その事実を追求して強制的に自白させてはならないという個人を尊重する精神から創り出されたものなのです。個人のプライバシーという城閣の中に国家権力と雖も土足で闖入することを断固拒否したものです」とし、プライバシーとしての黙秘権論を評価する[176]。

時代は少し下り、鴨と同様に、黙秘権が有する機能を考察し、その機能から黙秘権の保障根拠論を展開する立場が現れる。それが高田昭正の自己決定のための黙秘権論である。これを紹介するにあたり、まずはその理論が出てきた当時の背景を述べよう。

---

175) 鴨・前掲注165)〔同28頁〕。
　なお、刑法の適用・実現それ自体は、訴訟の目標である以上、刑法の適用・実現を目的とする訴訟モデルを「悪の危険要因のつよいパターン」として割り切ることには問題があるともいう。鴨・前掲注165)〔同26頁〕。
176) 沼尻芳孝「黙秘権（税の申告と車の轢き逃げに関連して）」『刑事裁判綺談』57頁、61頁-62頁（判例タイムズ、1993年）。

2　自己決定と黙秘権

　1985年、横山晃一郎は、取調べ受忍義務を認め、供述の強要に至らない限りの説得・働きかけを許す立場と、出頭・滞留義務を否定する立場といった長年にわたる対立を、「それぞれの解釈の背後に、被疑者取調権の確保と被疑者の人権（人格、主体性）の確保という相異なる二つの願望があること、前者は糾問主義への深い傾斜、後に弾劾主義への強い志向があった」[177]と評する。これまでの議論というのは、被疑者の主体性をどれほどに確保するかを巡る議論でもあった。そして主体性確保という目的のもと、当番弁護士制度をはじめとする捜査弁護の実践基盤が徐々にできあがっていった。そうした中で、黙秘権の弁護実践上の機能が明らかになりつつあった。1980年代頃に始まる刑事弁護の活性化が進むにつれて、黙秘権の機能が実務家の中で認識された。そのような中では、弁護実践から浮かび上がった黙秘権の機能そのものを黙秘権の保障根拠として位置づける試みが考えられる。そうした理解を前面に押し出したのが、高田昭正の見解だと思われる。

　高田昭正は、1998年に公刊された論文「捜査弁護は何をすべきか——実効的捜査弁護の課題と方法」にて、弁護人の立ち会いも認められず、取調べ受忍義務も課され、被疑者に迎合を求めるような取調べを「供述に関する被疑者の自己決定を否定するような」[178]ものと位置づける。弁護人の立ち会いが認められない中で、自己の供述を証拠化する過程・結果に関して弁護人のコントロールがおよそ及ばないことは、弁護人の実質的援助を受けることができないものだと評する[179]。そのうえで、実効的捜査弁護なるものを実現しなければならないとし、その実現にあたっては二つの課題があるという。その一つが、「捜査機関の取調べに依存しないで、弁護

---

177) 横山晃一郎「第4章拘束された被疑者の立場——接見交通と取調べ」53頁、64頁『誤判の構造——日本型刑事裁判の光と影』（日本評論社、1985年）。
178) 高田昭正「捜査弁護は何をすべきか——実効的捜査弁護の課題と方法」季刊刑事弁護15号23頁、24頁（1998年）。
179) 高田・前掲注178) 24頁。

人のイニシャティブないしそのコントロール下で被疑者の供述を証拠化する課題」であり、被疑者との関係では「弁護人の援助の下で、被疑者の供述を、その主体的な自己決定の結果として証拠化する課題」であるという[180]。そして、大阪弁護士会の実践を引きながら、被疑者の黙秘権が持つ機能として、ⅰ）証拠開示機能、ⅱ）不起訴獲得機能、ⅲ）主体化機能を挙げる。すなわち、ⅰ）黙秘をすることによって、捜査機関側が自白を引き出そうと情報を提供してくるため、それを契機に証拠開示を認めさせることができる。ⅱ）黙秘を徹底させることで、自白を一つの取引材料として引き合いに出すことにより罰金刑で終えられる。ⅲ）黙秘権は、「供述を証拠化する被疑者自身の主体的力量を回復させる機能、いわば『主体化』機能をもつ」[181]という。身体拘束された場合、そのこと自体をもって被疑者は取調べに対抗するだけの「主体的力量」を損ない、主体的な意思決定を貫徹することが困難となる。そこで主体的な意思決定を可能となるまで回復を待つことを可能とさせるのが黙秘権の機能だというのである。

　こうした機能を踏まえ、高田は、捜査弁護においては、黙秘権は単に沈黙を続けさせるためだけの権利ではなく、「被疑者の尊厳を支える『黙秘権』という基本権の保障は、供述──厳密には『供述か黙秘か』、供述するときは『何を供述するのか』──について、被疑者の主体的な自己決定を実現させること」として捉えられていると評価する[182]。被疑者自身の尊厳や自己決定を保障し、それを実現するためにも黙秘権が必要であるという。「『被疑者の自己決定』を基軸にして検討した論稿は今まで無」[183]いとし、自らの見解の独自性を主張する。

　高田は、供述するかしないか、供述するならば何を供述するかの被疑者の主体的な自己決定の実現に黙秘権の保障根拠を見いだした。そうした保障根拠論は、捜査弁護の実践により見いだされた黙秘の機能、さらには個

---

180) 高田・前掲注178）26頁。
181) 高田・前掲注178）27頁。
182) 高田・前掲注178）28頁。
183) 高田昭正『被疑者の自己決定と弁護』ⅲ頁（現代人文社、2003年）。

人の尊厳[184]によって裏付けられた。また、黙秘権の機能のひとつに、取調べにおいて制限された被疑者の主体的力量を回復させる機能があると指摘していた。この機能が正しく働くには、黙秘していても不利益な取り扱いがなされず、安心して黙秘できることが前提となる。それゆえ保障内容として不利益な取り扱いを受けないまま意思決定を留保することができる不利益推認禁止も含まれると整理できるだろう。

　この見解の独自性は、黙秘権の機能的考察に見いだせる。これまでの議論は、当事者主義や個人の尊厳といった抽象的概念に依拠していた。これに対して、供述するかしないか、するとすればどの程度供述するかの自己決定を実現するために黙秘が必要であるという形で、黙秘権の機能を考察したのである。この理解に従えば、供述の強要に至らない働きかけであっても、それが被疑者の主体性を害するようなものであれば、禁止されるべき取調べということにもなろう。

3　小　括

　この時代は、新しい見解が展開された点に特色がある。プライバシーの利益や自己決定の実現に保障根拠が見いだされた。前者は嫌疑をかけられているからこそ不当な干渉に遭う危険性が高いという機能的考察に、後者は捜査弁護の実践から明らかとなった黙秘の機能に保障根拠が見いだされた。

　これら議論の特色として、自らを潜在的被害者と考える市民にも共有されやすい性格が挙げられる。個人の尊厳論は、真犯人をなぜ守らなければならないのかといった疑念がつきまとう。他方、プライバシーや自己決定に保障根拠を見いだす両理論は、共有されやすい見解だったのではないか。いずれの理論も、黙秘権が社会的厚生をいかなるメカニズムで増進させているのかについて説明を試みる。鴨良弼は、嫌疑をかけられた者であるがゆえに、参考人や被害者とは異なり、不当な公権力行使の対象となると説

---

184)　高田・前掲注183) 91-92頁。

明し、その干渉から守られるために黙秘権が必要であるとした。高田昭正は、弁護人の実務経験に立脚しながら、黙秘権が弁護の中でいかに有用であってかけがえのないものかを訴えた。ある価値が実現されるメカニズムを描写する両理論は、市民からの合意を調達しやすい性格を有していたのではないか。先に述べたように、被疑者国選制度など権利の実質化を図るために予算の獲得が必要となり、それには市民からの合意を調達する必要があった。合意を調達するには市民に共有される理論でなければならない。それゆえ、先のような理論構成が必要だったようにも思われる。

　自己負罪拒否特権や黙秘権が、刑事司法制度の目的との関係でいかなる機能を果たしているのか、そのメカニズムを描き出すことが理論の受容可能性を高めることに繋がるというのが一つの示唆だろう。

　他方でこれら両理論はいくつかの問題を抱えているようにも思われる。まず、プライバシーとの関係から保障根拠を説明する鴨の理論を取り上げよう。通常、物的証拠に対してもプライバシーの利益が及ぶ。その利益は、捜査の必要性との衡量対象となり、一定の権利制約を甘受しなければならない。そうであれば、精神的プライバシーの保護を内容とする黙秘権（及び自己負罪拒否特権）も捜査の必要性によって制約される余地がある。その点についての理論的手当がされていないためか、プライバシーとしての黙秘権論は通説的地位を築いていないと思われる。

　自己決定のための黙秘権論も、同様のことが指摘できるだろう。捜索・押収の場面において、被疑者・被告人の自己決定は否定されている。すなわち、被疑者・被告人を対象とする捜索・押収は、被疑者・被告人がこれを拒否しても遂行されるのである。また、自己決定が反映されているはずの、被疑者・被告人が作成した私的文書の押収も禁止されていない。憲法第38条第1項も刑事訴訟法第198条第2項も「供述」と定めていることもあって、保障範囲を暗黙裏に「供述」に限定している。しかし、プライバシーや自己決定に着目して黙秘権を説明しようとするならば、物的証拠と供述との間にこのような差異を設ける理由を明らかにしなければならないだろう。

　以上が憲法第38条第1項及び刑事訴訟法第198条第2項を巡る議論であ

ったが、これまでの議論を整理し、本章の目的である議論の到達点と問題点を明らかにし、分析の視座を設定することとしよう。

Ⅳ 自己負罪拒否特権及び黙秘権を巡る議論の現在地と課題

1 保障内容論の現在地

　憲法第38条第1項は自己負罪拒否特権及び不利益推認禁止を保障したものであり、他方、刑事訴訟法第198条第2項は有利・不利を問わず供述を拒否する黙秘権を保障したものと理解されてきた。文言上も、憲法第38条第1項は「不利益な」供述の強要を禁止しているのに対して、刑事訴訟法第198条第2項は利益・不利益を問うものではなかったことから、両規定の保障内容は異なると考えられてきた。

　しかし、先行研究を概観した結果、憲法と刑事訴訟法とで保障内容を異にする理由は明確ではなかった。刑事訴訟法学は、憲法は自己負罪拒否特権を、刑事訴訟法は黙秘権を保障しているものと理解していた。他方、憲法学からは、憲法第38条第1項は自己負罪拒否特権に留まらず、黙秘権をも保障したという理解が唱えられた。保障内容を巡る議論は錯綜した状態にある。憲法と刑事訴訟法とで保障内容に差異があるのか、あるとすれば、それはいかなる理由からなのかは明確ではないのである。

　保障内容を巡る議論の錯綜は、不利益推認禁止を巡る議論にも現れている。憲法及び刑事訴訟法が、不利益推認禁止を保障しているかについては見解が分かれていた。通説的見解は、憲法及び刑事訴訟法の保障内容に不利益推認禁止が含まれると考えてきた。不利益推認を認めれば、不利益な推認を避けるべく、やむをえず（不利益な）供述をすることになる。黙秘が事実上困難となることから、憲法及び刑事訴訟法は不利益推認禁止を保障していると理解する。また、捜査弁護の実践からは、黙秘することによって、供述するかしないかの意思決定を行う主体的力量を回復する機能が見いだされ、それを黙秘権の主体化機能として評価された。この機能が正しく働くには、黙秘していても不利益な取り扱いがなされず、安心して黙秘を選択できることが前提となることから不利益推認禁止の保障が求めら

れる。他方、不利益推認によって生じる精神的負荷は、拷問のような強制に至るほどのものではないことから、憲法上も許容されると考えられた。不利益推認の許容性についても検討の余地が残っているといえよう。

　保障内容の差異や不利益推認の許容性に関して見解が分かれる理由は、保障根拠論にいまだ未解明の部分があるからだろう。そのことを示すべく、以下では保障根拠論の整理をしていこう。

2　保障根拠論の現在地
(1)　自己負罪拒否特権の保障根拠論

　憲法が保障する自己負罪拒否特権の保障根拠として、自白偏重防止、個人の尊厳、当事者主義に由来する被疑者の供述義務の不存在に見いだされた。しかし、これら見解には課題があった。自白偏重防止を保障根拠とする立場に対しては、拷問や拷問的取調べが行われないように、自白法則や補強法則を定めて捜査機関の行動様式を変えればよく、自己負罪拒否特権の保障を通じて被疑者・被告人側の行動様式までも変容させる必要は無いという批判がなされた。だからこそ自己負罪拒否特権という保障を、憲法から削除しようと試みられたのであった。さらに、自白偏重防止という観点から、不利益推認禁止までもが憲法第38条第1項の保障内容として導かれるのかは一考の余地があるだろう。また、個人の尊厳論に対する批判として、岩崎成郎の見解が参照に値する。憲法第38条第1項にいう「不利益」とは、本人が判断する以上、いかなる供述も不利益となりうる。とりわけ真犯人にとってはどの供述も不利益となるのであるから、真犯人には全面的な黙秘権を認めたことになる。しかし、被害者の人権を侵害した犯罪者に対して、憲法上の人権としてこのような権利を全面的に保障することは妥当ではないという[185]。この見解の根底にあるのは、真犯人は制裁

---

185) 岩崎成郎「黙秘権制定の心理分析──日本は犯罪者の天国か」精神分析21巻11号16頁、17-18頁（1963年）〔同「第5章　黙秘権制定の心理分析──日本は犯罪者の天国か」『法と裁判の精神分析』73頁以下（東京精神分析学研究所、1965年）所収〕。

の期待値を最小化するような行動をするという直感である。真犯人は、自己にとって最も都合の良い選択を取ろうとする。そして、様々に存在する選択のうち、真犯人は黙秘を選ぶことで情報を提供せず、訴追から逃れようとする。その結果、真犯人の不処罰というエラーが発生してしまう。こうした直感が批判の源だったと思われる。このような批判に正面から向き合わなければ、社会からの合意を調達することは困難になるだろう。さらに、個人の尊厳論から、不利益推認禁止までもが保障内容として含まれることになるのかは定かではない。個人の尊厳という保障根拠としての抽象性が、保障内容を不明瞭なものとする。当事者主義との関係から自己負罪拒否特権の保障根拠を説明する見解に対しては、自己負罪拒否特権それ自体に固有の意義が見いだせていない点で問題がある。それが保障内容を曖昧なものとしているのだろう。

(2) 黙秘権の保障根拠論

　他方、有利・不利を問わずに供述拒否を認める刑事訴訟法上の黙秘権の保障根拠も複数存在していた。憲法の精神を拡充したとする見解に加え、捜査構造論のもと、取調べの客体から脱却し、被疑者の訴訟主体としての地位の承認に黙秘権保障の意義が見いだされてきた。被疑者・被告人の精神的プライバシーを保護するために黙秘権が保障されていると理解する見解も有力であった。さらに、刑事弁護において黙秘権が現に果たしている機能に着目し、供述か黙秘か、供述するときは何を供述するかの被疑者の主体的な自己決定の実現に黙秘権保障の狙いがあるとも説明されてきた。

　これらの見解にはそれぞれ課題があったといえるだろう。憲法の精神の拡充という根拠論に対しては、拡充すべき理由が不明確であった。捜査構造論に基づく黙秘権論は、他の制度に依存した形で説明するがゆえに、黙秘権が固有に有する意義は明瞭ではない。精神的プライバシーに基づく黙秘権論も課題がある。通常、日記等の物的証拠も、被疑者の精神的プライバシーが関わる。しかし、現行法はこれを自己負罪拒否特権及び黙秘権の保護対象としてない。この見解は現行法の説明が困難な点において課題がある。そして自己決定論も、供述するかしないかの自己決定それ自体をな

ぜ保障するべきなのか、その理由が明らかではない点において課題を有する。

このように自己負罪拒否特権や黙秘権の保障根拠論には課題を抱えていた。だからこそ、憲法と黙秘権とで保障内容に差異があることも説明できないのだろう。

しかし、保障根拠論のバリエーションは豊富であるものの、各見解が目指すところは同じであったといえる。すなわち、学説は、自己負罪拒否特権及び黙秘権の保障を通じて、供述するか否か、特に不利益供述をするか否かの自己決定の確立を図ろうとしてきたといえよう。

自白強要防止や個人の尊厳に自己負罪拒否特権の保障根拠を見いだす見解は、自己に不利益な供述をするか否かの自己決定を確立しようとしたと整理する余地があるだろう。黙秘権の保障根拠を提示した捜査構造論や自己決定論は、有利・不利を問わず、供述するかしないかの主体的な自己決定の確立を目的とすると評価できるだろう。捜査構造論は、強要に至らない限りの説得や暗示・誘導、利益供与を行う捜査実務を否定するべく生まれてきた理論であった。刑事訴訟法が制定されて以降、捜査実務では強要に至らない程度の働きかけを許容する論理が席巻し、取調べ技術の向上の名のもと、誘導・暗示を伴う取調べが行われ、その結果が虚偽自白であった。そうした時勢のもとでは、供述の強要に至らない程度の働きかけも否定し、暗示や誘導といった取調べの在り方も否定する論理を組み立てようとする動きが出てくる。平野龍一、井戸田侃、田宮裕に見られるような、黙秘権を中核とし、様々な権利を保障することで被疑者の主体性や主体的な意思決定の確保を試みようとする見解がそれである。捜査構造論も自己決定の確立を目的とするものと整理できるだろう。自己決定論を提示する高田の見解は、まさに、黙秘権保障の目的を被疑者の供述するかしないかの主体的な自己決定の確立に求めた。精神的プライバシーを保障根拠に据える鴨の見解も、自己の精神的プライバシーに関わる処分を被疑者・被告人に委ねた点を捉えるならば、供述するかしないかの自己決定を確立しようとしたものと評価できよう。

したがって、被疑者・被告人の供述するか否か、特に不利益供述をする

か否かの自己決定の確立に自己負罪拒否特権及び黙秘権の保障根拠があると考えるのが学説の到達点と思われる。

3 供述意思決定と分析の視座
(1) 供述意思決定

しかし、自己決定を中心とする保障根拠論には次のような課題がある。第一に、供述するかしないかの自己決定、とりわけ不利益供述をしないという自己決定がなぜ保護に値するのかが不明確な点である。そうした不明確さが、憲法と刑事訴訟法との間で保障内容に差異があるのか否か、また不利益推認が認められるのか否かといった点に関して見解が分かれることにも繋がっていると思われる。

第二に、「供述」するかしないかの自己決定に保障範囲が限定される根拠が不明確な点である。捜索・押収の場面では、たとえ被疑者・被告人が捜索・押収を拒んでも、その拒否という自己決定は否定され、被疑者・被告人が自己決定に基づき作成し、その自己決定の内容が反映されているはずの私的文書の押収も許容されている。条文の文言から、暗黙裏に保障範囲を「供述」に限定して議論されてきたが、物的証拠収集と供述採取との間に差異を設ける理由は必ずしも明らかではなく、保障範囲を画定する基準が不明瞭であろう。

そうだとすれば、供述するか否か、特に不利益供述をしないという自己決定を保障する理由をさらに検討する必要がある。これが本書の課題の一つである。

(2) 公共の利益に資する個人の権利

また、先行研究の多くは、供述意思決定者が直接に被る結果にのみ注目して自己負罪拒否特権や黙秘権の保障根拠を論じてきた点で限界がある。典型例が、自己負罪拒否特権の保障根拠を個人の尊厳に見いだす立場である。これは、自己負罪拒否特権の行使に制約が加えられた結果、自白という意思決定を行ったときに生じる心の痛みに着目している。黙秘権の保障根拠を精神的プライバシーに見いだす立場も同様であろう。黙秘権の行使

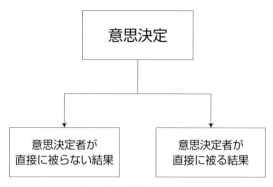

【図1】黙秘権と外部性

を困難ならしめる結果、自己の情報を否応なしに開示することで被疑者・被告人が被るプライバシー侵害という結果に着目したともいえる。このように整理すると、これまでの学説は意思決定者が被る結果に焦点を当てて、自己負罪拒否特権及び黙秘権の保障根拠を検討してきたといえる。

　しかし、一般に、意思決定を行った本人が直接に被らない結果も想像することができる。例えば、タバコを吸うという意思決定をした結果、喫煙者本人が主流煙を吸い込む（直接被る結果）ことになるが、周囲に居る人々が副流煙を吸い込むという結果は、喫煙者本人が被るわけではない。つまり、一定の意思決定は、本人のみならず、その周囲に居る人々にも影響を及ぼしうるのである（これを外部性と呼ぶ）。

　このような権利行使主体たる意思決定者が直接に被らないような結果が、自己負罪拒否特権や黙秘権を保障することにより生じている可能性がある。憲法調査会においても、自己負罪拒否特権の保障によりかえって公共の福祉あるいは公共の利益を増進させることがあると弁護士の竹内誠は指摘していた。類似の指摘を憲法学者の長谷部恭男も行っている。長谷部は憲法第31条以下の規定が定められる理由を、個人の尊厳とルール功利主義から説明する。特定個人の尊厳を保障するために権利を定めているものもあれば、そうではないルールもあるという。一定のルールを設定することで、一つ一つの事件解決に支障を来すことがあるかもしれない。しかし、長期的目線でみると、平均的には望ましい事件解決を実現できるという。すな

わち憲法の人権規定は、個人の利益を擁護するのみならず、長期的に見た場合に公共の利益の増進にも寄与しうるというのである[186]。

自己負罪拒否特権及び黙秘権も同様に、権利行使主体である被疑者・被告人のみならず、権利を行使していない者らにも影響を及ぼす結果を生じさせ、公共の利益を増進させているかもしれない。もしそうであれば、そのことも考慮して保障根拠を考察する必要があろう。そこで本書の第二の課題として、自己負罪拒否特権及び黙秘権が公共の利益を増進させる個人の権利としての性格を有しているかを考察することが挙げられる。

(3) 憲法上の権利としての自己負罪拒否特権

本書の三つ目の課題として、自己負罪拒否特権が憲法上の権利として保障されるべき理由を明らかにすることが挙げられる。憲法調査会での議論がそうであったように、自己負罪拒否特権は常に捜査の必要性から縮減されやすい権利である。自己負罪拒否特権が憲法上の権利として格上げされている理由も明らかにしなければならないだろう。

(4) 分析の視座

最後に、ここまでの議論をもとに分析の視座を設定したい。

第一に、社会からの合意が調達できるような論理を紡ぎ出すことである。憲法調査会の議論からも分かるように、憲法第38条第１項の存在を自明視することはできない。また、1980年代以降の議論に見られるように、権利の実質化を実現するには、その予算を獲得する必要がある。何らかの権利を保障するにしても、社会に対して説明責任を果たせるようなものでなければならない。それゆえ、個人の尊厳といったような抽象的価値に依存する理論や、真犯人の擁護のみを目的とするような保障根拠論であってはならないだろう。

第二に、刑事司法に関わる各アクターの意思決定に着目した保障根拠論

---

186) 長谷部恭男『憲法〔第８版〕』264-267頁（新世社、2022年）。

を構築することである。すなわち、自己負罪拒否特権及び黙秘権の保障の有無で、各アクターの意思決定にどのような影響を及ぼし、いかなる結果が生じるのかを明らかにすることが求められる。憲法調査会では各アクターの意思決定に着目されていたが、そうした議論の強靱さは、憲法第38条第1項の存在を自明視することなく、その法的ルールの有効性を示すところにある。そこで、本書においても自己負罪拒否特権及び黙秘権の保障根拠論を考察するにあたっては、各アクターの意思決定に着目していきたい。

　このように本書は大別して、次の2点を課題とする。①供述するか否か、特に不利益供述をしないという自己決定を保障する理由を明らかにする。これを個人の利益と公共の利益という二つの軸から明らかにすることで、新たな保障根拠論を提示する。②自己負罪拒否特権が憲法上の保障に値する権利である理由を解明する。

　これらの課題を解決するための基礎的作業として、自己負罪拒否特権の保障範囲の切り分けがいかなる観点からなされうるのか、これを議論の蓄積があるアメリカ法を導きの糸として示唆を得たい。

第 2 章

保障範囲の画定基準を巡る議論
——証拠収集過程と認知機能

I　はじめに

　本章の目的は、アメリカ州・連邦最高裁判所の判例を素材に、自己負罪拒否特権の保障範囲がどのような観点から画定されてきたのか、その画定基準を整理・分析し、次章以降の検討の土台を構築する点にある。前章の検討から明らかとなったように、日本では自己負罪拒否特権・黙秘権の保障根拠及び保障範囲はいまだ不明確なものとなっている。そこで本章では、保障根拠論を考えるための準備作業として、保障範囲に関する議論の蓄積が豊富なアメリカ法を参照する。アメリカでは、着衣強制や強制採血等をはじめ、自己負罪拒否特権の保障範囲を巡る州・連邦最高裁判所判例が豊富にある。自己負罪拒否特権の保障範囲は、その保障根拠と密接に関係していることから、いかなる事情に着目して保障範囲が画定されてきたのかを明らかにすることで、保障根拠にアプローチしたい。

　まずは、判例分析を通じて、自己負罪拒否特権の保障が及びうる場面を洗い出す。そして、いかなる観点から保障範囲が画定されるのか、保障範囲の画定基準を学説を通じて考察する。最後に、複数存在する画定基準をそれぞれ検討した上で、本書が採用する画定基準——証拠収集過程において被疑者・被告人の認知機能を介在させて新たに生成される証拠であるか否か——を取り上げ、当該基準が有する日本法への示唆を提示する一方、その基準の理論的課題も明らかにする。このような作業を通じて、次章以降の土台の構築を試みる。早速、アメリカ州・連邦最高裁判例において自己負罪拒否特権の保障対象となるのはどのようなものであったのか、判例の展開[1]を追っていきたい[2]。

II　自己負罪拒否特権に関する州・連邦最高裁判例の展開

1　*Holt v. United States*, 218 U.S. 245（1910）――着衣強制

　保障範囲が争われる際にしばしば参照される判決が、*Holt* 判決（*Holt v. United States*, 218 U.S. 245（1910））である。本事件では、目撃証言に従い、犯行時に着用していたとされるものと同種の衣服を被告人に強制的に着用させ、これを犯人との容貌の同一性を確認するための証拠として採用することが、修正第5条に違反するかが争われた。被告人は、証言の場合であれば証拠採用できなくなるのと同程度の強制力を使用して着衣強制が行われた以上、修正第5条違反を構成すると主張した。これに対して法廷意見は、こうした主張は修正第5条の過剰な拡大適用（extravagant extension of the Fifth Amendment）であると論評したうえで、自己に不利益な証人となることの強制を禁じている修正第5条は、「被告人からの意思疎通を強要するための物理的・精神的強制を禁ずるものであり、身体の証拠利用が重要となりうる場合にこれを排斥するものではない（a prohibition of the use of physical or moral compulsion to extort communications from him, not an exclusion of his body as evidence when it may be material.）」とする[3]。被告人側の主張を認めれば、陪審

1）保障範囲の変遷とそこに見られる意義については、Dov Fox, *The Right to Silence as Protecting Mental Control*, 42 Akron L. Rev. 763（2009）に大きく依拠した。

2）なお、伝統的に自己負罪拒否特権の保障対象とされるためには、その証拠がⅰ）負罪的（incriminating）であり、ⅱ）証言的（testimonial）であり、その証言的証拠がⅲ）強制（compulsion）によって採取されていることが必要とされてきた。Ronald J. Allen & M. Kristin Mace, *The Self-Incrimination Clause Explained and Its Future Predicted*, 94 J. Crim. L. & Criminology 243, 248（2004）. または、ⅰ）人であること（no person）、ⅱ）強制されること（shall be compelled）、ⅲ）刑事手続であること（in any crime case）、ⅳ）自己に不利益な証人であること（to be a witness against himself）というように憲法の文言に則して分類するものもある。Joshua Dressler & Alan C. Michaels, 2 Understanding Criminal Procedure §12.04（5th ed., 2024）。実質的には同じ分類である。本章はその解釈に至る過程を描くものである。

員が被告人の容貌を観察し、写真と照らし合わして同一性を確認することを禁ずることにもなってしまうとして批判するのである[4]。

法廷意見の特色は、「意思疎通 (communications)」を自己負罪拒否特権の保障範囲を画する概念として用いる点にある。その後の州・連邦最高裁判例においても被告人の意思疎通という要素が着目される[5]。

2　*People v. Sallow*, 100 Misc 447（165 N.Y.S 915）(1917)――指紋強制採取

意思疎通に着目した州最高裁判決としては、1917年の *Sallow* 判決 (*People v. Sallow*, 100 Misc 447（165 N.Y.S 915）(1917)) が挙げられる。New York 州最高裁において、被告人の指紋の強制採取が New York 州憲法に定める自己負罪拒否特権を侵害するものか否かが問題となった。前科調査を行った後に刑の量定を開始する当時の州法に従い、被告人の指紋を強制採取し、これを前科記録と対照したところ前科の存在が発覚し、重い量刑が相当とされた。被告人は、指紋の強制採取は州憲法が定める自己負罪拒否特権を侵害するものと主張した。

これに対して法廷意見は、残酷又は違法な物理的強制を受けない自由は重要であり、被告人は口頭による自己に不利益な証言が強要されないことを確認する[6]。そして、特権の歴史に基づき、唇を通じた証言の強制を禁じたと解する John Henry Wigmore の見解を引くほか、自己負罪拒否特権は被告人からの意思疎通を物理的・精神的に強制することを禁ずるものと述べた Holt 判決の法廷意見を参照したうえで[7]、指紋採取にあたり被告人は手指を露出させるだけの受動的な存在であり、「被告人の心情からすると、いかなる決断、すなわち意思を伴う行為も要求されていない

---

3) Holt v. United States, 218 U.S. 245, 259 (1910).
4) *Id*. at 258-259.
5) *See* note, 17 COLUM. L. REV. 631, 634 (1917).
6) 100 Misc. 447, 454 (1917).
7) *Id*. at 455.

(No volition, that is no act of wiling, on the part of the mind of the defendant is required)[8]」と述べる。また、強制すれば虚偽を述べることにもなりかねない証言の場合とは異なり、指紋採取強制の場合は、被告人による偽造可能性も存在しないことが指摘された。以上の理由から、指紋の強制採取は自己負罪拒否特権侵害を構成しないと判示した[9]。

　New York 州最高裁の法廷意見は、自己負罪拒否特権の保障対象外とする理由づけにあたって、Holt 判決と同様に証拠収集過程における被告人の意思の介在や意思疎通といった要素に着目するほか、証言とは異なり偽造できない点も取り上げるのである。

3　*People v. Les*, 267 Mich. 648（1937）──指紋強制採取(2)

　同種事案として、重罪の被疑事実を理由とする逮捕が行われた際に、捜査機関による強制的な掌紋・指紋採取を認める Michigan 州法が、州憲法上の自己負罪拒否特権を侵害するものか否かが争われた Michigan 州最高裁判所の *Les* 判決（*People v. Les*, 267 Mich. 648（1937））が挙げられる。法廷意見は、*Holt* 判決の「被告人からの意思疎通を強要するための物理的・精神的強制を禁ずるものであり、身体の証拠利用が重要となりうる場合にこれを排斥するものではない」や、*Sallow* 判決の「被告人の心情からすると、いかなる決断、すなわち意思を伴う行為も要求されていない」の判示を引きながら、掌紋・指紋の強制採取が自己負罪拒否特権を侵害するものとは憲法の起草者は考えていないと指摘する[10]。加えて、身長・体重・髪色等をはじめとする容貌・顔貌比較のような同定手段に比べて、掌紋・指紋照合はその正確性で優れており、この方法は既存の方法に比べて無辜の救済にも繋がることが指摘され、合憲性を認めるのであった[11]。

　Les 判決・*Sallow* 判決のいずれも、*Holt* 判決に大きく依拠しており、

---

8) *Id.* at 463.
9) *Id.*
10) People v. Les, 267 Mich. 648, 652-55（1937）.
11) *Id.* at 655-56.

意思や意思疎通という要素に着目して、保障範囲の画定を図るのである[12]。時代は下り、強制採血に関しても自己負罪拒否特権の抵触が争われるようになった。

4 *Block v. People*, 240 P.2d 512（Colo. 1951）——強制採血

強制採血と自己負罪拒否特権との関係を取り上げた州最高裁判例が Block 判決（Block v. People, 240 P.2d 512（Colo. 1951））である。Colorado 州最高裁判所において、次の事実関係のもとで強制採血の合憲性が争われた。飲酒運転により死傷者を出す交通事故を引き起こし、自らも意識不明の状態にあった被告人の血液を採取するように、捜査機関が医師に要請した。その結果、血液サンプルから規定値を超えるアルコール分が検出されたため、これを証拠として提出し、採用された。これに対して被告人側が、強制的に採取された血液は有罪判決へと繋がる恐れを有する証拠であること、また、自己負罪拒否特権の保障範囲は証言に限るものではないことから、自己負罪拒否特権の侵害を主張した事件である。

Colorado 州最高裁法廷意見は、先の Wigmore の見解や意思疎通を重視する *Holt* 判決の法廷意見を引きつつ[13]、アメリカ註釈付判例集の一節「自己負罪に関する修正憲法の目的は、自己負罪になりうる言葉の発話の強制を禁じることにあり、その者が何者で、どのような状態にあるのかを示すあらゆる物理的事実に関わる証拠を排除することにはない」[14] を引用し、本件血液採取を合憲とした。ここでも保障範囲の画定にあたり、*Holt* 判決が示した意思疎通要素が着目され、さらに被告人からの意思疎通を伴わず、物理的状況を示すに過ぎない領域では自己負罪拒否特権が問題とはならないとされた。

---

12) 当時の研究によれば、1930年代には指紋の強制採取は自己負罪拒否特権を侵害しないという理解が他州においても確立していたようである。Fred E. Inbau, *Self-Incrimination——What Can an Accused Person be Compelled To Do*, 28 AM. INST. CRIM. L. & CRIMINOLOGY 261, 267（1937）.
13) Block v. People, 240 P.2d 512, 515（1951）.
14) *Id.* at 516.

もっとも、当時の州最高裁にて見解の一致が見られていたわけではない[15]。そのような状況の中でリーディングケースとなったのが、連邦最高裁判例の Schmerber 判決（Schmerber v. California, 384 U.S. 757 (1966)）である。

5　Schmerber v. California, 384 U.S. 757（1966）——強制採血

　Schmerber 判決の事実関係は次の通りである。被告人は飲酒運転によって事故を引き起こしたために病院で治療を受けていたところ、その治療中に捜査機関の指示を受けた医師が、血中アルコール濃度を測定するべく血液の採取を強制的に行った。血液サンプルから規定値以上のアルコールが検知されたために飲酒運転の罪で起訴され、上記血液サンプルが証拠採用された。これに対して、本件血液サンプルは採取当時に弁護人の助言に基づき血液採取を拒否したにもかかわらず、その拒否を無視して強制的に採取されたものであり、こうした状況下で行われた血液採取とその証拠採用は、適正手続を保障する修正第14条、弁護人の援助を受ける権利を保障する修正第6条、自己負罪拒否特権を保障する修正第5条、不合理な捜索・押収を受けない権利を保障する修正第4条に違反するものと被告人側が主張した事件である。5対4で意見は分かれたものの、本件血液採取は憲法上の権利を害さないとする判断が下された。本研究の関心から、修正第5条に焦点を当てて紹介しよう。

　法廷意見は、自己に不利益な証言の強制又は、証言的（testimonial）若しくは意思疎通的（communicative）性質を帯びた証拠の提出を強制されないことが自己負罪拒否特権の保障内容であるから、血液を強制採取しても自己負罪拒否特権を侵害するものではないとする[16]。その論理を次のように説明していく。

---

15) 当時の学説・州判例の動向については、Inbau, *supra* note 12 ; note, 5 N.C. L. Rev. 332, 337（1926）を参照。当時の州判例の動向についても両文献が紹介している。

16) Schmerber v. California, 384 U.S. 757, 761（1966）.

まず問題となるのが負罪証拠であるかどうか、そして強制によるものであるかどうかである。法廷意見は、負罪証拠を強制的に採取したことは明らかであるから、本件血液採取はいずれの性格をも帯びたものと認定する。

ゆえに問題となったのは強制採血が「自己に不利益な証人になる」ことの強要に該当するか否かである。このことにつき、法廷意見は自己負罪拒否特権に言及した Miranda 判決 (Miranda v. Arizona, 384 U.S. 436 (1966)) に触れながら検討を行う。Miranda 判決では、自己負罪拒否特権の保障根拠として最も重要なのが、市民の尊厳と廉潔性 (integrity) の尊重であるとした。個人と国家との公正なバランスを維持し、政府に証明責任を負わせ、個人の不可侵性を保護するべく、当事者主義制度のもとでは処罰を求める国家が独立に証拠収集に努めて、唇からの自己負罪証拠の提出を強制するといった残酷かつ単純な方法に依ってはならないことが求められると示されていた。しかし、強制採血は、体内への強制的な侵入を伴う点で個人の不可侵性を侵害し、国家が被疑者・被告人の協力無くして証拠収集を確保しなければならないという要請に反して行われる[17]。もっとも、Miranda 判決を含め、これまでの一連の判例は、自己負罪拒否特権が擁護しようとする価値の全範囲にその保障が及ぶものとは考えてこなかったと指摘する。Miranda 判決が黙示的にも認めており、特権の歴史に鑑みてもそうであるように、自己負罪拒否特権の保障が及ぶ状況は、「唇からの自己負罪証拠の提出を強制するといった残酷かつ単純な方法 (the cruel, simple expedient of compelling it from his own mouth)」を通じた証拠収集を行うことにより特権の価値を毀損する場合に限られてきたとする。

また、Holt 判決に始まる一連の判決も自己負罪拒否特権の保障範囲を限定してきたことを指摘する。法廷意見は、Holt 判決の一節――「被告人からの意思疎通を強要するための物理的・精神的強制を禁ずるものであり、身体の証拠利用が重要となりうる場合にこれを排斥するものではな

---

17) *Id.* at 762.

い」——を引き、特権が及ぶ範囲は、その態様を問わず、被疑者・被告人の意思疎通に限られてきたとする。加えて、これまで州・連邦下級審裁判所は、同一性確認のための指紋採取・写真撮影・身体測定など、意思疎通の強制を伴わない処分について取り上げきた[18]が、その際には「この特権は意思疎通又は証言の強制を禁止したものであり、被疑者・被告人を物的証拠の源泉とする強制は特権を侵害するものではない」[19]というような表現を用いてきて保障範囲を画定してきたと指摘する。

　法廷意見は、こうした見解に同調し、本件事案を次のように評価する。「本件血液採取及び血液分析において、証言の強制、すなわち、被告人による意思疎通の強制が行われたことは寸分も窺えない。被告人の証言的能力（testimonial capacities）は何ら関与していないのである。実際、被告人の関与は、ドナーであることを除き、血液検査の結果とは無関係であり、血液分析にのみ依存して分析結果が決まる。検査結果という証拠は、強制により得られた負罪証拠であるが、それは被告人の証言でも、被告人による何らかの意思疎通や意思疎通的な文書作成行為でもないために、特権を理由として証拠能力が否定されるものではない」[20]とし、強制採血は自己負罪拒否特権を侵害するものではないとする。

　この一節から、法廷意見が、意思疎通要素や証言的（testimonial）要素という事情を拾い上げて、特権の保障範囲を画定していることが窺える。自己負罪拒否特権の作用を被告人による意思疎通の強制の禁止に見いだし、被告人の身体を物的証拠として使用することを排除するものではないと理解する *Holt* 判決に依拠していることからも明らかである[21]。なお、口頭による意思疎通に限定されるわけではなく、国家からの働きかけに対する応答として書き下された文書にも適用があるとしている[22]。この点にお

---

18) そのような事例が収録されているものとして、JOHN HENRY WIGMORE, 8 EVIDENCE §2265 (McNaughton rev. 1961). を引く。
19) Schmerber, 384 U.S. at 764.
20) Id. at 765.
21) Robert H. McManus, *Florida's Implied Consent Statute: Chemical Tests for Intoxicated Drivers*, 22 U. MIAMI L. REV. 698, 701 n.13 (1968).

いて、唇からの負罪証言の強要に自己負罪拒否特権の保障を限定するWigmoreと見解を異にする[23]。

ここまで州・連邦最高裁判例の法廷意見を参照してきたが、反対意見も参照すると議論の対立が見られるため、その対立を学説を通じて整理していこう。こうした作業により画定基準を類型化していきたい。

III 画定基準とその背後にあるもの——理論整理

1 被疑者・被告人のプライバシーに関わる事情に限定する見解

Schmerber 判決の反対意見では、証言的証拠に保障範囲を限定しつつ、実質上、その射程を被疑者・被告人から採取される物的証拠にも及ぶとする見解が提示されている。法廷意見とは異なり、Black 裁判官反対意見（Douglas 共同意見）は血液採取・分析も証言的（testimonial）又は意思疎通的要素を有するという。その理由として、血液採取それ自体の目的は有罪立証にあり、血液の分析者が被告人に不利益な証人になることを挙げる[24]。

また Douglas 裁判官は、プライバシーの観点から、強制採血は自己負罪拒否特権を侵害するという見解を提示する。もともと Douglas 裁判官は、夫婦が避妊具を使用することや避妊に関わる情報を夫婦に提供することを禁じた Connecticut 州法を違憲とした *Griswold v. Connecticut*, 381 U.S. 479（1965）にて、憲法の各権利条項は明示的な権利を定めているところ、その放射として現れる半影部分（penumbra）があり、それがプライバシーであると主張している。すなわち、合衆国憲法修正第1条をはじめとする人権条項は、明示的にプライバシーについて言及していない

---

22) このことにつき法廷意見は、Boyd v. United States, 116 U.S. 616を引用する。Schmerber, 384 U.S. at 764.
23) 法廷意見は、Wigmoreの見解をWigmoreの公式（Wigmore formulation）と呼び、Wigmoreの見解を採用したわけではないことを脚注にて明示する。Schmerber, 384 U.S. at 763 n.7.
24) *Id.* at 774（Black, J., dissenting ; opinion joined by Douglas, J.）.

が、各権利条項の陰に潜んでいるのがプライバシーの保障であるというのである。そして、Schmerber判決の反対意見において、Douglas裁判官は、Griswold判決を引用し、修正第5条は国家が市民に手放すよう強制することができないプライバシーの領域（"a zone of privacy" which the Government may not force a person to surrender）を定めたものと指摘し、強制採血はプライバシーの権利を侵害するものであることは明らかだと主張する[25]。

プライバシーの意味するところは必ずしも明確ではないが、ここにいうプライバシーを「一人にしてもらう権利（right to be let alone）」として理解するのであれば、身体への侵襲は禁止されることになるだろうし[26]、秘密（secrets）の保護という意味であれば、被疑者・被告人が所有する私的文書も自己負罪拒否特権の保障対象となり、その押収も禁じられることとなろう[27]。このような被疑者・被告人のプライバシーに関わる全事情を保障範囲に含めるものを画定基準の一類型として位置づけよう[28]。

2 被疑者・被告人の精神的プライバシーに限る見解

他方、Schmerber判決の法廷意見は、反対意見とは異なり、身体への侵襲を伴う強制採血は証言的証拠ではないために自己負罪拒否特権を侵害するものではないとしているが、このような限定を設ける理由はどこにあるのかは明確ではない。学説上、精神的プライバシー（mental privacy）の保護に自己負罪拒否特権の保障根拠を見いだす見解がその理由を説明しているため、これを紹介しよう[29]。

---

25) *Id.* at 778.（Douglas, J., dissenting）.
26) William J. Stuntz, *Self-Incrimination and Excuse*, 88 COLUM. L. REV. 1227, 1233 (1988); Peter Arenella, *Schmerber and the Privilege against Self-Incrimination: A Reappraisal*, 20 AM. CRIM. L. REV. 31, 40-41 (1982).
27) Stuntz, *supra* note 26 at 1233.
28) *See* Robert S. Gerstein, *The Demise of Boyd: Self-Incrimination and Private Papers in the Burger Court*, 27 UCLA L. REV. 343, 387 (1979).
29) Arenella, *supra* note 26.

精神的プライバシーを保障根拠に据えるのが Peter Arenella である。自己負罪拒否特権の保障範囲を画定するにあたって、連邦最高裁は明示的・黙示的に政府利益と特権の根底にある価値との間で利益衡量を行ってきた、と Arenella は主張する。Arenella によれば、連邦最高裁は、その利益衡量の結果を反映するように、「強制（compulsion）」や「証人（witness）」といった文言を解釈してきたというのである[30]。しかしながら、その利益衡量はアドホックに行われてきたため、特権の中核にある価値が不明瞭になっているという。

こうした指摘のうえで、Arenella は特権の中核にある価値を精神的プライバシーであると整理する。特権の歴史からしても、精神的プライバシーの保護にこそ自己負罪拒否特権の保障の狙いがあったとする。論者は、偽証、自白、法廷侮辱罪の制裁を伴う黙秘というトリレンマが残酷であるのは、国家がこのトリレンマを利用して個人の精神の内奥まで調べ上げ、その成果を負罪証拠として利用する点に求める。個人の思想・感情・信条への政府のアクセスを、個人がコントロールできなくなるからこそ、このトリレンマは残酷なのである。

自己負罪拒否特権の保障を通じて実現したい価値が精神的プライバシーの保護にあると説く Arenella[31] は、*Schmerber* 判決も同種の理解を採用したものと整理する。身体への侵襲は通常、精神的プライバシーの制約を伴わないために自己負罪拒否特権の違反を構成しないものと理解するのである。こうした理解は、*Schmerber* 判決が提示する解釈論とも整合的であるという。*Schmerber* 判決は、当該証拠が証言的（testimonial）であるかどうかを一つの分水嶺にして、修正第 5 条の保護を享受できるかどうかを決定していた。このような取扱いの差異を生み出す解釈の根底には、個人の精神への侵入は、肉体への侵襲に比べてより侵害的であるという価値判断が存在する。そしてこの価値判断は、まさに修正第 5 条が保障する

---

30) *Id.* at 37–38.
31) *Id.* at 40–42.

精神的プライバシーという価値の重大性を反映したものというのである[32]。

　もっとも、いかなる証拠が精神的プライバシーの利益を有するものとして自己負罪拒否特権の保護対象となるかは必ずしも明確ではない。Arenella は、(a) 自らの思考（thoughts）を他者に意思疎通する主観的意図が反映された行動であり、かつ国家がその思想を証言として利用する目的がある場合か、又は (b) 国家が被疑者・被告人に対して犯罪事実に関する自己の考え、感情、信条の開示を強制し、それを証言として利用する目的がある場合には、証言的行為（testimonial acts）に該当し、修正第5条の問題として位置づけられるとする[33]。

　しかし、精神的プライバシーといった場合、その制約の許容限度は明らかではない。Arenella は、特権の保障対象は訴追手続の価値を損なうような精神的プライバシーの侵害行為に限定される（the privilege only protects against invasions of mental privacy that impair accusatorial process values）[34] と言うが、訴追手続の価値という含意が明確ではなく、この概念が保障対象を限定する役割をどれほど発揮するのかは不明である。

　Schmerber 判決反対意見と Arenella が提示する両基準の特色は、収集対象となる証拠の性質に着目して保障範囲を画定する点にある。ある証拠が被疑者・被告人の（精神的）プライバシーを内包するものであるかどうかにより保護の対象となるかが決まるのである。

　これに対して証拠収集過程に着目して保障範囲を画定していると考える見解も存在する。*Holt* 判決、*Les* 判決、*Sallow* 判決、*Black* 判決、*Schmeber* 判決はいずれも、証拠収集過程における意思疎通の介在という事情を拾い上げて、保障範囲を画定している。そこから示唆を受け、証拠の性質ではなく、証拠収集過程の性質に着目して証拠範囲を画定する見解が生まれるのである。

---

32) *Id.* at 41-42.
33) *Id.* at 44.
34) *Id.* at 40 n.70 (1982).

3 証拠収集過程と認知機能に着目する見解

　証拠収集過程に着目して保障範囲を画定しようとするのが、Ronald J. Allen と M. Krstin Mace の見解である。彼らは、連邦最高裁判例の動きを丹念に追うことで判例を統一的に説明しようと試みた。その結果、連邦最高裁は、証拠収集過程において被疑者・被告人の認知機能を介在させて新たに生成される証拠であるか否かという観点から、保障範囲を画定しているのではないかと考察する。すなわち、認知機能を介在して生成される証拠、いわば認知的証拠（cognitive evidence）[35]の証拠収集活動が伴う場合に、自己負罪拒否特権の保障が及ぶものと推測するのである。

　彼らによれば、連邦最高裁にいう「証言的」もしくは「証言」とは、認知機能が関わる実体的内容——人々が抱きまたは生成する真偽値を伴う命題（testimony is the substantive content of cognition — the propositions with truth-value that people hold or generate）——を含むもの、すなわち、真実性に関わる内容を含むものを指しているという[36]。論者らはこの「認知」という単語を、知識を習得・使用し、内界（inner world、例えば知識）と外界（outside world、例えば取調官による質問などの刺激）との対比を行う脳内の情報処理プロセスを指す言葉として用いている[37]。情報処理プロセスにあたらない例としては、生理的反応や筋運動を生じさせる精神的プロセス（the mental processes that produce muscular movements）が挙げられている。

　彼らの分析によると、修正第5条の保障対象となるかどうかについて、連邦最高裁はⅰ）強制的であるか、ⅱ）自己負罪的であるか、ⅲ）証言的であるか、といった三つの変数に着目して議論してきたという。これら変数のうちⅰ）、ⅱ）は連続値を取る連続変数である。供述への圧力を伴う

---

35) 認知的証拠という考えの発端として、H. Richard Uviller, *Evidence From the Mind of the Criminal Suspect*: A. Reconsideration of the Current Rules of Access and. Restraint, 87 Colum. L. Rev. 1137 (1987) が挙げられる。
36) Allen & Mace, *supra* note 2 at 246-47, 266.
37) *Id.* at 247 n16, 248-49, 267.

政府の行為に関しては、どの程度の圧力であれば許容されるかという形で連続値（程度問題）として議論されてきた。またⅱ）自己負罪へとつながる危険性という連続値（程度問題）を分析してきた。他方、ⅲ）証言的であるか否かは、その位置づけが難しく、研究者を悩ませてきた。そこで論者らはSchmerber判決を素材に、認知機能という観点から判例の整理を試みていく。

　Schmerber判決では、証言的証拠と物的証拠とを区分して保障対象を画定した。しかし法廷意見が傍論として述べているように、この基準はそれほど明確なものではない。傍論で指摘されたのが、ポリグラフ検査の強制である。ポリグラフ検査で引き出されるのは血圧や心拍数などの反応であって、供述そのものではない。しかしながらSchmerber判決は、「有罪無罪を決定するべく、嘘発見器（lie detector）の着用を強制し、意識的・無意識的問わず、その生理学上の反応を利用するならば修正第5条の精神と歴史を呼び覚ますこととなろう（To compel a person to submit to testing in which an effort will be made to determine his guilt or innocence on the basis of physiological responses, whether willed or not, is to evoke the spirit and history of the Fifth Amendment.）」と述べており[38]、修正第5条の保障が及びうることを示唆している。なぜ単に生理的反応を分析しているだけにもかかわらず修正第5条が関わるのだろうか。論者らはこうした疑問に端を発し、Schmerber判決以降の連邦最高裁判例を分析し、認知機能に着目して判例の整理を試みるのである[39]。

　後続の判例であるFisher v. United States, 425 U.S. 391 (1976)では、税法違反の疑いを理由に、会計士によって作成された書類の提出命令（summon）を発付することが修正第5条違反を構成するか否かが問題となった事案である。法廷意見は、提出命令の対象となった書類それ自体に対して修正第5条の保障は及ばないとする。他方、提出命令への応対とし

---

38) Schmerber, 384 U.S. at 764.
39) Allen & Mace, *supra* note 2 at 248-49, 266-68.

て行われる証拠提出行為それ自体は、提出が求められている証拠の内容とは別に、意思疎通的行為の性質を有している (The act of producing evidence in response to a subpoena nevertheless has communicative aspects of its own, wholly aside from the contents of the papers produced.) と述べる[40]。どの点において意思疎通的行為の性質を有しているだろうか。連邦最高裁は、提出命令を遵守することは、提出が要求されている書類の存在と、その書類を納税者が所有していることを暗黙裏に認めることとなるうえ、当該書類が提出命令に記載されているものと同一のものであるという認識を納税者が有していることをほのめかすことになる (Compliance with the subpoena tacitly concedes the existence of the papers demanded and their possession or control by the taxpayer. It also would indicate the taxpayer's belief that the papers are those described in the subpoena.) という[41]。その意味で、自己負罪に関わる証拠の提出命令に従うことは意思疎通的側面を有する行為であり、書類自体の保護とは別に、提出行為自体は修正第5条の保障に値するという[42]。

このような保護形式を提出行為の法理 (act of production doctrine) と呼ぶ。提出行為の法理に従えば、提出行為という事実についての使用免責を認め、証拠としての利用を排斥したうえで、提出命令を求めなければならない。

一見、理解が困難な判示について、Allen と Mace は次のように指摘する。提出命令に従うためには、その提出命令を読んで理解し、提出命令の求める資料が何かを考え、その所在を把握しなければならない。その意味で、提出命令に従う過程には認知機能が介在する[43]。だからこそ提出命令に従う行為それ自体には、自己負罪拒否特権の保障が及ぶ余地が生まれるというのである。

このように連邦最高裁の動きを踏まえて Allen と Mace は認知機能に

---

40) Fisher v. United States, 425 U.S. 391, 410 (1976).
41) *Id.*

着目しながら連邦最高裁の論理を次のように整理する。連邦最高裁のもとでは、ある証拠が証言的であり修正第5条の保障が及ぶためには、国家の働きかけによって認知機能が引き起こされ、その結果、犯罪事実に関する命題が強制的に引き出されることが必要になるという[44]。証拠収集過程における認知機能の介在の有無で説明できる場面は様々にあるという。

捜査機関による取調べに応対するにも認知機能が当然に介在する[45]からこそ修正第5条が問題となってきた。他方、血液検査などの身体サンプルの強制採取は、証拠収集過程に認知機能が介在しないため、修正第5条の保障対象にならないと整理することができる[46]。なお、証拠が任意提供されている場合は強制的に引き出されたものではないため、修正第5条は問題とならない[47]。同様の論理は身体検査にも及ぶ。身体検査の場合、

---

42) ただし、Fisher判決の事案では、提出命令に従うことは証言的ではないとされた。その理由は、提出対象となった書類が被告人ではなく会計士に作成されたことと、書類の存在と所在が公知であったことが指摘されている。本件事案では、提出対象となった資料は会計士が作ったものであり、被告人の私的文書（private paper）ではないことが指摘された。*Id.* at 414. また「本件書類の存在と所在を暗黙裏に認めることが、修正第5条の保障に値するほどの証言的なものであるかは疑わしい。当該書類は本会計士が占有しているものであり、会計士によって作成されたものであって、一般にはクライアントの納税申告書のために会計士が準備する類いのものである。事実、当該書類の存在と納税者がその書類にアクセスできることを証明するために納税者の真実供述に依存は一切していないのである。当該書類の存在と書類はわかりきっている事柄なのである（It is doubtful that implicitly admitting the existence and possession of the papers rises to the level of testimony within the protection of the Fifth Amendment. The papers belong to the accountant, were prepared by him, and are the kind usually prepared by an accountant working on the tax returns of his client. Surely the Government is in no way relying on the "truthtelling" of the taxpayer to prove the existence of or his access to the documents...... The existence and location of the papers are a foregone conclusion）」と指摘する。*Id.* at 411. こうした理由から、本件提出命令に従うことは証言的ではないとされ、本件提出命令は修正第5条の保障対象とはならなかった。

43) Allen & Mace, *supra* note 2 at 282-83.
44) *Id.* at 247, 268.
45) *Id.* at 285.
46) *Id.* at 270.

強制的に身体に関わる事情を把握されることとなるが、その把握の過程に被疑者・被告人の認知機能は介在しない。それゆえ、身体検査も修正第5条の保障が及ばないと考えるのである。Fisher 判決が示すように、既に作成済みの文書に対しては、作成時に認知機能が介在しているものの修正第5条の保障が及ぶわけではない。しかし、作成済みの文書に関する提出命令については、提出命令を理解し、該当資料の所在を確認し、当該資料が提出要求されている資料と同一のものであるかを考えるといった認知機能を介在させているから、提出行為の法理という形で、提出行為自体は修正第5条の保障対象となるのである[48]。

Allen と Mace は、こうした論理を徹底するならば、強制ポリグラフ検査は、質疑を投げかけるという証拠収集過程において、被疑者・被告人の認知不機能を否応無しに稼働させて、証拠を生成させるものであるから、修正第5条に違反しうると考えるのである[49]。

以上のような説明を施す Allen と Mace であったが、論者らの目的は、連邦最高裁の記述的分析にあり、この論理を正当化する根拠の提示は論文の目的から排斥されている[50]。その点で、Arenella のように保障範囲を自己負罪拒否特権が実現しようとする価値と連動させて規範的に議論する

---

47) *Id.* at 270.
48) *Id.* at 269.
49) *Id.* at 268-70.
50) *Id.* at 245-48. なお、論者らはⅰ) 強制的であるかどうか、ⅱ) 自己負罪的であるかどうか、ⅲ) 証言的であるかという変数が解釈上問題となり、ⅰ)・ⅱ) については連続変数（程度を考慮する）であると考えられてきたのに対して、ⅲ) の証言的であるかどうかも連続変数であると連邦最高裁は考えているのではないかと指摘する。提出命令の対象となる文書の質や、証拠の所在を同定し、収集するのに必要な時間によっては、高度な情報処理過程が必要となりうる。文書提出命令の対象者にとって、提出対象となる資料の所在が明らかであり、その同定も容易であれば高度の情報処理過程が必要ではなくなるだろう。Fisher 判決が、証拠の存在や所在や明らかであるという点に力点を置いたのは、高度な情報処理過程が介在する場合に限り提出行為の法理が適用されると考えたのではないかと論者らは指摘する。ここから分かることはⅲ) の要素は、認知過程が介在するかどうかという二値変数ではなく、どれほど高度な情報処理過程が介在しているかどうかという連続変数という見方もありうることを指摘する。*Id.* at 285-89.

立場とは異なり、保障範囲をこのように画すべき理由付けが不明確なのである。もっとも、Holt 判決、Les 判決、Sallow 判決、Black 判決、Schmeber 判決のいずれも証拠収集過程における意思疎通要素を取り上げていることに鑑みると、判例を適切に整理している点で優れた見解といえよう。最後に画定基準を巡る議論を整理した上で、日本法への示唆と画定基準を巡る議論の課題を提示したい。

Ⅳ 画定基準を巡る議論と日本法への示唆

1 自己負罪拒否特権の保障範囲の画定基準

アメリカ法を概観してきたところ、画定基準が複数存在しうることが明らかとなった。その基準を整理していこう。

第一の基準が、被疑者・被告人のプライバシーに関わる事情であるか否かで保障範囲を画定するものである。Schmerber 判決反対意見が提示する画定基準である。プライバシーの内実によっては、同一性確認のための強制採血に加え、被疑者・被告人が所有する私的文書にもその保障が及びうる。最も保障範囲が広い画定基準といえよう。

第二の基準が、精神的プライバシーに関わる事情であるか否かで保障範囲を画定する画定基準である。Arenella が提示する画定基準である。同一性確認のための強制採血は精神的プライバシーを制約するものではないとし、保障範囲外とする点で先の画定基準よりも狭いものとなろう。

三つ目の基準が、証拠収集過程において被疑者・被告人の認知機能を介在して新たに生成される証拠であるか否かにより保障範囲を画定する基準である。これは Allen と Mace が提示する画定基準である。この基準は、Arenella の提示する精神的プライバシーの画定基準と重なるところがあるだろう。Arenella の見解は、信条、考え、感情といった心の動きを重視しているところ、これらはいずれも認知機能が介在している点に疑いはない。したがって二つ目の基準と三つ目の基準はその保障範囲を同じくする部分があると整理できる。もっとも、精神的プライバシーは、その外延が不明瞭であり、その保障範囲は広がりをみせる可能性がある。重畳的領

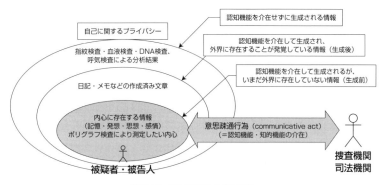

【図2】画定基準の類型化

域は存在するものの、精神的プライバシーに基づく画定基準のほうが保障範囲を広げる余地があるだろう。以上の理解をもとに、各画定基準を整理するならば、図2のように示すことができるだろう。

2　認知機能に着目する画定基準と理論的課題

本書では、次の事情から、証拠収集過程において被疑者・被告人の認知機能を介在させて新たに生成される証拠であるか否かという、AllenとMaceが提示した画定基準を中心に検討を進めていきたい。この画定基準は、他の画定基準も共通して保障する領域である。各画定基準が共通して問題視する中核的領域であるとすれば、自己負罪拒否特権の保障根拠を考えるうえで重要な領域とみなすことができよう。加えて、AllenとMaceの画定基準は、認知機能という自己決定に類似した概念を使用していることからも検討に値する見解だろう。自己決定を基軸とした日本の法理論と、AllenとMaceの認知機能に着目する画定基準は、いずれも心の働きに着目するという点で軌を一にするからである。これらの事情から、本書では本基準を中心に検討を加えていく。

この画定基準を参照する意義は、被疑者・被告人が証拠生成能力を有していることを自覚させ、物的証拠と供述との性格的差異を鮮明にさせることを通じて、規律のあり方を考える素地を生み出す点にあるだろう。

まず、物的証拠と供述との差異を確認しよう。血液検査、呼気検査のほ

か、既に生成された私的文書をはじめとする物的証拠は、証拠収集過程で被疑者・被告人の認知機能を介在して新たに生成されるものではない。他方、認知的証拠の一種である供述は、物的証拠とは異なり、取調べや被告人質問といった証拠収集過程において、被疑者・被告人の認知機能を介在させて新たに生成されるといった性格を有する。物的証拠も供述もいずれも同じ証拠ではあるものの、供述は、証拠生成能力を有した被疑者・被告人が証拠収集過程において認知機能を介在させて新たに生み出される性格を有する点で差異がある。

　この性格の違いは、憲法第38条第1項が物的証拠を保障対象から外している理由を考える素地となる。文言上、憲法第38条第1項は認知的証拠である「供述」に保障範囲を限定しており、被疑者・被告人が有する物的証拠はその保障から外されている。認知機能を介在して新たに生成されるわけではない物的証拠は、「住居、書類及び所持品」に対する捜索・押収の規律を定める憲法第35条の規制が関わり、証拠収集過程にて認知機能を介在して新たに生成される認知的証拠たる供述は、憲法第38条第1項が関わっている。規律の差異が、丁度、証拠収集過程において被疑者・被告人の認知機能を介在して新たに生成・提出される証拠であるか否かという観点から保障範囲を画定する基準と呼応しているのである。

　しかし、こうした呼応関係が存在するのだとしても、保障範囲を画定するにあたって、証拠収集過程と認知機能に着目すべき理由はどこに求められるのだろうか。この見解は判例を整合的に説明できる点で優れているものの、この基準の妥当性は論証されていない。認知機能の介在という要素に着目する理由を明らかにしなければならないだろう。ただし、アメリカ判例法理からはそのような切り分けを行う理由が導けないことからすると、別のアプローチを採用するほかない。そこで、これら課題を乗り越えるために、認知機能と証拠収集過程たる質疑応答（取調べ・被告人質問）の関係を、心理学・言語学の知見を利用して紐解いていきたい。

第3章

熟慮に基づく自己決定と個人の権利としての自己負罪拒否特権及び黙秘権
――認知機能と証拠収集過程に着目して

I　はじめに

　本章の目的は、証拠収集過程たる質疑応答（取調べ・被告人質問）と認知機能との関係性を、心理学・言語学の知見を利用して紐解き、自己負罪拒否特権及び黙秘権の保障根拠を考察する点にある。このような検討を通じて、黙秘権との関係も深い弁護人立会権及び取調べ遮断効についての考察も試みる。

　前章の検討より、証拠収集過程において認知機能を介在して新たに生成される証拠であるか否かという観点から保障範囲を画定する基準[1]を分析の土台とすることにした[2]。この基準を素材に保障根拠を考察するにあたっては、次のような手順を踏む。

　まず、ⅰ）証拠収集過程である取調べ・被告人質問といった質疑応答にはどのような意味で認知機能が介在しているのかを確認する。そのうえで、ⅱ）証拠収集過程たる取調べ・被告人質問といった質疑応答がどのような性質を有しているのかを明らかにする。その際には、証拠収集過程と認知機能を結びつけるメンタルワークロード概念――取調べ・被告人質問が認

---

[1] Ronald J. Allen & M. Kristin Mace, The Self-Incrimination Clause Explained and Its Future Predicted, 94 J. Crim. L. & Criminology 243, 248 (2004).
[2] 第1章において検討したように、日本の学説は、認知機能と密接な関係を有する自己決定を中心とした保障根拠論が展開されていた。

知機能にもたらす心的負担——あるいは認知的負荷概念を用いてその性質を整理する。質疑応答が有するメンタルワークロードの構成要因を明らかにするべく、質疑応答とは何をトピックとする会話形式なのか（タスクの要求内容）、これら質疑応答がいかなる制約のもとで行われるのか（タスク処理の諸制約）、質疑の際の言葉の用いられ方はどのようなものか（タスクの要求内容を複雑にする諸要因）を明らかにしていく。そして、ⅲ）質疑応答に伴う認知的負荷が認知機能にもたらしうる影響とその結果をモデル的に考察する。この影響と結果への評価を通じて、自己負罪拒否特権及び黙秘権の機能とその保障根拠を考察する。

　以上の作業にあたっては、法と心理・法と言語学の知見を参照する。いずれも供述意思決定と認知機能の関係を分析してきた学問であることから参照価値が高い。特に、法と言語学は、刑事手続における質疑応答の性質を解明しようと試みてきた。証拠収集過程の性質に着目しようとする本書の問題意識からすると、その知見の参照価値は高い。早速、認知機能と質疑応答の関係性を紐解いていこう。

Ⅱ　認知機能・メンタルワークロード・質疑応答

1　認知機能とメンタルワークロード（認知的負荷）

　認知機能とは、人間を取り巻く環境・刺激を認識し、知識を獲得・蓄積し、その利用と知識の生成という心の機能または情報処理システムを指す[3]。その機能は、ⅰ）環境からの情報を受け入れる働きである「知覚」、ⅱ）知覚した情報や自ら考え出した情報を保持・再起する「記憶」、ⅲ）記憶情報と外部からの情報を駆使して推論、判断し、決定する働きである

3）認知科学と心理学・言語学との関係性については、安西祐一郎『心と脳——認知科学入門』ⅰ頁（岩波書店，2011年）、橋田浩一＝安西祐一郎＝波多野誼余夫＝田中啓治＝郡司隆男＝中島秀之『岩波講座 認知科学1　認知科学の基礎』2頁〔安西祐一郎〕（岩波書店、1995年）、原田悦子編『スタンダード認知心理学（ライブラリスタンダード心理学5）』7頁〔原田悦子〕（サイエンス社、2015年）などが参考になる。

「思考」、iv）話し言葉・書き言葉を理解し使用する働きである「言語使用」、v）心の覚醒水準をコントロールし、内外の必要な情報を探索・選択する働きであり、環境変化に即した行動選択をする働きでもある「注意」、に分類され、これら認知機能が実行される過程を認知過程と呼ぶ[4]。

一般的に、質疑応答には認知機能が介在している。質問内容と質問者の意図を知覚・理解し、自らの知識・記憶と自分の置かれた環境等を考慮しながら何を話していくのかを決定し、それを言葉として表していくという点で認知機能が介在しているのである。

このような情報処理システムは、様々な要因によってその処理能力が増減する。認知心理学の領域では、情報処理システムへの負荷を測定しようと試みられてきた。情報処理システムへの負荷とその影響を示そうとする概念が「メンタルワークロード」である。ある作業を行うにあたって、作業者が負担する「大変さ」をワークロードと呼び、その大変さのうち、心理的側面を取り出したのがメンタルワークロードである[5]。あるいは認知的負荷とも呼ばれている。

あるタスクの処理を行う作業者は、課されたタスクに対して認知資源を配分する。メンタルワークロードが高い作業に対しては、多くの認知資源を配分することが必要となるが、個人がそれぞれ有している利用可能な認知資源量の限界を超えると作業成績が低下する[6]。このように認知機能と負荷の関係をモデル的に捉えたのがメンタルワークロードである。

図3で示したのが、メンタルワークロードの概念図である。タスクの要求内容に対して、その処理に許される時間配分が考慮されることで負荷（ワークロード）が生じる。そして、同じ負荷であっても個人がそれに対して感じる重みは異なる。したがって、各個人が有する精神負荷容量の度合

4）御領謙＝菊地正＝江草浩幸＝伊集院睦雄＝服部雅史＝井関龍太『新心理学ライブラリ7 認知心理学への招待——心の働きとしくみを探る（改訂版）』1-7頁〔御領謙〕（サイエンス社、2016年）。
5）篠原一光「メンタルワークロード」日本認知心理学会編『認知心理学ハンドブック』114頁（有斐閣、2013年）。
6）篠原・前掲注5）114頁。

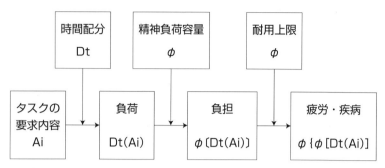

【図3】メンタルワークロード概念図（藤井＝飯田〔1992〕より）

いに応じて、メンタルワークロードの大きさが測定され、その耐用上限である閾値を超えると一定の弊害（ここでは疲労・疾病）が生じる[7]。

影響要因は、時間配分に限られない。場所・能力・情報といった諸制約や、作業それ自体の複雑さが、メンタルワークロードの大小に影響を及ぼす[8]。このメンタルワークロード概念を手がかりに、取調べ・被告人質問の性格を整理していこう。

2　質疑応答とメンタルワークロード（認知的負荷）

言語学によれば、会話・質疑・黙秘は一人では成立しないとされる[9]。誰も居ない場で喋らないことは、静寂（stillness）や瞑想であって黙秘ではない[10]。質問する者が誰も居ない中で話すのは独り言であり、質疑への応答ではない。質疑というのは、他者の存在と言葉が存在してこそ成立

---

[7] メンタルワークロード概念の目的やその説明については、藤垣裕子＝飯田裕康「メンタルワークロード概念の諸相」労働科学68巻11号（1992年）を参照した。図は同論文551頁より引用した。

[8] 芳賀繁「注意・安全とメンタルワークロード」原田悦子＝篠原一光編『注意と安全』177頁、180-181頁、183頁（北大路書房、2011年）。なお、メンタルワークロードは作業の特性に着目した概念であり、人間の状態（例えば疲労）を指すものではない点に注意したい。特定の作業に対して、平均的人間が抱える認知的負荷が想定されている。

[9] Peter Tiersma, *The Language of Silence*, 48 RUTGERS L. REV. 1, 17, 20-22 (1995).

するのである。

　この言語学の知見に従うならば、質疑に答えるというのは、いわば他者から与えられたタスクの処理とみなすことができる。質疑応答というのは、意図ある他者が設定するタスクであり、言葉によるコミュニケーションを介してタスクの付与・処理がなされるのである。そして、諸制約のもとでそのタスク処理がなされる。このように捉えると、認知機能と証拠収集過程たる取調べ・被告人質問の関係が明らかになる。

　証拠収集過程たる質疑応答（取調べ・被告人質問）というタスクに伴うメンタルワークロードの大きさは、①取調べ・被告人質問というタスクの要求内容、②質疑応答というタスク処理を取り巻く諸制約、③質疑応答というタスク処理を複雑にする諸要因、によって決定されるとモデル化できる。そのメンタルワークロードの大きさが、被疑者・被告人の認知機能に影響を及ぼし、供述内容に影響を及ぼすと考えられる。このようにしてメンタルワークロード概念は質疑応答と認知機能を結び付ける概念となろう。

　すなわち、刑事手続における質疑応答に伴うメンタルワークロードの構成要因を明らかにすれば、質疑応答の性質も自ずと浮き彫りになる。それは、物的証拠収集と供述採取との差異を明らかにすることにも繋がるだろう。

　そこで参考にすべきなのが、質疑応答の性質の解明に動いている「法と言語学」の知見である。法と言語学の第一人者である Lawrence Solan と Peter Tiersma は、人々が同程度の言語能力を有していると仮定しているからこそ、法制度は言語ベースでルールを構築できるという。著名な法と言語学者である John Gibbons が「法は、圧倒的に言語によって成り立つ制度体系」と指摘するように、言葉によって法制度は成立しているのである。そうだとすれば、言葉の使われ方次第で法制度の運用も変わることが予想される。そこで、法と言語学は、言葉と言葉の背後にある心理

---

10) Michal Ephratt, *The Functions of Silence*, 40 J. PRAGMATICS 1909, 1911 (2008).

的現象の分析を通じて、法制度の分析を試みるのである[11]。特に、刑事手続における質疑応答については、言語学の研究が豊富に存在する。以下では、この分野で提示されてきた知見に大きく依拠しながら、刑事手続における質疑応答の性質を明らかにしていきたい。

III 供述採取過程としての質疑応答の性質

1 タスクの要求内容――自己の生存に関わる質疑応答

一般に、質問とは、質問側が適切とされる応答内容を定める会話形式とされる[12]。例えば、「このデータの意味するところは何か」と聞かれた場合、応答側は、データの意味について応答しなければならず、それ以外に関する応答や不応答は、原則として社会的に不適切とされる。そうだとすれば、質問者が質問を投げかけることで、当該質問内容に答えるというタスク処理が回答者に求められるとモデル化できるだろう。

この知見に従うならば、刑事手続における質疑応答というタスクの要求内容とは、自己の生存に関わる質疑への応答といえる。刑事手続において、捜査官・裁判官が質問として設定するトピックは、刑罰の賦課という自己の生存（または個人の尊厳）に関係する事項である。それは、刑罰賦課の可能性を左右する犯罪事実の存否等の確認という刑事手続の目的に由来する。刑事手続の目的がこのようなものである限り、被疑者・被告人に対する質疑は自己の生存に関わるトピックが中心となり、そのトピックへの応

---

11) 法と言語学の発展過程については、Lawrence M. Solan & Peter M. Tiersma, *Introduction, in* THE OXFORD HANDBOOK OF LANGUAGE AND LAW 1 (Lawrence M. Solan & Peter M. Tiersma eds., 2012) に詳しい。法と言語学一般については、ジョン・ギボンズ（鶴田知佳子＝中根育子＝水野真木子＝中村幸子訳）『法言語学入門 司法制度におけることば』（東京外国語大学出版会, 2013年）、橋内武＝堀田秀吾『法と言語 法言語学へのいざない［改訂版］』（くろしお出版、2024年）が参考になる。「法と言語学」においては、言語学、社会学に端を発する会話分析、ディスコース分析などの知見が活用されている。

12) 増田将伸「『どんな／どういう＋名詞』型質問――応答連鎖における優先構造」言語科学論集17号143頁、144-145頁（2011年）。

答が社会的に求められるのである。

　法と言語学の知見によれば、そのような質疑応答は、トピックコントロールを通じて実現されているという。被疑者・被告人にとって不利益になりうるトピックに質疑応答の焦点が当てられ、そのトピックがずらされることなく繰り返されることをトピックコントロールという。次に紹介するように、捜査・公判では、被疑者・被告人にとって不利益になりうるトピックへと質疑がコントロールされていることが明らかになっている。

(1) **捜査取調べにおけるトピックコントロール**

　法と言語学者である Phil Hall は、捜査取調べにおけるトピックコントロールの実例を紹介する。Hall はオーストラリアの New South Wales 州や Victoria 州で行われた被疑者取調べの録音媒体を対象に、捜査取調べを分析する。その結果、捜査機関は、日常会話とは異なった一定の常套句を利用しながら、会話の方向性を制御し、不利益になりうる事実のみに会話の焦点が当たるように、トピックをコントロールしているという[13]。

　例えば、動機に関する質問にのみ会話の焦点を当て、それ以外のトピックについては答えさせないといった、日常生活では見られないようなトピックコントロールを紹介する[14]。

> 警察：「John さん、見なさい。酷く殴られた痕跡があるね、この女の子に」
> 被疑者「ええ、そうですね」
> 警察「まだ幼い Rikki ちゃんだ。私が知りたいのは、なぜ君がそんなことをしたのかだ。何が君を駆り立てたのかを知りたいのだよ」
> 被疑者「私はやっていません」
> 警察「もし、君がなぜこんなことをしたのか、何が原因だったのか

---

13) Phil Hall, Policespeak, in DIMENSIONS OF FORENSIC LINGUISTICS 67, 67-68 (John Gibbons & M. Teresa Turell eds., 2008).
14) *Id.* at 68-69.

が分かれば、こちらも理解できるだろう。でも今のままじゃ、理由が全然つかめない。私の言ってること、本当に分かってるのか？」
被疑者「はい」
警察「じゃあ、何が起きたのかを話してくれたら、少しは気が楽になるんじゃないか？何か都合が悪いのか？」
被疑者「私は彼女を殺していません」
警察「話を戻そう。何が君を駆り立てんだ？」
被疑者「私は殺していません」

Pol：John it was a brutal attack on that girl.
Sus：I know.
Pol：On little Rikki. I want to know why you did it, I want to know what made you do it.
Sus：I didn't it.
Pol：If we knew why you did it and what made you do it well perhaps we could understand, but the way things stand we cannot fathom out the reason behind it , are you listening to what I'm saying?
Sus：Yes.
Pol：Well wouldn't you feel better if you told us what it was all about?
Sus：I didn't kill her.
Pol：And what made you do it?
Sus：I didn't kill.

　この取調べの特徴は、殺害動機に関する質問が繰り返し行われ、幾度も被疑者から犯行を否定されているにもかかわらず、被疑者が犯行を行ったことが所与の事実として質問が行われている点である[15]。捜査機関側が情報を求める側であり常に質問する側であるのに対して、被疑者側が情報を提供する側であり、常に答える側であるといった状況のもとでは、質問

の持つ性質により会話のトピックを設定できるのである。共同でトピックを切り替えていく日常会話と比較すると、任意のタイミングで、捜査官が話題転換を図り、トピックをコントロールできる点において取調べは独自の性格を有している[16]。

(2) **公判廷におけるトピックコントロール**

公判廷においても、刑事手続の目的や、効率的な訴訟運営のためにも犯罪事実等に関わるトピックに焦点が当てられて被告人質問が行われる。

Gibbonsが、アメリカの証人尋問においてトピックコントロールが実現されていることを指摘する。証人尋問の傾向として、物語構成(Narrative construction)や、応答量の限定等が見られるという。法律家が質疑応答を行う中で、証人と共同してストーリーを構築していくことを物語構成という。英米法系統に属する法域での証人尋問では、証人の応答のうち重要な部分については、次の質問へと移る前に、いったん、重要部分を特定し、その内容を確認した上で、次の質問へと移行するものとされる。このような作業を通じて、物語的にストーリーを構築していく。ただし、その構築には法律家の関与は大きく、証人の寄与分は少ない傾向にあるという。例えば、証人から引き出した応答を、法律家がリピートすることで、事実認定者に理解を促しながらストーリーを展開しようとする。質問の形式も、はい／いいえなどの回答方法を二択に絞るなど応答の量を限定する（応答量の限定）。証明に必要十分な情報だけが引き出されるように、トピックと応答量をコントロールしているのである。被告人が証言台に立つ場合にも同種のテクニックが利用されていることが、検察官向けの尋問技術書からも分かる[17]。

---

15) *Id.* at 69.
16) *Id.* at 89-90.

(3) トピックコントロールの目的と刑事司法手続

　捜査・公判での質疑応答において不利益事実に関するトピックにコントロールされる理由はいくつか考えられる。

　第一に、刑事手続の目的が犯罪事実の存否等の確認にあることが挙げられる。一連の刑事手続では、各当事者がストーリーを構築し、その立証を行う必要がある。それゆえに、犯罪事実等の存否といった被疑者・被告人の生存に関わるトピックに焦点を当てた質疑へと制御されるのである[18]。

　第二に、捜査・公判の円滑的遂行という目的が挙げられる[19]。捜査・公判を円滑に遂行できれば、捜査資源・裁判資源といった刑事司法資源を節約できる。それゆえ、犯罪事実等の存否に関わらないトピックに資源が当てられないようトピックがコントロールされているのである。

(4) トピックコントロールの実行とパワーの源

　このようなトピックコントロールが実行可能なのは、被疑者・被告人と捜査機関・裁判所との間に「パワー」の不均衡が存在するためである[20]。日常会話では、特定の誰かが常に質問者であり、回答者であるという関係はない。日常会話では、話の主導権、つまり話すターンを意味する発話権（floor）が譲渡され、順繰りに話し手が変わる[21]。しかし、刑事手続における質疑応答は、トピックコントロールがそうであるように発話権の配分

---

17) John Gibbons, *Questioning in common law criminal court*, in DIMENSIONS OF FORENSIC LINGUISTICS, *supra* note 13 at 115, 121 ; David I. Gilbert et al., *Basic Trial Techniques for Prosecutors,* https://ndaa.org/wp-content/uploads/basic_trial_techniques_05.pdf (last visited Sept. 12, 2024), 29-32が参考になる。

18) Gibbons, *supra* note 17 at 116-119.

19) ROGER W. SHUY, DECEPTIVE AMBIGUITY BY POLICE AND PROSECUTORS 46 (2017).

20) Hall, *supra* note 13, at 74. 言葉に現れる不平等性を浮き彫りにするために現れた概念が「パワー」である。「台風はようやく東京を去りました」、という言い方を繰り返すことで東京中心主義が無自覚に再生産されていくというように、不平等の再生産において言葉がいかなる役割を有するのかを明らかにしようとする。鈴木聡志『会話分析・ディスコース分析　ことばの織りなす世界を読み解く』68頁（新曜社、2007年）に台風の例が挙げられている。

に偏りがあり、それが可能とするのがパワーの不均衡なのである。

　言葉の使用により、会話参与者間の社会的位置づけを形成し、各人の社会的地位・社会権力の存在を確認できる[22]ところ、この機能を言葉の「パワー」と呼ぶ[23]。言葉を使うという行為は、情報の伝達のみならず、支配者・被支配者という関係性を成立させる機能を持つ行為でもあるのである。

　法と言語学者である Deborah Cameron は、質疑応答におけるパワーについて次のように述べる。

　一般に、質問をする権利（かつ、あるいは義務）があるのは支配的な人達であるのに対して、支配下に置かれた人達は、質問する権利を制限される。これは偶然の一致ではない。それは、質問をする立場にある者には、相互行為を管理する大きなパワーがあるからである。質問は隣接ペア[24]の第1ターンを形成し、それは単に答えを要求するだけではなく、それに関連する、あるいは適切である応答となるものに制約を加える[25]。

　捜査機関や裁判所が会話・質疑応答の主導権を握り、トピックコントロールを可能とし、望ましいとされる回答の範囲を決定できているのは、Cameron が指摘するように、パワーの非対称性が存在するからなのであ

---

21) 高梨克也『基礎から分かる会話コミュニケーションの分析法』7頁（ナカニシヤ出版、2016年）。
22) 日常生活においても、立場の強い者が、立場の弱い者の言葉を遮り、評価的コメントを加えることがある。例えば、教師は生徒に対して一方的に質問することができるし、生徒はその質問に答えなければならない。生徒の応答に対して、教師が評価を加える。誰に対して質問し、誰に発言機会（ターン）を与えるかも教師が決める。仮に、生徒側から教師の発言に評価を加えるようなことがあれば（「良い授業でしたよ」など）、一部の教師はそれを言葉によって制することで、教師と生徒の社会的地位を確認し、権力の存在を表出する。デボラ・カメロン（林宅男監訳）『話し言葉の談話分析』第11章［野呂香代子訳］239頁（ひつじ書房、2012年）参照。
23) 真田敬子＝林宅夫「言語と社会的権力」林宅夫編『談話分析のアプローチ――理論と実践』257頁（研究社、2008年）。

る。それでは、会話の主導権を握ることを容易にするパワーの淵源はどこにあるのだろうか。

　それは、取調べや被告人質問という制度の存在あるいは刑事手続の持つ権威そのものに由来すると言われる。日常生活では、見知らぬ人に質問をされても無視するだろうし、発話権が特定の誰かに集中すれば人付き合いを変えるだろう。そのようにして発話権は平等に分配される。しかし、取調べや被告人質問という制度の存在や権威が、捜査官・裁判官を質問側とし、被疑者・被告人を回答側とする力関係を構築し、これを用いて、捜査官・裁判官は質疑応答をコントロールすることができるのである[26]。

(5)　**刑事手続におけるタスクの要求内容とメンタルワークロード**

　このように、刑事手続における質疑応答の性質として、捜査機関や裁判所の設定するトピックが、刑罰の賦課という自己の生存（または個人の尊厳）に関係していることが挙げられる。刑事手続は、刑罰賦課の可能性を左右する犯罪事実の存否等の確認を目的とする手続である。それゆえ刑事手続における質問は、被疑者・被告人の生存に関わるトピックが中心とならざるをえない。犯罪事実等の証明という刑事手続の目的と、手続の円滑的遂行という目的から、取調べや公判審理において不利益事実に関わる質問が必然的に繰り返されるのである。それは刑事司法手続という制度の存在と権威が、質問を容易にするパワーの不均衡を生み出しているのである。

---

24)　会話には隣接ペアという関係が存在する。例えば「佐藤さんはどこにいますか？」と質問が投げかけられた場合は、「大学にいます」という回答が期待される。こうした会話のひとまとまりを隣接ペアという。異なる話者による隣り合った発話は、第一部分と第二部分に分けられる。この第一部分が決まった種類の第二部分を要求する（これを条件的関連性という）。第一部分の存在が、第二部分としての応答を義務づけるといった社会的規則がそこには存在する。第一部分が要求する内容に応じた第二部分が存在しない、もしくはそもそも応答しないといったことに違和感を覚えるのは、この規則違反が原因なのである。このような研究を概略したものとして、Tiersma, *supra* note 9, at 18-23.

25)　カメロン・前掲注22) 150頁。

26)　SHUY, *supra* note 19, at 71.

そして、質問者が捜査官・裁判官であろうと、刑事免責制度の存在のように、自らの発言を理由に処罰されないことが担保されていない限りは、自己の生存に関わる事柄の質疑応答に直面するという事実が、質疑応答の有するメンタルワークロード（認知的負荷）を高めることになろう。たとえ被疑者・被告人が無実であろうとも、犯罪事実が歴史的一回限りの存在である以上、無辜の処罰の危険性は常に存在する。それゆえ、全ての被疑者・被告人が、質疑応答に伴う大きなメンタルワークロードに直面しているといえよう。

2　タスク処理を取り巻く諸制約——三重の不確実性
(1)　被疑者・被告人のニーズ

このような性格に加え、刑事法の言語学分析の旗手である Roger W. Shuy は、刑事手続の質疑応答が有する性質を次のように指摘する。

①被疑者・被告人は、捜査機関・裁判所からの質問に答える前に、その質問の意味や意図を完全に理解したいと思うが、そうしたニーズは満たされないこと、②被疑者・被告人が曖昧な表現を伴う発言をした場合に、そこから自分の意図と離れた推論がされないことを望むが、現実には意図と離れた推論がなされてしまうこと、③被疑者・被告人は誘導的質問から免れたい又は質問者に誤解されるような内容は言いたくないと思うが、そのニーズは満たされないことを挙げる[27]。

(2)　タスク処理を取り巻く諸制約とメンタルワークロード

Shuy の指摘を敷衍するならば、被疑者・被告人は次の三重の不確実性に囲まれているといえるだろう。

第一の不確実性が、質問・発言した者の思惑に関する不確実性である。捜査機関は捜査を通じて[28]、裁判所は訴追されたという事実を通じて、被

---

27) *Id.* at 61-62.
28) *Id.* at 71.

疑者・被告人が犯人であるというスキーマを有する[29]。そのため、被疑者・被告人が犯人であるか否かを試すための質疑を首尾良く実現するために、質問や発言の思惑を隠す。被疑者・被告人の側からすると、どのような思惑で質問がなされているかという不確実性に直面する。

　第二の不確実性が、自分の発した言葉がどのように解釈され、どのような結果を生むのかという結果の不確実性である。被疑者・被告人の言葉が、証拠として用いられる以上、自らの手を離れて捜査機関・裁判所により解釈されることとなる。Shuyによれば、裁判では、被疑者・被告人が現にどういう意図で捜査機関の言葉を解釈して応答したかではなく、合理的人間であれば、どのように認識・解釈していたかという形で、被疑者・被告人の応答が評価されるという[30]。被疑者・被告人の応答が、──被疑者・被告人の内心とは無関係に──不利益に用いられうるのである[31]。被疑者・被告人が発した言葉の解釈権限は、被疑者・被告人には与えられず、事実認定者が有していることから、必ずしも被疑者・被告人の意図に沿って供述が評価がされるわけではない。したがって、被疑者・被告人は、自分の発した言葉が、自らの意図とは違う形で解釈されるという結果の不確実性に直面する。

　第三の不確実性が、被疑者・被告人の言葉がどのタイミングで用いられるのかという時間的不確実性である。過去の文脈のもとで発した言葉も、その言葉の解釈権限を有する裁判所・捜査機関が後になってこれを拾い上

---

29) *Id.* at 23. なお、スキーマとは認知心理学において情報処理過程の際に用いられる個人の知識、経験、期待を反映する構造化された知識を指す。御領ほか・前掲注4）164頁〔菊地正〕。
30) S<small>HUY</small>, *supra* note 19 at 7-8. Shuyはその典型例として、Miranda警告の理解度や権利放棄の問題を挙げる。例えば、捜査機関が様々な多義表現を用いてMiranda警告を行い、被疑者・被告人はその警告を十分に理解しないままに「はい」と言ってしまった場合がそれである。この場合、後に争ったとしても、合理的人間であれば警告を理解していたと評価されてしまう危険性がある。
31) *Id.* at 53. Shuyは、被疑者・被告人側が意図せずして多義表現を用いたとき、その多義表現を被疑者・被告人に不利益に解釈されるように、捜査機関は、裁判所に働きかけることを指摘する。

げ、突如として意味を持つ。これも先に述べた解釈権限の問題に由来している。

　これら3つの不確実性はいずれも、言葉を証拠として扱う刑事手続の性格に由来するものであり、除外困難なものである。そして、日常生活とは異なる不確実性でもある。

　日常生活では、会話参与者が発した言葉の裏にある思惑は、良好な関係性を築くなどして、ある程度明らかにすることができる。しかし、そうした良好な関係性を、反対当事者である捜査機関とも、そして中立的立場である裁判所とも、築くことは原理的にできない。日常生活における不確実性と、被疑者・被告人が直面する不確実性とは、その解消困難性という点で大きく性格を異にする。また、自分の発した言葉がどのように解釈され、どのような結果を生むのかという結果の不確実性も日常生活と比較するとその深刻さが異なる。日常生活においても、自らの発言に伴う結果に関する不確実性はある。例えば、プライバシーポリシーなど、特定のソフトウェアの利用に際して情報提供を許諾する旨の署名が行われるが、それがどれほどの広がりを持つかは不明確である。しかし、許諾の言葉がそうであるように、通常は自らの言葉が自己の生存を大きく左右することはない。その点において、自己の生存に関わる刑事手続とは、不確実性がもたらす結果の深刻さが異なる。そして、時間的不確実性についても日常生活とは異なる。通常の日常会話であれば、その場限りの話として不確実性をある程度コントロールすることができる。その場限りの話を別の時期に外部に漏らした場合、その者からしっぺ返し（例えば、後日、相手の秘密を漏らす）を受ける危険性があるから互いに警戒・協力し、その場限りの話として処理することが日常生活ではみられる。こうしたコントロールは、互いの利害が一致し、長期的に友好関係を築くことが利益となる場合には成立する。しかし、被疑者・被告人と国家との間にはそのような利害関係が存在しない、又は国家の側にそうした利害関係を築くインセンティブがないためにコントロールは成立しない。以上の理由から、日常生活とでは不確実性の質が異なるのである。

　このような刑事手続における質疑応答の構造を、メンタルワークロード

あるいは認知的負荷概念を用いて分析することにより、自己負罪拒否特権の保障根拠が浮かび上がると思われる。

3 自己負罪拒否特権と認知的負荷

　ここまで見てきたように、刑事手続における質疑応答は、各質問が、自己の生存に関わるトピックを内容とするものであり、それ自体が認知的負荷の高い作業としての性格を有しているだろう。しかも、その作業は先の三重の不確実性の中で処理しなければならない。これがメンタルワークロード（あるいは認知的負荷）を更に高めることになる。

　このような過大な認知的負荷を伴う質疑応答に従事する被疑者・被告人は、そのままでは、その負荷の大きさゆえに、誤った判断を下す危険性がある[32]。

　例えば、無実の者による揚げ足を取られるような迂闊な供述が考えられる。過大な認知的負荷から認知機能が低下した結果、迂闊に発した言葉が冤罪の原因になりうるだろう。また過大な認知的負荷から、高度な認知機能の働きが弱まる結果、面前の危機（取調べ、被告人質問）から逃げるために虚偽の自白という選択が採用されるおそれも考えられる。

　ストレスについて研究をする神経科学者の増尾好則は、人間がストレスに晒されると高度な認知機能の働きが弱まることについて次のように指摘する。「『なぜ脳が最も高度な認知機能を弱めるようなメカニズムをもっているのか』という疑問についても未だ答えは得られていません。このメカ

---

[32] なお、質問者側と認知的負荷の関係については実験研究が存在する。質問者は、証人から提供された情報を記憶し、その情報を評価し、どのトピックをいかなる順番で質問するかを考えなければならない。司法面接等のように質問時に配慮すべき事項が増え、認知的負荷が高まると、録取側が供述内容の記憶と記録の正確性等が下がるなど、パフォーマンスの低下が明らかになっている。同種のことは被疑者・被告人が回答する側になった場合にも当てはまるだろう。Pamela Hanway et al., *The Effects of Cognitive Load During an Investigative Interviewing Task on Mock Interviewers' Recall of Information*, 26 LEGAL & CRIMINOLOGICAL PSYCHOL. 25 (2021).

ニズムが進化の過程で獲得されたものであることを考えると、こうした原始的な反応が外敵からヒトの命を救ってきたのかもしれません。脳の高次機能のネットワークが働かないとき、原始的な脳の経路が私たちの動きを止めたり、逃げる準備をさせたりするメカニズムは、現代社会でも危機に直面する際に必要かもしれません」[33] という。過大な認知的負荷により、認知機能を低下させて面前の危機から逃れるというのが生存競争の過程で獲得してきたシステムなのであれば、同じく面前の危機から一時的に逃れるための選択たる虚偽自白が発生するのは必然なのかもしれない。

　虚偽自白研究からも、過大な認知的負荷が冤罪原因となることが示唆される。1989年以降、アメリカにて公的に冤罪だと判断された事件をデータベース化（計3475件）している The National Registry of Exonerations によると、冤罪発覚事件のうち438件（13%）が虚偽自白による冤罪であり、その大半が殺人または不同意性交という重大事件が関わっているとされる。拷問や病気が原因で無い限り、無辜は虚偽自白をしないと考えられがちであるが、データからは知的に標準的な人々が虚偽自白をしていることが分かっている[34]。何故、虚偽自白をするのかという問いを立てがちであるが、過大な認知的負荷の前では虚偽自白を行うのが通常であり、何故、人は虚偽自白をしないでいられるのかと視点を変える必要性を示唆している。

　さらには、真犯人による浅慮のもとでなされる虚偽供述も考えられる。本来ならば黙秘をすれば良いところ、認知機能が低下した結果、目の前の追及から逃れるために虚偽供述という選択を行うこともありうる。

　このような選択を引き起こしてしまう点に、自己負罪拒否特権の保障根拠が見いだせると思われるため、権利保障の在り方とその帰結を考えていきたい。

---

33) 増尾好則「東邦大学　ストレスと脳」https://www.toho-u.ac.jp/sci/bio/column/029758.html（2024年10月1日最終確認）。

34) Richard A. Leo, *Interrogation and False Confession in Rape Cases*, Forthcoming in PRACTICAL ASPECTS OF RAPE INVESTIGATION：A MULTIDISCIPLINARY APPROACH (Ann Burgess ed., 6th ed, 2024), https://ssrn.com/abstract=4733050.

4 自己負罪拒否特権の保障と帰結

　自己負罪拒否特権を認め、不利益推認を禁止すれば、自己に不利益になりうる質疑に対しては、沈思黙考というように、沈黙することで認知資源を確保し、熟慮に基づく供述が可能となる。更には何も話さないという選択を認めることで、迂闊な供述をしないですむようになる。その結果、捜査機関等の獲得できる供述量が減少するために真犯人の不処罰コストは増加しうる。しかし、無実の者による迂闊な発言や虚偽自白が減ることで冤罪コストが抑えられ、自白や供述の任意性・信用性を巡る争いも抑えられることで刑事司法資源の節約にもなる。真犯人による虚偽供述の増加は、第4章でも指摘するように玉石混淆状態を引き起こすために無辜の冤罪リスクを引き上げることにもなる。浅慮のもとでの虚偽供述が減ればそのような冤罪リスクを抑えられることになろう。

　他方、応答を強要するほか不利益推認を認めるなどして、質疑応答に伴う認知的負荷を増大させるとどうなるか。供述量の増加（に伴う真犯人の不処罰の回避）というベネフィットは得られる一方、認知的負荷が高まり、無実の者による揚げ足を取られるような迂闊な供述や虚偽自白が生じやすくなり、冤罪コストが引き上がる。さらに、自白や供述の任意性・信用性に関わる争いが生じれば刑事司法資源の浪費につながる。また、浅慮に由来する真犯人による虚偽供述が引き出されれば、玉石混淆状態がもたらされるために冤罪リスクが増加することに加え、その供述の信用性を巡る争いが生じるために刑事司法資源の消費に繋がると予想される。これを踏まえて帰結を評価したい。

5 帰結の評価

　主たるコストである冤罪コストに着目すると、真犯人の不処罰コストに比べて、冤罪コストの方が大きいと考えられる。冤罪には、無辜が負担する負の効用は勿論のこと、真犯人の不処罰とは異なり刑罰執行費用という無駄なコストも伴う。真犯人の不処罰は、まさに処罰しないがために刑罰執行費用は生じないが、無辜の処罰は処罰に伴う刑罰執行費用が発生してしまう。同じエラーだとしても、刑罰執行費用の点で冤罪というエラーは

深刻なのである。さらに、無実の者でも処罰されるというリスクの増加は、法遵守行為の期待利得の低下をもたらす。それは、違法行為の期待利得が法遵守行為の期待利得を上回りやすくなることを意味し、刑罰の感銘力・抑止効果の低下をもたらす[35]。また、冤罪は一人に集中するコストである一方、真犯人の不処罰コストは社会全員で負担できるコストでもある[36]。あえて真犯人の不処罰を受け入れ、無辜の処罰を抑えることで、社会的厚生の低下を抑えていると考えられる。これらに鑑みると、供述量の増加というベネフィットをあえて放棄し、代わりに種々のコストの発生を抑えるシステムとして自己負罪拒否特権が保障されるべきと考えられる。

6 保障範囲と自己負罪拒否特権

この整理からは、「証拠収集過程において被疑者・被告人の認知機能を介在させて新たに生成される証拠であるか否か」という観点から自己負罪拒否特権の保障範囲を画定する理由も浮かび上がる。私的文書等の物証拠は、既に生成されているがゆえに強制的に収集しても証拠価値は低下することがないために保障範囲から外される。他方、認知機能を介在して新たに生成される証拠たる供述は、被疑者・被告人が証拠生成主体である以上、その採取の在り方によっては内容が歪む虞があり、その採取には慎重にならなければならないがゆえに自己負罪拒否特権の保障範囲に含まれると説明できる。

このような整理は、前章で紹介した一連の州・最高裁判例の法廷意見からも示唆されていたところであった。Holt 判決に始まる一連の判決は、いずれも証拠収集過程における認知機能の介在に着目して保障範囲を画定してきた。Sallow 判決は、供述は強制的に収集すると虚偽が生じる可能性があるのに対して、指紋のような物的証拠はその収集を強制しても被疑

---

35) Matteo Rizzolli & Margherita Saraceno, *Better That Ten Guilty Persons Escape*, 155 PUB. CHOICE 395 (2013).
36) 後藤昭「『疑わしきは被告人の利益に』ということ」一橋論叢117巻4号（1997年）573頁。

者・被告人による偽造可能性が無いことが指摘されていた。そして、Les 判決では、掌紋・指紋の強制的収集の合憲性を維持する理由として、掌紋・指紋といった物的証拠が無辜の救済にも繋がることが挙げられていた。こうした指摘には、物的証拠は強制しても証拠価値が低下しないからこそ、必要性がある場合には強制的収集が許容されるのに対して、供述はたとえ採取の必要性があろうとも、その採取過程に認知機能が介在するがゆえに強制すれば供述が歪んでしまうため、自己負罪拒否特権の保護が施されるという思想が見いだせるだろう。本書が提示する整理と軌を一にするものと思われる。

Ⅳ 黙秘権への拡充と認知的負荷

1 捜査段階の黙秘権

　質疑応答に伴う認知的負荷という観点は、黙秘権の保障根拠も説明できるだろう。事件の初期段階である捜査段階は、被疑事実が流動的であるがゆえに何が有利になるか不利になるかの計算量が増加し、質疑応答に伴う認知的負荷が高まるために、供述が歪みやすい状況といえる。そのような計算量を踏まえると、利益・不利益を問わず何も話さないという選択を保障し、不利益推認の禁止が必要になると考えられる。黙って熟慮することで認知資源を十分に確保し、何を喋るのか、何を喋らないのかを冷静に選択できるようにし、場合によっては、迂闊な発言をしないよう何も話さないようにするためにも、自己に不利益か否かにかかわらず沈黙できるように黙秘権の保障が求められるだろう。

2 公判段階における黙秘権保障

　他方、公判段階は、特定・明示された訴因を中心に争点が形成されると、何が利益・不利益になるかの計算量が減少する。その分だけ質疑応答に伴う認知的負荷が抑えられているとすれば、公判段階は自己負罪拒否特権の保障に限るという設計もありえる。他方、質問のあり方が十分に規制されておらず、認知的負荷を高めるような様々な質問テクニック[37]が用いら

れれば黙秘権保障が必要となるだろう。これは被告人質問制度と被告人証人適格制度で保障のあり方が異なることを説明できると思われる。

(1) **被告人質問制度と黙秘権**

裁判官・検察官・弁護人などが、何時でも必要とする事項について被告人の供述を求めることができる被告人質問制度のもとでは、被告人は、刻一刻と変化する状況を認識しながら、何をどのように発言すべきか・すべきでないかを計算しなければならない。そのため、被告人が考慮すべき事項が増え、計算量が増加し、認知的負荷が高まるために、迂闊な発言等が生じる危険性が増加する。そのような危険に対応すべく、自己に不利益か否かを問わず何も喋らないという選択としての黙秘権保障が必要となろう。

(2) **被告人証人適格制度と自己負罪拒否特権**

他方、被告人証人適格制度の下では、主張と争点が明確となり、質問時期も明確になることから、被告人質問に比べると計算量が低下すると考えられる。そのような計算量の低下がメンタルワークロードを抑えることに繋がるとすれば、自己負罪拒否特権の保障に限定することになると考えられるだろう[38]。

---

37) Gibbons は、公判で用いられるテクニックには様々なものがあると指摘している。例えば、「私が思うに〜だったのではないですか？」というような形で、質問者の見解を組み込んで提示し、それに対する同意を求める形の質問がある。そのほか「〜で違いませんね？」といった付加疑問文（tag question）の併用が、強制性を帯びた質問や、付加疑問文の類似のものとして、「私の言ってることは間違いありませんね？」といった質問、「『はい』か『いいえ』かでお答えください」、といったものもある。「いま、あなたが仰ったところによれば」というように、発言者が話した内容だという属性を付与することで否定しにくくすることも可能となるという。See Gibbons, supra note 17 at 121-23.

38) なお、被告人質問制度の歴史については、緑大輔「刑事訴訟法第311条の立法過程——被告人質問、供述拒否権の成立」一橋法学21巻3号179頁（2022年）が参考になる。

V　タスク処理を複雑にする諸要因と弁護人立会権への拡充

　ここまで、自己負罪拒否特権及び黙秘権の保障根拠について論じてきた。自己負罪拒否特権は、時代や場所を超えて保障されている普遍性の高い権利である。そのため、保障根拠論も普遍性の高いものになる。そこで、本書では取調べや被告人質問の具体的態様には触れず、およそ被疑者・被告人に対する質疑応答であれば付随するような事情に着目して保障根拠論を展開した。これにより、質疑応答の具体的態様に左右されないような保障根拠論になるよう試みた。

　他方、黙秘権の実質的保障という理由から弁護人立会権が論じられているところ、これを論じるにあたっては取調べの具体的態様を想定した分析を要するだろう。制度を具体的に設計するには、他の利益・他の制度との調整が必要となる。実際、弁護人立会権は、時代や場所によってその保障のあり方が異なるのは、他の制度との調整結果として現れてくるからだろう。

　もっとも、弁護人立会権も、メンタルワークロード（認知的負荷）と種々のコスト・ベネフィットの関係で整理する余地があるだろう。メンタルワークロードは、タスクの要求内容と諸制約に加えて、タスク処理を複雑にする諸要因によっても増加する。ここでは、タスク処理を複雑にする諸要因として、取調べテクニックを指摘したい。以下では、弁護人立会権の必要性を高める事情として、認知的負荷を高める取調べ技術について言及しよう。これにより、本書が提示する利益衡量をベースとする保障根拠論の広がりを示すことができると思われる。

1　タスク処理を複雑にする諸要因
(1)　知識確認型質問（Knowledge Question）
　一般に、既知の情報を確定するために行われる質問形式は、Yes/No クエスチョンである。一方、未知の情報を獲得するためには WH- クエスチョンが用いられる。例えば、人を殴ったという既知の情報を確定するためには、「だから、おまえは頭を殴ったのか？」という Yes/No クエスチョ

ンが用いられる。他方、犯罪の動機という未知の情報を得るためには「どうして犯罪を行ったのか？」というWH-クエスチョンが用いられる。

しかしHallによれば、秘密の暴露を伴う供述を得るために用いる知識確認型質問は、これらとは異なった特殊な形態だという[39]。すなわち、捜査官は、既知の事実を確定するために、未知の情報を得る際に用いられるWH-クエスチョンを利用するのである。例えば、「何回刺したのか？」「どこを刺したのか？」といった質問がこれにあたる。遺体を見れば刺された回数や箇所は分かるため、捜査官にとっては既知の情報であるが、それにも関わらず、未知の情報を得るための質問形式を利用するのである。また、質問で確認しようとする事項も、事件との関係が薄い些末な事柄とされる。事件について何か知っていればそれで足りると捜査機関が考えているからである[40]。捜査機関は事件に関わる（些末な）事柄を、未知の情報を得るための質問形式を用いて引き出すことで、自白の信用性を引き上げようと試みるのである。

(2) **誘導尋問・コンタミネーション**

その他にも、捜査官は示唆・暗示によって事件の詳細をほのめかしていき、被疑者・被告人を誘導していくことも可能である。以下では、その誘導の仕方が質問の形式に現れていることを示していこう。

> 警察「なあ、John。彼女をレンガで殺したのか、いいや、そうじゃないよな、John。どうだろうか、他の方法でやったんじゃないのか、Johnよ」
> 警察「ほら、現場には血がそこら中に飛び散っていたと言ってたよな。他に何をしたんだ？我々はすべて知っているんだ。だからいいか。何も話さず隠し通すなんてできやしないからな。John、いいか、

---

39) Hall, *supra* note 13, at 70.
40) *Id.* at 71-73.

そこで何をしたんだ？ほら、John よ。もう頼むから、終わりにしよう。他に何をしたのか話したらどうかね」
被疑者「彼女の首を締めようとしました」
警察「彼女の首を絞めようとした、何を使ってだ？」
被疑者「私の手で」
警察「でも、他にも何かで彼女を殴ったんじゃないか？」
被疑者「たぶん。でも、覚えてないです」
警察「よく思い出してくれよ、John。あまり気分の良いことじゃないだろうけど、他に何で彼女を殴ったのか、考えてみてくれないか。なあ、John」
被疑者「手で殴りました」
警察「他には？ほら、John。他にも何か使ったはずだよな。何をしたのか、私たちは知ってるんだ、さあ、John、言ってくれ」
被疑者「金属片で・・・」
警察「金属片だな」

Pol：Did that kill her John, with the brick? John, it didn't did it, John? There is more isn't there John?
Pol：Howay yo have told us there was blood all over the place, what else did you do? John, we know what's happened, we know what's happened. So you know you are not holding anything back by note telling us, John what else did you do? John howay son, just finish it off and tell us what else you did, John.
Sus：Went to throttle her.
Pol：You went to throttle her, what with?
Sus：My hands.
Pol：But you hit her with something else didn't you?
Sus：Probably, I can't remember.
Pol：John think, I know it's not very nice son but just think

> what else did you hit her with? Eh. John.
> Sus：Fist.
> Pol：What else? Howay John you used something else didn't you, John? We know howay, John what else did you do? Come on.
> Sus：Piece of metal.
> Pol：Piece of metal.

　例えば、「彼女をレンガで殺したのか」という質問や「そこで何をしたんだ」という質問は暗黙裏に、被疑者がその場で何かを行ったことを前提としている。また「何かで彼女を殴ったんじゃないか」というのは殴りつけたことを所与の前提としている。WH-クエスチョンというのは、一定の事実を所与のものとして扱う質問なのである。質問の中に様々な情報を組み込むことで、無実であるがゆえに真相を知らない被疑者であっても、質問に埋め込まれた情報から推測していき、あたかも真犯人しか知り得ない情報を有しているように振る舞うことができる[41]。

　これを更に容易にさせているのが付加疑問文の多用とその評価の存在である[42]。様々な情報を含んだ質問の後に、「違わないか？」「そうじゃないか？」という付加疑問文を付与すれば、捜査機関側の意図を推認しやすくなる。そして、被疑者側の回答に対して、捜査機関が一定の評価を下しているために、被疑者が捜査機関側の意図を更に推認しやすくさせている。先の例のうち次の部分がそれにあたる。

> 警察「他には？ほら、John。他にも何か使ったはずだよな。何をしたのか、私たちは知ってるんだ、さあ、John、言ってくれ」
> 被疑者「金属片で…」

---

41) Id. at 72-73.
42) 前掲注24にて解説した条件的関連性でいうところの「評価」という第三部が存在してる。

> 警察「金属片だな」

　回答に対する評価を頼りにして、被疑者は捜査機関の意図を推認し、真犯人であるかのように振る舞うことができる。このほかにも、「〜について同意するか？」という形で、捜査機関側の見解に同意を求める形で質問する方法もよく使われている[43]。これは質問にある種の強制性を付与しているものと評価されている。また、取調べ相手を名字ではなく名前で呼んだり、愛称で呼んだりすることによりラポール形成を図ろうとすることがあるが[44]、これにより情報収集をより容易にするのである。この種の取調べテクニックは日本でも利用されているところであろう。

　Hall の紹介事例は、捜査機関が不利益供述採取に向けて動いていることが会話参与者である被疑者・被告人に明白であった。他方、必ずしも被疑者・被告人にとって明確な形で不利益供述が採取されるわけではない。このことを指摘するのが Shuy である。

(3) 捜査官の迷妄的多義表現（deceptive ambiguity）の利用

　Shuy は著書 "Deceptive Ambiguity by Police and Prosecutors" にて、アメリカにおける捜査官が用いる話し言葉の多義表現（ambiguity）、特に「迷妄的多義表現（deceptive ambiguity）」に着目して分析を加える。Shuy が指摘する迷妄的多義表現の意味を知るには、deceptive の意味を理解する必要がある。

　deception とは、一般に、聞き手に真実ではない事柄を誤って信用させようとする話し手の意図的な働きかけと理解されているが、必ずしも何かを積極的に発話して行われるとは限らない。例えば、何らかの情報を秘しておくことで、聞き手が真実でない事柄を誤って信用させることもできる。これをパッシブディセプション（passive deception）と呼ぶ。こう

---

43) Hall, *supra* note 13, at 77-79.
44) *Id.* at 87.

した方法の存在も考慮すると、deception を「話し手が望む現実を実現するよう、聞き手がそのことを認識することなしに、聞き手を操作する承諾獲得方略の産物 (deception can be the product of a subset of compliance-gaining strategies that manipulate hearers to achieve a preferred version of reality without even realizing they are doing so.)」とする Galasinski の定義を Shuy は採用する[45]。この定義を提示した Galasinski は、話し手 (deceiver) が何も言わないことで、対象者に誤った認識 (false belief) を抱かせることでも deception が成立すると指摘する[46]。一般に、deception とは欺罔・詐術と訳されるが、Galasinski の意図するところは、会話の聞き手が実体とは異なることを真実のように思いこんでしまっている状態（迷妄）にこそ定義の力点がある。それゆえに、以下では deceptive を迷妄的と訳出しておく。

　Shuy は捜査機関が用いる迷妄的多義表現の問題を指摘する。捜査機関は様々な方法で被疑者・被告人から不利益供述を確保しようとしているという。その態様は、次の2つの類型に大別される。

　第一類型が、嘘、カモフラージュ、情報秘匿といった意図的方法で迷妄に陥らせる場合である。しかし、一般に被疑者・被告人に強制を働いたり、詐術的方法を用いたりすることは許されていない。

　第二類型が、Shuy が着目する迷妄的多義表現である。警察官・検察官は強制・詐術にあたらないよう、多義表現を交えた主張・質問を（意図的・非意図的に）行うことで、曖昧な言葉を被疑者・被告人に解釈させて迷妄に陥らせ、不利益供述を確保しようする[47]。Shuy が問題意識を抱いているのはこの類型である[48]。すなわち、話し手である捜査機関に落ち

---

45) SHUY, *supra* note 19 at 3-4.
46) DARIUSZ GALASINSKI, THE LANGUAGE OF DECEPTION : A DISCOURSE ANALYTICAL STUDY 19 (2000).
47) SHUY, *supra* note 19 at 4.
48) *Id.* at 6. 自己負罪拒否特権の保障根拠を基礎づける三重の不確実性のうち、質問・発言した者の思惑に関する不確実性を一層深刻なものとしているのが、迷妄的多義表現といえよう。

度がないようにしながらも、聞き手である被疑者・被告人に誤った認識を抱かせるというのである。

　Shuyの問題意識を詳説しよう。例えば、捜査機関による質問の中に、応答次第では犯罪事実に関与していることを承認するような曖昧な多義表現が用いられることを指摘する。そうした意図に無自覚な被疑者・被告人による返答が、有罪の承認と同じ効果を持つ場合がある。また、多義表現を用いた説明や質問を行うことで、多義表現に対して誤った理解をした被疑者・被告人の発話を不利益に用いる場合もあるという[49]。

　Shuyはこれらについて具体例を挙げていないが、日本語と日本法の文脈で考えるならば、被疑者に対して「あなたは<u>その場</u>にいたんですよね？」「<u>事件が起きた時間帯</u>にあなたは<u>その近く</u>にいましたか？」「事件の<u>数日前</u>、あなたが○○さんの家を訪れたことは事実ですよね？」「あなたがそこで<u>何か</u>を見た、もしくは聞いた、<u>可能性</u>はありませんか？」という質問が考えられる。「その場」「事件が起きた時間帯」「その近く」「数日前」「何か」「可能性」はコンテキストによって内容が変わりうるところ、そのコンテキストを被疑者と捜査官との間で完全に共有していない場合は曖昧な表現を伴う質問となる。

　さらに、スピーチイベント[50]に関する多義性を用いる場合もある。後述するように、捜査機関が、参考人取調べや捜査協力と称しておきながら、その実、被疑者取調べであり、不利益供述をそれとなく引きだそうとする場合が典型例である。この場合、対象者はスピーチイベントを参考人取調べと認識しており、捜査機関の言葉を参考人取調べのスキーマを用いて処理してしまう。対象者は被疑者取調べと認識していない結果、弁護人を呼ぶことすらせず、捜査機関の術中に陥るという[51]。多義表現を用いて、ス

---

49) *Id.* at 56.
50) 言葉の意味は、その言葉が使われたコンテキストに依存する。そのコンテキストがスピーチ・イベントであり、会話の基本的な分析単位である。例えば、「詠唱」、「祈祷」、「演説」、「講義」といったものがスピーチ・イベントである。松木啓子「ことばの民族誌」小池生夫編『応用言語学事典』247-248頁（研究社、2003年）などの各項目参照。

ピーチイベントに対する認識を捜査機関の意図（被疑者取調べ）とは異なるもの（参考人取調べ）とすることで、投げかけられる質疑も異なるスキーマを用いて処理・理解されるのである[52]。

もちろんこうした迷妄的多義表現の使用の存在が裁判官・弁護人から指摘されれば問題となる。しかしその場合であっても、捜査機関は、選択した言葉に問題があったとし、言葉そのものが持つ多義性に責任を転嫁するというのである。これによって話し手たる捜査機関に悪意があったかどうかという問題設定そのものが否定され、多義表現を不注意にも用いてしまったものであるから自分たちに重大な責任はないとするのである[53]。

日常生活では、多義表現を用いて、意図せずして迷妄に陥らせることはしばしばある。しかしその日常性こそが取調べでは悪用される。すなわち、話し手側に迷妄に陥らせる意図があったにも関わらず、話し手は、この日常性を用いて弁明しようとするのである。多義表現を使ってしまい、聞き手側に何らかの問題が発生したとしても、「セマンティクスの問題だ（It's just a matter of semantics）」とし、その責任・元凶を言葉そのものが持つ多義性に転換し、自らの悪意・意図を消し去ろうとするのである[54]。日本でも「誤解を招く表現をしてしまい申し訳ない」という言い方が存在す

---

51) *Id*. at 63, 70.
52) *Id*. at 55.
53) *Id*. at 5, 58-59.
54) Shuy は、多義表現の使用による迷妄が一般的に問題視されない原因を、Herbert Paul Grice の「協調の原理」と「会話の公理」に対する過度の依存に見いだす。協調の原理とは、「会話はその時点での目的に適うようなものであれ」という話し手と聞き手の共同作業である会話において遵守すべき一定の基本原則である。そこから導かれる4つの公理が「会話の公理」である。①真であることを言うこと（質の公理）、②必要十分なものだけを言うこと（量の公理）、③関係のあることを言うこと（関係の公理）、④曖昧・多義性を避けて簡潔に順序立てて言うこと（様態の公理）、の4つである。「協調の原理」に従って会話が行われているとすれば、多義表現は意図せざる結果であって、批難の対象にならないと人々は考えているのではないかと Shuy は指摘する。SHUY, *supra* note 19 at 4, 15. なお、「協調の原理」と「会話の公理」については、井上逸兵「会話の公理」小池編・前掲注50）205頁参照。

るが、これに相当する。こうした弁明は、本来抱いていた悪意ある意図を粉飾するために、問題の原因を言葉の多義性に求める場合に使われる。Shuyが問題視するのは、こうした弁明方法であろう。

　それどころか、捜査機関側が用いた多義表現を明確にするよう要求しなかった被疑者・被告人に責任を転嫁することもできる。Shuyは、意味を明確にするよう被疑者・被告人側が説明を要求していない場合、捜査機関側の発話の意図を理解したと解釈されうることを指摘する。つまり、迷妄的多義表現に対して、被疑者・被告人がその意味を明確にするよう要求しなかった事実は、その言葉を理解していた証拠として利用されるおそれがあると指摘するのである[55]。日本語であれば、話を十分に理解しないままに「はい」と答えたことをもって「言質を取る」という感覚に近いだろう。

　このような説明をしたうえで、実際の取調べや被告人尋問の際にどのように迷妄的多義表現が用いられていくのかを、より具体的に会話分析・ディスコース分析を用いて15の事例を取り上げて検討を深めていくのである[56]。そのうちのいくつかを取り上げよう。

　例えば、聞き込み調査や参考人取調べといったように情報収集型スピーチイベント（information-gathering speech event）という体裁を取りながら、実際は被疑者取調べで、犯罪事実の承認を目的とする糾問型スピーチイベント（an accusation speech event）へと転換されているように、迷妄的多義表現を用いて、スピーチイベントに関する迷妄状態に陥らせる場合がある[57]。Shuyによれば、実際に行われているスピーチイベントと、被疑者・被告人が認識するスピーチイベントとを異なるものと認識させるように捜査機関は迷妄的多義表現を用いるというのである。

---

55) SHUY, *supra* note 19. at 53-54.
56) 迷妄に陥ったかどうか、多義表現であるかどうかはその文脈に依存する。文脈を考慮した分析枠組みがディスコース分析である。Shuyは、ディスコース分析を「法と言語学」に取り入れ、迷妄的多義表現の分析に応用したのである。*Id.* at 20.
57) *Id.* at 76.

そのことが問題となった事案を Shuy は紹介する。殺人現場の隣家にいた少年に対して、被害者宅付近で怪しい人を見なかったか、良かったら話を聞かせてくれないかと警察が聞き込みにいったところ、その実、被害者との関係性を詳細に聞いて指紋採取まで行い、事実上の被疑者として取り扱っていた事例が紹介されている[58]。捜査機関は、被疑者・被告人たる少年に対して情報収集型のスピーチイベントだと認識させながら、実際は犯罪事実の承認に向けた糾問型スピーチイベントが展開されているのである[59]。

いかなるスピーチイベントが存在しているのかという認識は、会話参与者のスキーマに影響し、そこでの発話内容の理解に大きな影響を及ぼす。本事例のように、参考人取調べや聞き取り調査など、情報収集型スピーチイベントと対象者が認識している場合、当然そこで用いられるスキーマもそれに即したものになる。つまり、捜査機関からの言葉は、捜査協力に向けたものとして認識される[60]。しかし、こうしたスキーマのもとで発した言葉は（その被疑者が犯人であるかどうかを問わず）、不利益に用いられることがありえる。情報収集型のスピーチイベントだと認識して、迂闊に発した言葉がその者にとって不利益に用いられる危険性があるのである。

もちろんスピーチイベントの変化（糾問型スピーチイベントへの転換）を認識した被疑者は、スキーマと言葉の使い方をそのスピーチイベントに即した形に調整するが、Shuy によれば実際にはそれは難しいという。なぜならば、そうした調整を行うには、高度な言語運用能力と社会的スキル（social skills）が必要とされるからであり、仮に有していてもそれを取調べの場で発揮するのは難しいからだという[61]。

さらに、Shuy は捜査機関が会話を打ち切るという会話ストラテジーを用いて、事実認定者をも迷妄に陥らせるという。その具体的方法が、被疑

---

58) *Id.* at 72.
59) *Id.* at 194.
60) *Id.* at 76.
61) *Id.* at 194.

者が自白した後、否認に転じたとしても会話を打ち切るといったものである。Shuy は、取調べの録音・録画が行われているなかで、自白採取後に取調べを打ち切り、その後の否認状況を録音・録画しないといった事例を挙げる。これにより事実認定者は、自白後の情報について得ることができず、他の事情から自白後のことを推論するほかなくなる[62]。会話を打ち切り、一定の情報が事実認定者のもとへと手に入らないようにブロックし、否認があったにも関わらず無かったとする認識を抱かせる、すなわち迷妄状態に陥らせるのである。同種の方法として、調書作成時に被疑者の言葉そのものではなく、捜査機関の言葉で書き換えることが挙げられている[63]。

　権利告知に関しても、そこで用いられる語彙や文法によって多義性が生まれ、深刻な問題を生じさせているという。それがアメリカにおける Miranda 警告で用いられる語彙や表現である。「貴方には沈黙する権利がある」という意味は明確ではないし、「弁護人を立ち会わせる権利がある」といったとき、いつ・どこで・どのようにして立ち会わせることができるかは明らかではない。また、警告後のあとに行われる「ミランダ警告を理解しましたか？（Do you understand these warnings?)」という確認質問は、Yes/No クエスチョンで行われるが、警告全体の理解度を測定する方法としてはほとんど効果的ではないとされる[64]。「助言を求める (consult)」や、「任意 (voluntarily)」、「知悉して (knowingly)」といった語彙も、十分な言語運用能力がなければ理解が難しいことが指摘されている[65]。このように、難しい語彙を使用しながら、「ミランダ警告を理解したか？」という Yes/No クエスチョンによって警告全体を理解させた事実を調達し、弁護人立会権と黙秘権を行使させないままに不利益供述の任意性を確保しようとしているのである[66]。

---

62) *Id.* at 83-84.
63) *Id.* at 78.
64) *Id.* at 69.
65) *Id.* at 79.
66) *Id.*

⑷　取調べテクニックとパワー

　このような取調べテクニックを可能とするのも、先述したように、パワーの存在であるとされる。パワーは制度の存在そのものだけでなく、環境によっても生み出される。Shuy は、警察署や裁判所という物理的空間は、制度に裏付けられたパワーの非対称性を被疑者・被告人に認識させることになると指摘する。例えば、被疑者・被告人は警察署に足を踏み入れた瞬間に、自らはパワーの無い者としての地位にあると認識するだろう[67]。警察署や裁判所という制度的環境が、国家機関のパワーの淵源となっているのである。

　語彙選択によってもパワーは調達される。本来であれば日常用語で表現できるものであっても、聞き慣れない言葉を用いることで、あたかも法律用語かのような体裁を取り繕い、パワーを調達しようとする。例えば、「おばあさん」と言えばよいところを、「中老の女性（middle-aged female）」と言ったり、「車（car）」ではなく「車両（vehicle）」と言ったりするのが典型例である[68]。語彙選択によっても、捜査機関は自らの立場の強さ・パワーの不均衡を誇示するのである。

　そのほかにも、知識や関係性、社会的規範によってもパワーは調達されるといわれる。例えば知識の非対称性（法律知識の有無など）などもパワーの調達先とされる[69]。また、難解な言葉や専門用語を利用する以外にも、「お前」という指示代名詞を用いたり、「〜だ」という断定口調を用いたりするなど、様々なところにパワーの調達先が存在する[70]。

2　身体拘束中の被疑者に対する弁護人立会権と取調遮断効
⑴　メンタルワークロードと身体拘束中の被疑者に対する弁護人立会権保障
　このような取調べテクニックは、取調べに伴うメンタルワークロードを

---

67) *Id.* at 67.
68) Hall, *supra* note 13, at 75.
69) 林礼子「パワー（power）」小池編・前掲注50）320頁参照。
70) ギボンズ・前掲注11）134-146頁。

重たくするだろう。被疑者は、誘導尋問（コンタミネーション）を回避し、付加疑問文が有する圧力に対抗しながら、些末な事柄であっても供述をコントロールしなければならない。この点において、質疑応答というタスク処理を複雑にしているのである。また、捜査官からの質疑で用いられている言葉には、曖昧さが含まれているために、その曖昧性への応接のためにも認知資源を割かなければならない。さらに、自分がいかなるスピーチイベントに巻き込まれているのかを確認し、時にはスピーチイベントの変遷に即した供述コントロールをしなければならないという点でも認知的負荷は高い。このような疲弊した中で、被疑者は調書への署名・押印という供述の証拠化過程にも関与することになる。メンタルワークロードを高めるような取調べテクニックが多用される蓋然性が高ければ、供述が歪む危険性も高まるのである。それではその蓋然性は高いだろうか。

　捜査機関は真犯人の不処罰が実現しないようにするインセンティブを有するために、取調べテクニックを多用する動機を有しているだろう。真犯人の不処罰は社会全体に広く還元される害悪であるからこそ、広く薄まった害悪を被った無数の人々は捜査機関に批難の目を向ける。すなわち、真犯人の不処罰といった害悪は、社会全体が広く負担するがゆえに、その害悪をもたらす原因となった捜査機関に批難が集中するのである。こうした批難を避けたい捜査機関は、不利益供述を採取すべく様々な取調べテクニックを用いるインセンティブ構造に置かれていると考えられる。

　これに対して弁護人立会権の保障は、取調べテクニックの利用を可能とするパワーの不均衡の是正に繋がる。弁護人が積極的に取調べに介入することで、警察署という物理的空間の存在、語彙選択、（法的）知識の非対称性、断定口調といったパワーの不均衡を緩和し、取調べテクニックの利用を困難とする。その結果、供述が歪むリスクが抑えられることになり、種々のコストを抑えることに繋がるだろう。

　とくに、身体拘束中の被疑者を想定すると、捜査官の嫌疑が深まっている以上は取調べテクニックを多用する蓋然性が一般的に高く、それゆえに、供述が歪むリスクが高く、諸コストが高まると考えられる場合は、弁護人立会権の保障が求められる。

(2) 身体拘束中の被疑者の黙秘権行使と取調べ遮断効

　また、身体拘束中の被疑者の黙秘に取調べ遮断効を認める方が望ましいだろう。これにより、身体拘束中の被疑者が取調べを望む場合にのみ取調べが行えるという設計になる。これは、自白の任意性に関する争いを抑制し、刑事司法資源の消費を抑える点で望ましいと思われる。取調べにより生じた意思決定への負荷が原因で無辜・真犯人いずれも不本意に自白したならば、処罰を逃れるためにその自白を排除するべく、不任意な自白であると主張するだろう。これを受けて、捜査機関は有罪立証を確実なものとするために任意の自白であると主張する。こうした争いが生じるのは情報の非対称性が原因である。裁判所は神ではないため、どちらが正しいことを言っているかを判断するのは困難である。たとえ取調べ状況が録音・録画されていても、外見からはその内心は分からないうえ、内心を推し量るにしても録音・録画時期やカメラの角度といった事情に評価は左右される。情報の非対称性に置かれた裁判所からすると、いずれの主張にも理があると考える余地があるため、これを先読みする被告人・捜査機関は任意性を争う動機を持つようになる。情報の非対称性と、任意性を争う動機が被告人側にある限り、水掛け論ともいうべき任意性の争いが必然的に生じ、刑事司法資源が消費されることとなるのである。

　しかし、取調べ遮断効を認めれば、被疑者・被告人側に任意性を争う動機が抑えられるため、任意性を巡る争いが減少し、刑事司法資源を節約することができる。遮断効を認められているために、被疑者・被告人が望んだ場合にのみ供述がなされる。そうした状況にある逮捕・勾留中の被疑者・被告人があえて、捜査機関に対して自白するならば、それは捜査官の圧力を理由とした自白ではない可能性が高い。それゆえ、逮捕・勾留中の被告人が、後の公判で自白の任意性を争う動機が抑えられる。このようなメカニズムで被疑者・被告人側に自白の任意性を争う動機を抑え、刑事司法資源を節約できる結果を生み出す点で、身体拘束中の被疑者の黙秘に対して取調べ遮断効を認めることが望ましいだろう。

(3) 身体拘束中の被疑者からの獲得供述量の低下と合理的被疑者

なお、弁護人立会権保障や取調べ遮断効に対して、獲得可能な供述量の低下が懸念されるだろうが、この点について検討を加えておこう。身体拘束中の被疑者は、逃亡や証拠隠滅を行う意図を有すると第三者から判断されている。さらに接見等禁止がされるような被疑者には、勾留では防げない程度に高い疑いが向けられている。そのような疑いをかけられている被疑者は、個々の発話に関する意図を正確に把握できないものの、供述・自白が無いと事件処理が上手くいかない程度の嫌疑に留まっているからこそ捜査機関は取調べを必要としているとして、捜査官の状態を予測できる。証明責任を負わないことも相俟って、「不誠実な」真犯人にとって、黙秘は魅力的であり合理的な選択肢になるはずである。罪証隠滅・逃亡をすることが疑われるほどに「不誠実な」被疑者であっても、捜査官の働きかけを強めれば強めるほど真実を自白するという無垢な前提を置いてルールメイキングを行うことは適切なのだろうか。供述意思決定への圧力をかけることにより、任意の供述・自白が獲得できると考えるのは、供述意思決定という観点からは妥当でないだろう。

ここまで述べてきたように、供述意思決定への働きかけが高まる結果、供述量の増加というベネフィットが見込める一方、供述が歪むリスクの増加により種々のコストが高まる場合に、弁護人立会権の保障が求められる。また、種々の費用の発生を抑えるためにも、黙秘権に取調べ遮断効を見いだすことが望ましいとした。自己負罪拒否特権、黙秘権、弁護人立会権はいずれも供述意思決定と各種コストベネフィットの問題として同一線上の問題として位置付けることができよう[71]。

Ⅵ 小括

本章では、認知機能に着目して刑事手続における質疑応答の性質を明らかにしてきた。

刑事手続の目的が犯罪事実等の確認にある限り、被疑者・被告人は自己の生存に関わるトピックを含んだ質疑に答えなければならない。そして、

犯罪事実の存否等の確認という目的と捜査・公判の円滑的遂行という目的から、このトピックに焦点が当てられ続ける。自己の生存に関わる事柄の質疑応答に直面するという事実が、質疑応答の有するメンタルワークロード（認知的負荷）を高めることを指摘した。

さらに、①質問・発言した者の思惑に関する不確実性、②自分の発した言葉がどのように解釈され、どのような結果を生むのかという結果の不確実性、③被疑者・被告人の言葉がどのタイミングで用いられるのかという時間的不確実性という三重の不確実性が質疑応答のメンタルワークロードを更に高めることになるとした。

そのような過大なメンタルワークロードを伴う質疑応答に従事する被疑者・被告人は、そのままではその負荷の大きさゆえに、真犯人は浅慮に基づく虚偽供述を、無辜は虚偽自白や虚偽供述を、行うリスクがある。それは、冤罪リスクや刑事司法資源の浪費というコストをもたらす。

そこで、自己負罪拒否特権を認めることで、自己に不利益になりうる質疑に対しては、認知資源を確保して熟慮に基づく供述が可能とすることが望ましいとした。供述量の減少というベネフィットを手放す代わりに、こ

---

71) もっとも、取調べテクニックに伴う認知的負荷に加えて、他の理由からも弁護人立会権の必要性は導かれる。自白法則の適用による不任意自白の排除や国家賠償請求における違法性判断を通して、裁判所による取調べの適正さは審査されている。しかし、その審査は被疑者が求めなければ駆動しない。つまり、取調べの適正さの最初の審判者は、被疑者である。ところが、十分な法的知識を有さない被疑者が、取調べの適法性を判断するのは困難である。もしくは被疑者のトラウマ体験等が原因で、国家賠償請求を求める精神的余力を有していない場合もある。このような場合、違法・不当な取調べという社会的費用の高い取調べを放置することになるから、弁護人立会権が必要となると考えられる。
　取調べ技術や法的知識、トラウマ体験はいずれも供述意思決定と関わる具体的事情である。弁護人立会権は、具体的な事情に即しながら供述意思決定と各種コスト・ベネフィットの問題として設計されるべきだろう。
　なお、弁護人立会権と法的知識については拙稿「身体拘束中の被疑者に対する取調べ前の権利告知制度の機能的分析」判例時報2535号15頁（2022年）において、トラウマ体験との関係では拙稿「身体拘束中の被疑者に対するトラウマインフォームドな供述採取制度の検討」愛知学院大學論叢法學研究65巻1・2号87頁（2024年）において論じている。

のような大きなコストを伴う供述の発生が抑えられることになるからである。

　質疑応答に伴うメンタルワークロード（認知的負荷）という観点から、黙秘権の保障根拠も説明できるとした。事件の初期段階である捜査段階は、被疑事実が流動的であるために、有利・不利に関わる計算量が増加し、認知的負荷は高まる。それは供述が歪むリスクを高めることになる。そのようなリスクに鑑みると、利益・不利益を問わず何も話さないという選択を保障し、不利益推認を禁止するという黙秘権の保障が必要となると考えられる。

　他方、公判段階は争点が形成され、有利・不利の計算量が減少するためにメンタルワークロードが抑えられているとすれば、自己負罪拒否特権の保障に限るという設計もありうる。もっとも、被告人質問における質問は、刻一刻と変わる状況を認識ながら、それに即応した形で応答しなければならないことから、計算量が高まり、認知的負荷が高い。それゆえに、黙秘権保障へと拡充することになると指摘した。他方、被告人証人適格のように、争点・主張が明確であり、計算量が比較的少なく、メンタルワークロードが抑えられているとすれば自己負罪拒否特権保障に限ることも考えられるとした。

　また、メンタルワークロードを高める事情として、取調べテクニックを取り上げ、弁護人立会権の必要性を高めることを指摘した。捜査機関が用いる取調べテクニックによって認知的負荷が更に高まり、供述が歪みやすく、供述量の増加というベネフィットよりも種々のコストが上回ると判断される場合には、弁護人立会権が求められる。自己負罪拒否特権・黙秘権・弁護人立会権は、供述意思決定と各種コスト・ベネフィットの問題として同一線上の問題として整理できるとした。

　供述量の増加という必要性がどれほど高くとも、供述意思決定への単純な圧力は人々の供述内容を歪めることに繋がってしまう。被疑者・被告人の供述意思決定が介在する供述採取の規律には、捜索・押収の領域とは異なる思考法が求められるのである。私的文書等の物的証拠は、強制的に収集しても証拠価値は低下しないからこそ自己負罪拒否特権の保障から外さ

れる。しかし、「証拠収集過程において被疑者・被告人の認知機能を介在させて新たに生成される証拠である」供述は、その採取の在り方によっては内容が容易に歪んでしまうからこそ、その採取には慎重にならなければならず、自己負罪拒否特権及び黙秘権の保障が求められるのである。

　このように個人の権利として自己負罪拒否特権及び黙秘権の保障根拠を検討してきたが、公共の利益に資するような性質を自己負罪拒否特権や黙秘権は有していないのだろうか。次章ではこれを検討していきたい。

第4章

公共の利益に資する
自己負罪拒否特権及び黙秘権

I　はじめに

　本章の目的は、証拠収集過程における被疑者・被告人の認知機能の介在という点に着目しながら、自己負罪拒否特権及び黙秘権の保障根拠を公共の利益との関係で検討する点にある。日本法の検討からは、自己負罪拒否特権及び黙秘権が公共の利益に資する可能性が示唆された。本章はそのような観点から保障根拠を検討する。そこで、アメリカ合衆国憲法修正第5条が定める自己負罪拒否特権について検討を行った William J. Stuntz、Daniel J. Seidmann、Alex Stein の研究を参照したい。Stuntz、Seidmann、Stein の見解はいずれも、権利行使主体以外の者にとって望ましい結果を生むものとして自己負罪拒否特権を評価し、その保障根拠を明らかにしたものである。これらの研究は本章の問題意識とも適合する。もっとも、両研究はアメリカ法を前提に書かれていることから、若干の検討を踏まえた上で日本法への示唆を得なければならない。

　そこでまずは、Stuntz、Seidmann、Stein の見解を紹介する。これを通じて、神の目線からすれば真犯人とされる者に自己負罪拒否特権を保障する根拠を考察する。もっとも、各見解はアメリカ法を前提としたものであるため、これら論文から得られる示唆をもとに、改めて日本法に沿った分析を行う。また、本研究で紹介する Stuntz、Seidmann、Stein の研究は無辜に自己負罪拒否特権を保障した場合の結果を検討していない。そのため本章では、神の目線からすれば無実である被疑者・被告人にも権利保障を施す合理性も検討したい。

II 真犯人による虚偽供述の防止

　Stunz、Seidmann、Stein の見解の独自性は、自己負罪拒否特権への批判を克服しようとする試みにある。古くから、無実であればアリバイを包み隠さず話せばよく、この権利で利を得るのは真犯人だけであるとして自己負罪拒否特権は批判されてきた。これに対して彼らは、自己負罪拒否特権の保障は間接的に無辜にとっても有益であることを論証しようとする。一見すると真犯人にしか利さない不合理な権利でも、真犯人が自己負罪拒否特権を行使することで、当該事件とは無関係な無実の被疑者・被告人の立場が向上するという見解を提示する。こうして権利行使者自身が直接に被らない結果に着目することで、自己負罪拒否特権の保障根拠を明らかにする。このような見解の先駆けとなる Stuntz の議論を紹介しよう。

1　Stuntz の見解──期待可能性理論と自己負罪拒否特権

　Stuntz は、自己負罪拒否特権に関するこれまでの学説ではアメリカ法体系を説明することができないと指摘したうえで、自己負罪拒否特権の保障の合理性を責任阻却の抗弁（excuse）と関連させて説明する[1]。先に結論から説明していこう。

　自己負罪拒否特権を批判する論者が考えるように、偽証罪による制裁を認めつつ、黙秘した者に対しても制裁を加えるという制度設計はありうる。しかし Stuntz によると、こうした制度のもとで窮地に置かれた真犯人が偽証したとしても、アメリカ刑法のもとでは責任阻却の対象になりうると指摘する。日本法の概念で説明すれば、期待可能性が低いからである。しかしこの状態は、次の二つの理由から弊害が大きいと指摘する。

　第一に、被告人証人適格制度が機能不全に陥る結果、無辜の処罰の危険性が増加することを挙げる。偽証罪の威嚇が存在するからこそ、被告人の

---

[1]　William J. Stuntz, *Self-Incrimination and Excuse*, 88 COLUM. L. REV. 1227 (1988).

証言は信用される。しかし偽証罪に対する責任阻却が常に成立するならば、信用性を担保できなくなる。その結果、無実の被告人は、偽証罪の威嚇によって自らの証言を信用してもらえず、無辜の処罰の危険性が高まるという。

　第二に、司法への信頼（public confidence）が蝕まれることを挙げる。責任阻却が認められることから、被告人にとっての偽証コストはゼロとなる。そうなれば公判での偽証は増加する。偽証が横行しているにも関わらず、司法は野放しにするという構図は、司法への信頼を低下させることに繋がるという。

　Stuntz は、自己負罪拒否特権の保障により、これらの弊害が除去されると説明する。自己負罪拒否特権を保障すれば、残酷な選択機会（又はトリレンマ）から逃れる、すなわち窮地から逃れることができるために責任阻却を認める理由がなくなる。偽証罪の制裁が機能することになり、無実の被告人の供述の信用性が向上し、無辜の処罰の危険性が減少する。偽証罪が機能することで偽証が減るために、司法への信頼も確保されることになる。それゆえに自己負罪拒否特権を認めるべきとする。これが Stuntz の主張の骨子であるが、その内容を仔細に述べていこう。

　まず Stuntz はこれまでの学説では、アメリカ法制度を説明できない点で問題があると指摘していく。

　例えば、被疑者・被告人のプライバシーを保護したものとして自己負罪拒否特権を理解する見解は、捜索・押収という捜査処分の正当性を説明するのが困難である。この見解からすると、被疑者・被告人が有する物的証拠への捜索・押収も、プライバシーを制約するために禁じられることになるはずである。しかし、修正第5条や連邦最高裁の解釈は、特権の保障範囲を証言的・意思疎通的行為に限定しており、血液サンプルも私的文書も、自己負罪拒否特権を侵害することなく収集できるとしている。これはプライバシーに依拠した見解では説明がつかない[2]。さらに、使用免責につ

---

2) *Id.* at 1232-33.

いても説明が困難となる。アメリカ法のもとでは使用免責を認めることで証言を強制できる。したがって使用免責が認められた場合、被告人は自らのプライバシーを暴露することを甘受しなければならない。しかし、プライバシーの保護が自己負罪拒否特権の保障の目的だとすれば、使用免責制度はプライバシーを侵害するものとして禁止されなければならない。それゆえ、この見解は使用免責制度を認めるアメリカ法制度を説明することができないというのである[3]。

　次に、Stuntz は、身体又は精神の不可侵性（integrity）を意味する個人の尊厳（autonomy）の保護を自己負罪拒否特権の目的として理解する見解を取り上げる。しかし、この見解もアメリカ法制度を説明することができない。強制採血という身体への侵襲を許す Schmerber 判決や、供述しないという意思決定を否定し、精神の不可侵性を侵害する使用免責制度を説明できないからである[4]。

　もっともプライバシーや個人の尊厳といった利益が、供述採取の必要性という政府利益と衡量されることで自己負罪拒否特権の保障の有り様が決まるというアプローチはありうる。Stuntz はこのアプローチを有望としつつも、利益衡量の構造を明らかにしなければあらゆる結果を利益衡量の結果として説明できてしまうという[5]。例えば、被疑者・被告人に対する物的証拠収集を認め、使用免責による証言強制は許容する一方、使用免責を伴わない不利益証言の強要を禁止するという制度の在り方は、確かに何らかの利益衡量の結果によって決まったと考えられる。しかし単に利益衡量の結果であるというだけでは何の説明にもなっていない。それゆえ利益衡量の構造を明らかにしなければならない、と Stuntz は指摘する[6]。

　最後に、自白して処罰されるか、偽証して処罰されるか（さらに黙秘して法廷侮辱罪で処罰されるか）という選択を迫ることは残酷であるという評

---

3) *Id.* at 1234.
4) *Id.* at 1234-35.
5) *Id.* at 1236-37.
6) *Id.*

価に基づき自己負罪拒否特権を説明する見解が、最も一般的な見解であるとしつつも、やはりアメリカ法制度を説明しきれていないとし、ここでも使用免責制度を取り上げる。例えば、共犯者から「証言すれば殺す」と脅されていた場合、自白して殺されるか、偽証して処罰されるかの残酷な選択機会に直面する。この選択機会は、例えば窃盗罪で訴追された際に、自白して処罰されるか、偽証して処罰されるかという選択機会に比べると一層残酷なものである。それにも関わらず、アメリカ法制度のもとでは前者の状況下に置かれた被告人に対して、使用免責を認めて証言を強制することができる。しかし選択機会の残酷さに着目して自己負罪拒否特権を保障しているにも拘わらず、先の窃盗罪のケースよりも一層残酷な選択機会に直面している被告人が証言を拒否できないとするのは背理である。

　この見解においても、利益衡量の余地がありうるとすれば、その衡量の有り様が問題となる。例えば、供述採取の必要性が低い場合は、自白するか偽証するかの選択機会の残酷さを重視して自己負罪拒否特権を保障し、供述採取の必要性が高い場合は選択機会の残酷さを許容して使用免責を認めるということも考えられる。しかし、そのような利益衡量こそが残酷ともいえる。加えて、残酷な選択機会あるいは残酷なトリレンマに直面するのは犯罪を行った者であるところ、犯罪者に対しては苛烈な処分である刑罰賦課を前提とする法制度のもとでは、単なる選択機会に直面することが残酷であって、許されないとまで言い切るのは難しい[7]。

　そこで Stuntz は、責任阻却の抗弁に着目しながら自己負罪拒否特権の説明を試みようとする。責任阻却の抗弁は様々な類型があるところ、そのなかでも強制（Duress）と緊急避難（Necessity）の抗弁を取り上げ、これら抗弁の根底にある原理と判断枠組みを明らかにする。その原理と判断枠組みを自己負罪拒否特権が認められない仮想世界における偽証罪に適用したならばどうなるのか、責任阻却が成立するのか、成立するとすればどのような場合であるのか、その帰結はどのようなものになるのか、を分析

---

7) *Id.* at 1237-39.

する。

　Stuntzは、強制の抗弁が自己負罪拒否特権を説明するにあたり重要な概念とする。強制の抗弁は、降りかかる害悪から逃れるためには、違法行為以外の他行為を選択するのが難しく、それゆえに当該行為は処罰に値しないと考えられる場合に成立する。判例法理上は、強制の抗弁が認められるためには、降りかかる害悪が第三者からの違法行為であることが必要とされる。

　しかしStuntzは、強制の抗弁が取り扱う問題は、本質的にはより広いものだと指摘する。それは、違法行為に及ぶのも無理はないと評価される者を刑法上どのように取り扱うかという問題である。このような捉え直しのもとでは、降りかかる害悪が違法行為に由来するか否かは決定的なものではなくなる。それゆえ、強制の抗弁に加え、緊急避難の抗弁にも鑑みると、これら抗弁の根底にある原理は、様々な脅威やプレッシャーに晒された結果、違法行為に出た者を免責するという「窮地の抗弁（situational excuse）」という形で統合することができるというのである。

　もっとも、アメリカ法制度には窮地の抗弁というのは存在しない。しかしながら、強制の抗弁に関する学説や判例を追っていくと窮地の抗弁といったものを導くことができるという。そこでStuntzは強制の抗弁を考察していき、根底にある思想を析出しようと試みる[8]。

　Stuntzは、強制の抗弁を認める理論的根拠を、法遵守行為の高コスト性に求める。例を交えながら説明していこう。

　まず、違法行為に及ぶベネフィットが相対的に高く、法遵守行為が相対的に高コストとなる場合を考える。例えば、自分の足が折られるか、他人の骨を折るかのいずれかを選ぶことを強制された場合を考えよう。このとき、面前の脅威から逃れるためには他人の骨を折るという行為に及ぶだろう。しかし、もし他人の骨を折るよりも、自分の骨が折られるのを我慢するほうが社会的に望ましいものだとすると、この行為は違法行為として評

---

8) *Id.* at 1242-44.

価される。それでも私たちは責任阻却を認めるだろう。なぜならば、一般通常人が同じような窮地に陥った場合も、違法行為に及ぶと考えられるからである。違法行為に及ぶのも無理はないと考え、道徳的見地から不問に付すのである。

　極度のプレッシャーに置かれた場合も考えよう。例えば、無関係な第三者を害するか、さもなくば今すぐ拷問を受けるかを選べと強制された場合が考えられる。このとき、法遵守行為に伴うコスト（拷問を受ける）は極めて高く、しかも拷問という脅威が面前に迫っており、もはや冷静な判断はできない。その結果、違法行為に及んだとしても、責任阻却を認めることになる。なぜならば、私たちも同じような窮地に陥れば、違法行為に及ぶと考えられるからであり、処罰するのは道徳的見地から問題と考えられるからである。

　そして功利主義的立場からも法遵守行為の高コスト性を考察する。そもそも刑罰とはコストの高い処分である。それゆえ使い所を慎重に決定しなければならない。例えば、刑罰による一般抑止が困難な行為、すなわち高コストな法遵守行為を処罰しても資源の浪費となる。したがって、刑罰を科すことは望ましくないという。このことを Stuntz は、横領を行わなければ危害を加えると脅迫された者が横領に至った事例を想定して説明する。この場合、法遵守行為が高コスト（危害を加えられる）であるために、やむを得ず横領という違法行為に及んでしまう。このような状況に置かれて横領に至った者を処罰しても、抑止効果は低く、処罰に伴う資源を浪費するだけとなる。それでもなお、これを抑止したいとすれば、横領行為そのものをより重く処罰するか、脅迫された事実をむしろ加重事由として評価することで横領への抑止効果を高めることが考えられる。しかしながら前者の方法は、横領を類型的に重く処罰することなり科刑コストを一律に引き上げてしまうために、コストが無用に増加してしまい望ましくない。後者の方法は、罪刑均衡（proportionality）に関わる市民の感覚からしても妥当性を欠くのはもちろんであるが、被告人が脅迫された事実を伏せるために加重事由として機能しえないために有効ではない。それゆえ法遵守行為が高コストである場合、違法行為に及んだ者を処罰するのは功利主義の

観点からも妥当ではないとする[9]。

　このように強制の抗弁を考えるにあたり、法遵守行為の高コスト性が鍵となる概念だとStuntzは考えるのだが、ここから更に強制の抗弁を認める限界を考察していく。先と同じく、法遵守行為の高コスト性や功利主義の観点からこれを分析する。

　強制の抗弁の限界を定める要因の一つが、違法行為へと促すプレッシャーの大きさである。違法行為を促すプレッシャーが大きいほど（すなわち法遵守行為に伴うコストが大きいほど）、責任阻却を認める余地が増えていき、その逆は責任阻却が認められにくくなる。Stuntzはこのプレッシャーを時間的要因と関連させて説明する。例えば、違法行為を今すぐ行えと脅迫される場合と、6ヶ月以内に違法行為を行えと脅迫される場合とでは切迫感が違う。後者の場合は、警察に駆け込むなどして、状況を変えることができるからである。それゆえ切迫感が弱まるほど、違法行為へと促すプレッシャーは弱まり、違法行為にやむを得ず及んだとは言いがたくなり、責任阻却は成立しにくくなる。

　二つ目の要因が、違法行為がもたらす害悪の大きさである。害悪が大きければ、想定される刑罰の大きさも増大し、それだけ法遵守コストは相対的に低下する。従って、違法行為がもたらす害悪が大きく、それゆえに科される刑罰も大きいほど、違法行為へと促すプレッシャーに抗うことが強く求められ、責任阻却の抗弁が認められる余地が狭まる。

　第三の要因が、功利主義的な観点として、抑止効果の低下とそれに伴う費用である。責任阻却の抗弁を認めることにより抑止効果が低下するならば、その成立範囲を限定していかなければならないというのである[10]。

　この3つの要因が、判例法理の二叉テストに表れているとStuntzは指摘する。判例法理は、強制の抗弁が成立するには、ⅰ）通常人が有する意思の強さを以てしても屈してしまうほどのプレッシャーであったか、ⅱ）

---

9) *Id.* at 1244-46.
10) *Id.* at 1246-47.

抑止効果の低下に伴う重大なコストの発生が予想されるかという観点から決めていくとする。ⅰ）が前二つの要因に相当し、ⅱ）が第三の要因に相当するという。

ⅱ）の抑止効果の低下に伴うコストとして、2つの事情が挙げられている。その一つが行為の重大性である。重大な害悪をもたらす行為に対して責任阻却を認めると、類似事案でも責任阻却の可能性を視野にいれて違法行為を行う者が増えると予想される。行為の重大性は、責任阻却一件あたりのコストと連関するのである。もう一つが、責任阻却事由の誤った認定である。もし責任阻却を誤って認めてしまうケースが増えれば、抑止効果が低下する。例えば、集団強盗の一人が捕まったときに「自分は他の共犯者に脅されて仕方なくやってしまった」と述べれば責任阻却が認められるとすると、「捕まったときは、脅されてやってしまったと弁解しよう」と犯行前に口裏を合わせることで処罰を回避できるようになってしまう[11]。責任阻却事由の存在を誤って認定してしまう危険性も、責任阻却のコストと連関するのである。

こうした分析をもとに、強制の抗弁をより一般化した、「窮地の抗弁」というものをStuntzは導出する。この窮地の抗弁という責任阻却は、次の2つの観点からその成否が決定されるという。第一に、違法行為に及んでも無理がないと思えるほどの強烈なプレッシャーが存在していたかどうかである（法遵守行為の高コスト性）。第二に、個別事件においては責任阻却を認めることが適切とされる場合であっても、その責任阻却の存在を知った犯罪者が戦略的に行動を変容させてしまい、制度全体として非効率的な結果を生み出すことになるか否かである（抑止効果の低下とその費用）[12]。

導出された窮地の抗弁をもとに、Stuntzは、自己負罪拒否特権が存在しない仮想世界において、自己の生存のために行った偽証に対する責任阻却の成否を考察していく。結論からいえば責任阻却が成立するという。そ

---

11) *Id.* at 1248-50
12) *Id.* at 1250-51

の理由を先の二つの観点に即して説明する。

　まず、法遵守行為に相当する自白は高コストであるために、偽証という違法行為へと促すプレッシャーが強く、偽証に及ぶのも無理はないと考えられることを指摘する。自白をすれば確実かつ速やかに処罰を受けることになる。偽証が発覚した場合も制裁が加えられるものの、それは本罪に付け加えられる追加的処罰である。もし自由刑を追加的に重くした場合により生じる苦痛の増分が、科される刑の長さに応じて徐々に減少（逓減）するのだとすれば、追加的処罰である偽証罪の制裁は被告人にとってそれほど痛手とは感じないだろう。例えば、1年分の自由刑が追加的に科されるとしても、元々1年の刑罰が科されている場合と、10年の刑罰が科されている場合とでは、前者の方が、同じ1年分の追加的制裁であっても、より重い苦痛を感じると考えられる。そのうえ、偽証が成功すれば本罪の処罰を受けずに済む。それゆえ、法遵守行為たる自白は相対的に高コストなのである。また、偽証がもたらす害悪も大きなものではない。真犯人である被告人の偽証が成功しても、それは一個の犯罪が不処罰に終わるだけであり、第三者に物理的危害が加えられるわけではない。さらに偽証によって真犯人の不処罰が生じたとしても、その社会的損失は社会全体に拡散して負担するものであり、その損失はとても小さい。なぜならば、偽証が成功裏に終えて不処罰になったとしても、それは潜在的犯罪者の目からすれば偽証が成功したというよりも、単に無罪の弁明が功を奏したとしか評価できないからである。それゆえ社会的損失が小さい偽証という違法行為に及ぶかどうかの窮地に追い込まれた場合は、社会的損失が莫大な殺人行為に及ぶか否かの窮地に追い込まれた場合とは異なり、それに抗する強い意志が要求されることはない。Stuntzは偽証はいわば、違法行為へと促す極度のプレッシャーのもとで行われる、社会的損失を生み出さない被害者なき犯罪と近しい行為だと評価する。したがって、窮地の抗弁を認めるか否かを決める先の2つの観点のうち一つを満たすと考えられる[13]。

　しかし、もう一つの観点が存在していた。それが、個別事件においては責任阻却を認めることが適切とされる場合であっても、その責任阻却の存在を知った犯罪者が戦略的に行動を変容させてしまい、制度全体として非

効率な結果を生み出すことになるか否かであった。偽証罪に即していうならば、自己の生存のために行う偽証に対して責任阻却を認めることが、抑止効果の低下やそれに伴う費用といった制度的観点から適切か否かが、責任阻却の成否を左右するのである。Stuntz は偽証罪に対して責任阻却を認めても制度全体では抑止効果がそれほど低下しないことを挙げる。偽証を行う事案というのは、物的証拠が不十分な場合であるから、そもそも本罪の立証が難しい状況にある。もとより本罪の立証が成功しない可能性が高い以上、被告人の偽証に対して責任阻却を認めたとしても、処罰の確保が難しい本罪に関する抑止効果はそれほど低下しないのである。加えて、先の例に挙げた集団強盗の場合とは異なり、被告人が窮地に立たされていることは自明であって、責任阻却が認められる状況が既に存在しているのであるから、同種事案の被告人が事前に戦略的行動を取ることで責任阻却を認められやすい状況を作り出すといったことも考えにくい。それゆえ制度的観点からも、自己の生存のために行う偽証への責任阻却は認められるという[14]。

このように、アメリカ法制度の枠組みのもとでは、自己負罪拒否特権が保障されていない被告人の偽証行為に対しては責任阻却が認められる余地があることから、Stuntz は冒頭に挙げた主張を行う。すなわち、被告人

---

13) *Id.* at 1252-54. 他方、自己の生存のために行う証拠破壊という形での司法妨害罪は責任阻却の対象にはならないと指摘する。偽証の場合は後に訂正させればよいのに対して、証拠破壊の場合は破壊された証拠を回復することが不可能であり、本罪の処罰そのものが全く困難となる点で社会にもたらす害悪は大きい。また、証拠破壊が可能ということは、被疑者・被告人の手元に証拠が存在するということであり、捜査機関に証拠破壊の段階では見つかっていないということでもある。したがって自白するか偽証するかを迫られている被告人証言の場合とは異なり、時間的な切迫感が弱い。それゆえ、証拠破壊という行為を促すプレッシャーはそれほど強いものではなく、証拠破壊に至るのも無理はないと評価するのは難しい。このことから証拠破壊という形での司法妨害罪は責任阻却の対象とはなりにくいと指摘する。*Id.* at 1256-1259. また他者のために行う偽証も責任阻却の対象とはなりにくいと指摘する。戦略的行動を生み出してしまい抑止効果を低下させるおそれが大きいからであるとする。*Id.* at 1259-60.

14) *Id.* at 1255-56

による偽証行為に責任阻却を認める場合、他の犯罪に対する責任阻却とは異なり、抑止効果の低下以外の問題が生じるという。その問題こそが、先に述べた無辜の処罰の増加と司法への信頼の低下である。改めてこれを見ておこう。

被告人の証言は、偽証罪の威嚇が存在するからこそ、信用されるようになる。しかし、自己負罪拒否特権が保障されていない世界では、被告人の偽証行為は責任阻却の対象となる。それゆえ、偽証罪の制裁が機能しなくなる。その結果、無実の被告人は、自らの証言の信用性を偽証罪の威嚇により裏付けることが難しくなり、無辜の証言が信頼されなくなる結果、無辜の処罰の危険性が高まるのである。責任阻却が認められる結果、偽証に伴うコストがゼロとなり、公判において偽証が横行してしまう。こうした状況を野放しにしていれば、司法への信頼を蝕むことになるという。

これら問題は偽証罪への責任阻却を認めるからこそ生じる問題であるから、Stuntzはこれを防ぐために自己負罪拒否特権を保障すべきという。証言台に立たないという受動的な選択肢が用意されていれば、偽証という違法行為へのプレッシャーは弱まる。したがって、もはや被告人の偽証に責任阻却を認める理由は失われる。責任阻却が認められず、偽証罪が成立するようになれば、偽証罪による威嚇が機能するようになる。そうなれば、無辜は自らの証言の信用性を偽証罪の制裁により裏付けることができ、偽証が公判で横行することもなくなるため、先のような問題が解消されるというのである[15]。

Stuntzの見解の独自性は、刑事司法制度全体に目を配らせて自己負罪拒否特権の保障根拠を説明しようとする点に求められるだろう。権利行使主体以外の影響を考慮している点がユニークである。もっとも、Stuntzは、修正第5条の判例法理を自説に従って整理されるべきとは考えておらず、憲法の起草者もそのように考えていたというわけではないと指摘している点に留意が必要である[16]。

---

15) *Id.* at 1256

2 Seidmann、Stein の見解——ゲーム理論と自己負罪拒否特権

　同種の見解を提示するものとして、Seidmann と Stein の共同研究が挙げられる[17]。Stuntz とは説明の仕方が異なるが、その差異こそが日本法への示唆を得るにあたり重要だと思われるため紹介しよう。

　Seidmann と Stein は、自己負罪拒否特権の保障根拠を経済学的観点から考察する。根底にある考え方は、自己負罪拒否特権を保障した場合とそうでない場合とでそれぞれ生じるコスト・ベネフィットを計算し、より大きな純益（コストとベネフィットの差分）を生み出すほうを、経済学的でいうところの「効率的」であるとして、そのルールを採用するというものである。それではコスト・ベネフィットを構成するものは何だろうか、論者らは捜査・公判の結果に着目する。

　自己負罪拒否特権を保障するかどうか、不利益推認を禁止するかどうかは、様々な経路を辿って捜査・公判の結果に影響を及ぼす。その大きな影響が、無辜の処罰と真犯人の不処罰の発生確率の増減である[18]。この無辜の処罰と真犯人の不処罰の増減こそがコスト・ベネフィットを構成する。では自己負罪拒否特権はどのような経路を辿って影響を及ぼすのだろうか。

　論者らは自己負罪拒否特権が機能する場面を証拠量に着目しながらこれを特定する。最初に証拠量が多い場合、次に証拠量が少ない場合、そして証拠量が中程度の場合を考察していく。

　証拠量が多い場合、有罪判決が下される確率が高いため、自己負罪拒否特権があろうとなかろうと公判の帰趨に影響を及ぼさないという。なぜな

---

16) *Id.* at 1231.
17) 一連の研究として、例えば、Daniel J. Seidmann & Alex Stein, *The Right to Silence Helps the Innocent: A Game-Theoretic Analysis of the Fifth Amendment Privilege*, 114 HARV. L. REV. 430 (2000); Alex Stein, *The Right to Silence Helps the Innocent: A Response to Critics*, 30 CARDOZO L. REV. 1115 (2008); Daniel J. Seidmann, *The Effects of a Right to Silence*, 72(2) REV. ECON. STUD. 593 (2005).
18) Alex Stein, *Self-Incrimination, in* PROCEDURAL LAW AND ECONOMICS 366, 367 (Chris W. Sanchirico ed., 2d., 2012).

らば、真犯人にとって自白することが最適戦略だからである。答弁取引により自白を行えば減軽事由として取り扱われるうえに、事実認定にかけられる時間を省略することができる。それゆえ自己負罪拒否特権が保障されようとされていまいと、真犯人は自白を選択するために、保障の有無は裁判の帰趨に影響を及ぼさないのである[19]。

　他方、証拠量が少ない場合はどうか。無実の者は、真実証言を行うことが最適戦略となる。なぜならば、真実証言を行えば、証拠量が少ないために証言が弾劾されることなく、無罪を獲得する可能性が高まるからである。それゆえ、黙秘や自白をする理由が存在しないのである。したがってこの場合、無実の者にとって自己負罪拒否特権は無用のものとなる。他方、真犯人は、答弁取引による減刑が大きい場合は自白を選ぶ。しかし減刑が大きくない場合は、偽証を選ぶ余地が生まれる。偽証を行えば本罪の処罰を回避できる可能性があるからである。自白や偽証によって得られる利益が大きい真犯人にとって、黙秘という選択は魅力的ではなく、自己負罪拒否特権が保障されようとなかろうと関係がないのである[20]。それゆえ、この場合にも、保障の有無が裁判の帰趨に影響を及ぼさないのである。

　そして証拠量が中程度のときにこそ自己負罪拒否特権が機能するという。捜査機関・司法機関と被疑者・被告人との間では、情報の非対称性が存在する。すなわち、被疑者・被告人はみな自らが犯人であるかどうかを知っているが、この情報は、捜査機関・司法機関は知ることができない私的情報 (private information) である。しかし、被疑者・被告人は自らが犯人ではないということを捜査機関・司法機関に対して信頼ある形で提供する

---

19) Id. at 367 ; Stein, *supra* note 17 at 1118 ; Seidmann & Stein, *supra* note 17 at 468-69.
20) Stein, *supra* note 18 at 368 ; Stein, *supra* note 17 at 1118-19 ; Seidmann & Stein, *supra* note 17 at 461.
　　ただし、一部ケースでは偽証ではなく黙秘をする場合もある。偽証は、虚偽であることが発覚した場合、その事実が不利益に用いられる点でリスクある選択である。それゆえに黙秘が真犯人にとって有利に働く場合がある。Seidmann & Stein, *supra* note 17 at 468 ; Stein, *supra* note 17 at 1118-21.

ことができない。捜査機関・司法機関はその情報を鵜呑みにすることができないからである。この情報の非対称性が自己負罪拒否特権の保障の在り方に大きく影響するという[21]。

　Seidmann と Stein は、もし自己負罪拒否特権が保障されず、不利益推認が認められてしまい、かつ答弁取引による減刑も小さい場合には、真犯人にとって偽証を行うインセンティブが高まると主張する。自己負罪拒否特権の廃止論者は、特権を廃止することにより黙秘から自白へと真犯人の選択を切り替えさせようとするが、論者らによればそれは誤りであり、真犯人は偽証を行うようになると予測するのである。他方、無実の被告人も、黙秘・偽証を行う理由は基本的に存在しないため、真実の証言を行うこととなる。したがって、このような状況のもとでは、無辜であるか真犯人であるかを問わず、被告人は常に証言するという選択を行うようになる。その結果、事実認定者は、弁解証言が真実でもあれば嘘でもあるという前提で公判手続を進めていくことになる。

　Seidmann と Stein は事実認定者がこうした前提のもと公判手続を進めれば、無辜の証言が信頼されなくなり、無辜の処罰確率が高まるという[22]。その構図をいわゆるレモン市場、すなわち質の悪い中古車ばかりが出回る市場の比喩で説明する。中古車市場には、不良品中古車と良品中古車の二財しかないと仮定する。中古車の売り手は、自己所有車が良品中古車であるという情報を、買い手に信頼できる形で伝えることができない。なぜならば、中古車は、実際に購入して運転しないと真の品質が分からないからである。ここに買い手と売り手との間に情報の非対称性が存在するのである（皮が厚いために、外見からは腐っているかどうかが分からないレモンを、中古車の比喩としている）。これに目をつけた悪質な売り手は、不良品中古車を良品中古車として高値で売りつけようとするだろう。しかし、買い手は、車の品質に関して十分な情報が無い限り、どの車が不良品・良品であ

---

21) Seidmann & Stein, *supra* note 17 at 469-70 ; Stein, *supra* note 18 at 368-69.
22) Stein, *supra* note 18 at 368-69.

るかを区別することができず、たとえ良品中古車であってもそれを見抜けず高値をつけることはない。どの車に対しても、買い手は低い価格しか提示しなくなるのである。それゆえ良品中古車を所有し、高値で売りたいと考える売り手は、中古車市場から撤退することになり、市場に出回る中古車は不良品中古車ばかりとなる[23]。こうした問題が生じる原因は、良品中古車を有する売り手も、不良品中古車を有する売り手も、中古車を出品するという選択を取るからである。もし良品中古車を有するオーナーだけが出品し、不良品中古車を有するオーナーは出品しないということが確実であれば、買い手はしっかりと高値をつけるために市場は縮小しなくなるだろう。

　Seidmann と Stein は自己負罪拒否特権を廃止し、不利益推認を認めた場合、レモン市場と似た現象が裁判においても生じるという。裁判というのは、オーナーたる被告人が提供する証言に対して、事実認定者が信用性評価という支払いを行う市場と考えることができる。この市場は不利益推認が認められている場合、レモン市場と似た構造となる。自己負罪拒否特権を廃止し、不利益推認が認められている場合、真犯人は無辜と同じく弁解証言という選択を取ることになる。すなわち、不利益推認が認められた場合、裁判という市場に、真犯人というオーナーが質の悪い証言（真犯人の偽証）を売りにだし、無辜というオーナーも質の高い証言（無辜の弁解証言）を売りに出すことになる。それゆえ裁判には良質・悪質な証言がともに存在することになる。この現象は、捜査機関も司法機関も、誰が真犯人であり誰が無辜であるかを区別できないという情報の非対称性に起因する。情報の非対称性が存在する以上、真犯人はそれを悪用し、偽証することで無罪を獲得しようとするために、このようなレモン市場が生じるのである[24]。

　もっとも、レモン市場とは大きく異なる点が一つある。レモン市場の場

---

23) Seidmann & Stein, *supra* note 17 at 458-60.
24) *Id.* at 459-60.

合、良質中古車を有するオーナーは市場から撤退するという選択を有していた。しかし、裁判という市場において、良質な証言を有する無辜は証言しない（市場から撤退する）という選択を有さない。それゆえ、無実の被告人はレモン市場の中に良質な証言を売りに出さなければならない。しかし事実認定者は、レモン市場が原因で証言一般に高い価値（信用性）を見いださない。その結果、無辜の証言も信頼されなくなり、無辜の処罰確率が高まるのである[25]。

　こうした状況を打開するには、裁判という市場から腐ったレモンたる虚偽証言を除外すれば良い。そこで考えられるのが、自己負罪拒否特権を保障し、不利益推認を禁止することである。証拠量が中程度の場合、真犯人は偽証よりも黙秘という選択に安住するようになる。他方、無辜は依然として証言することを選ぶ。それゆえ無辜は証言を行い、真犯人は黙秘するという構図になり、レモン市場は解消することになる。その結果、証言一般が信用されることになり、無辜の処罰が減少するようになる。しかも合理的疑いを超えた証明基準が存在するために、真犯人にとっては黙秘という選択は一層魅力的に映るのである[26]。

　これら主張は裁判段階における自己負罪拒否特権の保障のみならず、捜査段階の保障をも説明することができる。例えば捜査段階の黙秘を不利益に扱いつつ、公判における黙秘に対しては不利益推認を禁止するという制度設計はどうか。捜査段階の黙秘が不利益に扱われる危険性が存在する以上、捜査段階における真犯人の虚偽供述インセンティブは強まる。そして、供述の変遷が不利に扱われうるために、処罰を回避したい真犯人としては、捜査段階の虚偽供述を公判でも維持しようとする。すなわち捜査段階で虚偽供述を行った以上、公判段階でも内容が変遷しないように嘘を重ねるのである。こうして、先のレモン市場と同様の結果となってしまう。それゆえ、捜査段階においても自己負罪拒否特権を保障し、不利益推認を禁止す

---

25) *Id.* at 460.
26) *Id.* at 471-72.

ることが望ましいのである[27]。

このように、偽証によって当該事件とは無関係の無辜の証言が信用されなくなることで無辜の処罰確率が増加するという負の外部性が生じるところ、真犯人に対して自己負罪拒否特権を保障することでインセンティブ構造を変えて、特権を行使させるようにすることで、負の外部性を抑える点に自己負罪拒否特権の保障の合理性が認められるのである。Stuntz、Seidmann、Stein の見解は既存の見解に比べると際立った共通の独自性を有しているだろう。他方で、理論的差異も見られると思うので、これらを見極めながら日本法への示唆を得たい。

3　各理論の独自性

これら見解の独自性は、偽証がもたらす負の外部性に着目して、自己負罪拒否特権の保障の合理性を説明した点にあるだろう。既存の見解は、自己負罪拒否特権を行使する者とその者が被る結果という直接的な関係に着目して保障の合理性を検討してきた。いわば個人の権利としての自己負罪拒否特権を保障することの合理性を探ってきたものといえる。他方、Stuntz、Seidmann、Stein の見解は、真犯人に自己負罪拒否特権を保障することで、別の第三者（無辜）にとって有利になるといった間接的関係に着目して保障根拠を検討する点で共通する。これは公共の利益に資するものとして自己負罪拒否特権を保障することの合理性を明らかにした研究と評価できよう。

各見解は証拠収集過程における認知機能・証拠生成能力の介在に着目して自己負罪拒否特権の保障根拠を検討している点でも共通する。例えば、Stuntz は証拠破壊の場合とは異なり、偽証は事後的に訂正できる点で、証拠破壊とは引き起こされる害悪の重大さが違うとし、証拠破壊に対して自己負罪拒否特権の保障は及ばないとする[28]。証拠収集過程において認

---

27) *Id.* at 492-95 ; Stein, *supra* note 18 at 371-72.
28) Stuntz, *supra* note 1 at 1256-9 ; See supra note 20.

知機能（証拠生成能力）を駆使して偽証する危険性に加えて、その偽証を訂正できる点に着目した見解だといえよう。また、SeidmannとSteinは筆跡サンプル採取のために文字を書かせることを強制すれば、無辜の筆跡を真似するおそれがあるため、自己負罪拒否特権の保障対象としてその強制を禁ずるべきと主張する[29]。証拠収集過程たる筆跡サンプル採取にて、筆の運びという認知機能の介在（証拠生成能力）が介在している点に着目している。いずれの見解も証拠収集過程における被疑者・被告人が有する認知機能（証拠生成能力）に着目したものといえよう。

4　理論的差異

　他方、各見解には若干の違いが見られる。Stuntzの力点は、偽証罪の制裁が機能するかどうかにあった。すなわち自己負罪拒否特権が保障されない場合、偽証罪に対して責任阻却が類型的に認められるために、偽証罪の制裁が機能しなくなる結果、無実の者が自己の証言を偽証罪の威嚇によって担保できなくなるという説明であった。他方、SeidmannとSteinの見解は、偽証罪の制裁を前提としつつも、レモン市場の比喩からも分かるように、偽証と真実供述の玉石混淆状態を防止する点に力点がある。SeidmannとSteinの見解を整理すると、次のようなものになる。真犯人の偽証と無辜の証言が入り交じれば、証言一般が信用されなくなり、連動して無辜の証言が信頼されなくなり、無辜の処罰が増えてしまう。これを回避するには、玉石混淆状態を防ぐ必要がある。その方法が、自己負罪拒否特権の保障と偽証罪なのであった。自己負罪拒否特権を保障し、偽証罪を設けることで、玉石混淆状態が解消され、証言一般が信用されるようになり、連動して無辜の証言も信用されるようになるため、無辜の処罰が減少する。この見解の力点は玉石混淆状態（一括均衡）の防止であり、言い換えれば、ある証言がなされたときに、その証言が無辜の証言である確率

---

[29] Seidmann & Stein, *supra* note 17 at 476. 一方、Stuntzは筆跡の模倣は難しく事実上、物的証拠（収集）と同視することができるために自己負罪拒否特権の保障外と解する。Stuntz, *supra* note 1 at 1277.

を引き上げられるような制度設計を試みる点にある。Stuntzの説明とは異なり、玉石混淆を防止するような制度設計であれば良く、偽証罪の存否は決定的なものではない。このことは、真犯人のインセンティブを偽証罪のみならず、答弁取引による大幅な減刑にも関連させて説明していることからも明らかである。

　SeidmannとSteinの見解はほとんどStuntzのそれと変わらないが、しかしながら、この差異こそが日本法への示唆を得るにあたり重要と思われる。以下では、この見解の差異に着目しながら、各見解の日本法への応用可能性を見てきたい。

III　日本法への応用可能性

1　真犯人の虚偽供述と自己負罪拒否特権

　日本では被告人証人適格制度が採用されておらず、被告人による虚偽供述に対する制裁が存在しないことからStuntz、Seidmann、Steinの見解を直接に援用するのは困難である。しかし、本質的には同種の理解を採用することは可能だろう。そこで日本法への応用を検討しよう。

　まず、真犯人の意思決定に着目しよう。真犯人は、制裁の期待値が最も低くなるような行為を選択すると仮定する。すなわち自白、虚偽供述、黙秘といった三つの選択肢があり、期待制裁を最小化するような行動を取る。なお無罪によって得られる効用は0とする。rを自白に伴う減刑率、1－rを残刑率Sを制裁の大きさ、cを虚偽供述の検知確率（ただしcは0から1を取るとする）、Pを被疑者・被告人にとっての主観的な有罪確率、P_{biased}を黙秘した事実を不利益に用いる場合の主観的な有罪確率とし、P＜P_{biased}と仮定する（ただし、P及びP_{biased}はいずれも0から1を取ると仮定する）。したがって、各期待制裁値は、

　　　　　　　　　　自白の期待効用：$(1-r)S$
　　　　　　　　　　虚偽供述の期待効用：cS

	不利益推認禁止	不利益推認許容
虚偽検知確率が残刑率よりも小さいために虚偽供述を行う	$c < 1-r < P$	$c < 1-r < P_{biased}$
虚偽検知確率が有罪確率よりも小さいために虚偽供述を行う	$c < P < 1-r$	$c < P_{biased} < 1-r$

【表】意思決定

黙秘の期待効用：
　不利益推認が禁止されている場合：PS
　不利益推認が許容されている場合：$P_{biased} S$

と表すことができる。その上で

　不利益推認が禁止されている場合に、虚偽供述が選択される条件は $cS < \min((1-r)S, PS)$ として表すことができ、他方、不利益推認が許容されているときに虚偽供述が選択される条件は、$cS < \min((1-r)S, P_{biased}S)$ と表せる。

　書き換えれば、不利益推認が禁止されている場合に虚偽供述が選択される条件とは、$c < 1-r < P$ または $c < P < 1-r$ であり、不利益推認が許容されている場合は、$c < 1-r < P_{biased}$ または $c < P_{biased} < 1-r$ と表すことができる。虚偽検知確率が残刑率よりも小さいために虚偽供述を行う場合と、虚偽検知確率が有罪判決確率よりも小さいために虚偽供述を行う場合を指している。

　日本では、自白を反省・悔悟の念として考慮し、微罪処分、起訴猶予及び執行猶予を弾力的に運用している[30] ことに加え即決裁判手続が存在し

---

30) 川出敏裕ほか「執行猶予の現状と課題（座談会）」［樋口亮介発言］論究ジュリスト14号4頁、12頁（2015年）。

ていることから、多くの事件では減刑率が高く、残刑率が極めて低いために上記条件式が満たされにくく、不利益推認の許否に拘わらず虚偽供述に代えて自白が引き出されているといえる。

　他方、重大事件は自白に対して大きな減刑が期待できず、残刑率が高い。このような条件のもとでは、事件の初期段階である捜査段階は虚偽検知確率（c）が低いところ、不利益推認が認められると事後の有罪リスクが向上するために、黙秘よりも虚偽供述を行って捜査線上から外されることを試みると考えられる。他方、不利益推認が禁止されている場合は、事後の有罪確率に鑑みて黙秘に賭けることが魅力的な選択になる。供述の変遷が不利に扱われないようにするべく、捜査段階の虚偽供述を公判段階でも維持するようになるため、このような動機を抑えるためには捜査段階の黙秘を不利益に用いることは禁止されるべきだろう。

　公判段階も、不利益推認を認めれば虚偽供述リスクを高めることになる。確かに公判段階まで証拠収集が進むことで虚偽検知率（c）が高まる。しかし、黙秘した事実それ自体は相対的に高い有罪確率（P_{biased}）をもたらすが、虚偽検知確率を高める事情ではない。そして、不利益推認が問題となるのは犯人性に争いがある場合であり、有罪確率が十分に高いわけではない。そして自白による減刑が期待できないという状況にある。この場合に不利益推認を認めると、相対的に高い有罪確率（P_{biased}）を認知する一方、黙秘自体は虚偽検知確率（c）を高めることにはならないために先の虚偽供述条件を満たしやすい。すなわち、不利益推認の影響分だけ虚偽供述という選択が魅力的になりやすい。他方、不利益推認が禁止されると、主観的な有罪確率（P）が小さくなるために、虚偽検知確率（c）と有罪確率の距離が縮まり、虚偽供述と比較して黙秘が有利となる。したがって、日本法の下でも玉石混淆を防ぐためには自己負罪拒否特権を保障して、不利益推認を禁止するべきだろう。

　このように、日本においても真犯人に自己負罪拒否特権を保障することで、無実の者が利益を受ける場合があると言えるだろう。日本は別の形で、Stuntz、Seidmann、Stein の見解が成立しているのである。

　もっともこれまでの議論は、無辜は常に弁解を行うという形で行動様式

をモデル化してきたが、無実の者にとって供述という選択肢が常に利益であるという仮定は不合理であるという指摘もある[31]。実務を見るに、無実の被疑者・被告人にとっても、黙秘は合理的な意思決定だというのである。すなわち、無辜は喋る、真犯人は黙るという構図は覆り、モデルそのものが破綻しているという指摘である[32]。これに対して、Seidmann と Stein は、無辜が喋らないというケースが存在しうることを確認しつつも、そうした例は少ないことからモデル化の正当性を主張[33]する[34]。

こうした批判は、公判における玉石混淆を防ぐことの重要性を否定するものではないから、批判としては不適当であるが、無実の者を無理して話させないということ自体も、公共の利益という観点から有用な結果を生んでいるようにも思われる。有利なことは話し、不利なことは話さないというのが現実の弁護実践だろう。そこで以下では日本法を前提に、無実の者に無理して話させる場合とそうでない場合を比較し、自己負罪拒否特権がいかなる機能を果たしているのかを明らかにし、公共の利益に資するものとしての自己負罪拒否特権保障の合理性を提示していこう。

2 無辜による過剰弁解と自己負罪拒否特権

無実の被疑者・被告人に対しても、自己負罪拒否特権を保障することは

---

[31] 現実のアメリカ刑事実務に目を向けると、黙秘権があるからといってもほとんどの者は供述していることから、モデルは現実を正確に反映していないと批判するものとして、Stephanos Bibas, *The Right to Remain Silent Helps Only the Guilty*, 88 IOWA L. REV. 421 (2003).

[32] Gordon Van Kessel, *Quieting the Guilty and Acquitting the Innocent: A Close Look at a New Twist on the Right to Silence*, 35 IND. L. REV. 925, 944(2002).

[33] Seidmann & Stein, *supra* note 17 at 455 n.82.

[34] 例えば、客観的には望ましいアリバイ供述であっても、主観的には誤って用いられることを恐れて供述しない者がいることから、不利益推認を認めて圧力をかけ、無実の者により供述をさせることが望ましいという見解がありうる。不利益推認を認めることにより圧力をかけて、口を閉ざす無辜の供述を引き出すべきだという。これに対して、Stein は、真犯人による偽証するインセンティブが強まるため、両効果がオフセットされてしまうという。Stein, *supra* note 17 at 1126.

刑事司法全体に良い結果をもたらすと思われる。先のモデルのように、自己負罪拒否特権の保障を否定し、不利益推認を認めるなどすれば、無辜も真犯人も供述するようになり、玉石混淆（状態）となる。これを先読みする裁判所は、供述一般を信用せず、無辜の供述も信用されなくなるため、無辜の処罰が増加すると考えられた。先のモデルではここで話を終えていたが、このモデルに従えば、さらに無辜の行動も変容し、深刻な問題が生ずると思われる。以下ではこれを説明していこう。

もし自己負罪拒否特権を否定し、不利益推認を認めることになれば、無実の者による嫌疑のなすりつけと争点のでっちあげといった過剰弁解が生じることになるだろう。先のモデルに従えば、自己負罪拒否特権の保障を否定すれば、供述一般の信用性が低下し、無辜は自らのアリバイ供述が信用されなくなる。そのことを先読みする無辜は、黙秘することが不利な選択である以上、あらゆる方法をもって嫌疑を払拭しようとするだろう。その手段の一つが過剰弁解としての第三者への嫌疑のなすりつけや、嫌疑を払拭するための争点のでっちあげである。嫌疑のなすりつけや争点のでっちあげは、自らの嫌疑を深めるかもしれないが、黙秘していれば確実に不利益になる以上、こうした賭けにでるメリットはある。

また、このモデルから離れ、無辜が率直にアリバイ供述を語ることが、かえって嫌疑を深めてしまう場合がありうる。そうした事態に対処しようとすると、アリバイ供述の代わりに、嫌疑をなすりつけるか、争点をでっちあげることが予想される。しかし無辜は無辜であるがゆえに、真相を知らない。それゆえ、なすりつけの対象となった第三者やでっちあげられた争点は、事件と無関係である確率が高い。なすりつけ対象やでっちあげられた争点に捜査資源を向けても無駄であり、ただ浪費に終えるだけである。また、嫌疑をなすりつけた場合、その第三者に捜査が行われるために無用なプライバシー制約も発生してしまう。さらに、公判にて争点がでっちあげられたならば、裁判資源を無用に割り当てられてしまうだろう。このように刑事司法資源の浪費が生じてしまう。

さらに、たとえ無実の被疑者・被告人であっても、真実の弁解供述以外にも、嫌疑のなすりつけや争点のでっちあげを行うのだとすれば、ある供

述が無辜の真実の弁解供述である確率が低下するため、供述一般の信用性が低下し、これと連動して無辜の供述が信頼されず、無辜の処罰確率が増加することになる。すなわち先の玉石混淆状態が、無辜によっても引き起こされてしまうのである。

これに対して不利益推認を禁止した場合を考えよう。先のモデルの内部で考えるならば、自己負罪拒否特権を保障し、真犯人に沈黙を認めれば、供述一般が信用されるようになるため、無辜が第三者に嫌疑をなすりつけて、争点をでっちあげるといったあらゆる方法で嫌疑を払拭する必要性が低下する。玉石混淆状態が解消されているために、アリバイ供述を率直に話せば信用されることが予想される以上、あえて嫌疑をなすりつけるなどあらゆる方法を用いる必要性が抑えられる。それゆえに、無実の被疑者・被告人は嫌疑のなすりつけや争点のでっちあげという過剰弁解行動を回避するだろう。

このような分析からも自己負罪拒否特権の保障が望ましいと考えられる。自己負罪拒否特権を保障し、不利益推認を禁止とすれば、事の発端である真犯人の虚偽供述が行われなくなる。それは、無辜による嫌疑のなすりつけ・争点のでっちあげが行われなくなることを意味し、刑事司法資源の浪費が抑えられ、無用なプライバシー制約も抑えられることに繋がる。そして、無辜が引き起こす玉石混淆状態が解消されることになり、ある供述が無辜の信用できる弁解供述である確率が高まり、供述一般が信用されるようになるため、無辜の処罰も抑えられることになる。

Ⅳ　自己負罪拒否特権の保障根拠

1　供述意思決定への影響

ここまでの議論を小括したい。もし、不利益推認を認めるなど、黙秘という選択を不利益に扱えば、真犯人の中には相対的に虚偽供述という選択が有利になる者が現れる。その結果、本来であれば自己負罪拒否特権を行使していた真犯人が、虚偽供述を行うようになり、公判廷に虚偽供述が溢れる危険性が高まる。他方、無辜は不利益推認の有無を問わず、公判廷で

供述すると仮定しよう。その結果、真犯人は虚偽供述を行い、無辜は真実の弁解供述を行うために、公判廷は一種の玉石混淆状態に陥る。虚偽供述が横行する危険性の発生を先読みする裁判官は、被告人の供述一般を信用しなくなる。それは、無辜の供述の信用性をも差し引くことを意味する。無実の被告人の言葉が差し引いて評価されてしまえば、無辜の処罰確率は増加する。いわば、悪貨（虚偽供述）が良貨（無辜の供述）を駆逐する状態が生じる。

　この考えは捜査段階にも及ぶ。黙秘という選択の魅力を低下させた場合、取調べにおいて真犯人が虚偽供述を行う危険性が高まる。捜査と公判で供述が食い違えば、被疑者・被告人に不利益に扱われる。したがって、一度取調べで虚偽供述を行えば、嘘をつき続けなければならず、先と同じ帰結を生じさせる。これを防ぐならば捜査段階の黙秘も不利に扱ってはならない。

　さらに、不利益推認の影響は無辜に対しても波及する。不利益推認を認めれば、真犯人が虚偽供述を行い、玉石混淆状態に陥るため、供述一般の信用性が低下し、無辜は自らのアリバイ供述が信用されなくなる。この傾向が固着化すれば、無実の被疑者・被告人は、あらゆる方法をもって嫌疑を払拭しようと、第三者への嫌疑のなすりつけや、争点のでっちあげといった過剰弁解を行うことが予想される。

　しかし無辜は無辜であるがゆえに、真相を知らない以上、嫌疑のなすりつけ対象となった第三者や、でっちあげられた争点は、事件と無関係である確率が高い。なすりつけ対象やでっちあげられた争点に捜査資源を向けても無駄であり、ただ浪費に終えるだけである。嫌疑のなすりつけの場合、その第三者を対象に捜査が行われても不必要なプライバシー制約が生じるだけである。公判廷にて争点がでっちあげられたならば、裁判資源が無用に消費される。

　さらに、たとえ無実の被疑者・被告人であっても、真実の弁解供述以外にも、嫌疑のなすりつけや争点のでっちあげを行うのだとすれば、ある供述が無辜の真実の弁解供述である確率が一層低下し、供述一般の信用性の更なる低下を招く。それは、無辜の供述も信用されなくなるために無辜の

処罰確率の増加を意味する。いわば、虚偽の供述という悪貨によって駆逐された良貨たる無辜の供述が、自らも悪貨（無辜の虚偽供述）になる危険性が生じるのである。

2　自己負罪拒否特権と不利益推認禁止

これに対して、自己負罪拒否特権を保障して不利益推認を禁止すれば、真犯人は虚偽供述の代わりに黙秘という選択を採用するインセンティブに惹かれるために玉石混淆状態が抑えられる。これにより供述一般の信用性が向上し、無辜の供述の信用性も同時に引きあげ、冤罪リスクを抑えることに繋がる。さらに、無辜が第三者に嫌疑をなすりつけて、争点をでっちあげるといったあらゆる方法で嫌疑を払拭する必要性も低下する。それゆえ、無実の被疑者・被告人による過剰弁解の危険性も抑えられることに繋がるだろう。

以上を踏まえて帰結を評価しよう。不利益推認を認めるなどすれば、供述量は増えて真犯人の不処罰の減少というベネフィットを期待できるが、他方、それは冤罪リスクの引き上げと、不必要なプライバシー制約や刑事司法資源の浪費といったコストをもたらす。この玉石混淆問題は、特定の事件のみならず、刑事事件全体に波及効果を及ぼすものであることを踏まえれば、深刻な問題であろう。これまで述べた冤罪の性格にも照らしながら両者の帰結を比較したとき、コストがより抑えられることから、自己負罪拒否特権の保障が望ましいと考えられる。

V　黙秘権の保障根拠

1　法と言語学からの示唆

問題は、現に不利益推認を禁止する方法があるかどうかである。不利益推認を禁止したとしても、実際上、裁判官・裁判員は不利益な心証を形成する虞がある。これを防ぐには、不利益推認禁止の説示を裁判員等にするほか、裁判体に判決理由を詳細に書くよう求めることが考えられる。もっともこれだけでは不利益推認禁止の手段としては不十分かもしれない。

ここで参考に値するのが、法と言語学の知見である。法と言語学者である Michael Ephratt は、沈黙の機能として、ⅰ）コミュニケーション外の沈黙たる静寂（Stillness）、ⅱ）聞き手であるがゆえの沈黙、ⅲ）発話のための沈黙（Pause）、ⅳ）外部的要因による沈黙（Silencing）、ⅴ）メッセージ伝達を目的とする沈黙、と類型化する[35]。勿論、このような分類を踏まえた上で、質問の方式やコンテキストなどを利用して黙秘の意図を推認しようとする法と言語の研究も存在する[36]。そこでは、黙秘が行われる理由や状況を細分化し、投げかけられた質問の形式や助動詞の存在などを通じて、黙秘の意図を把握しようとするモデルが提示されている。

しかし、法と言語学者である Janet Ainsworth は、被疑者・被告人がどのような機能を用いて沈黙しているのかを判別することは難しいうえに、仮に何かしらの意味を伝達しているとしても、その意味を特定するのは、発話されていないがために難しいという。さらにその沈黙が生じたコンテキストや文化によって沈黙の意味内容が異なりうることから意味の特定を一層困難とする[37]。それゆえ黙秘の意味を特定しようとする法学者・実務家に対して、Ainsworth は否定的見解を提示している[38]。

2　不利益推認の禁止手段と黙秘権保障

このような知見に依拠するならば、自己負罪拒否特権保障から黙秘権保障へと政策的に拡充することで、不利益推認禁止を徹底することも考えられる。黙秘理由を疎明する必要が無くなり、利益・不利益を問わずに黙秘

---

35) Michal Ephratt, *The Functions of Silence*, 40 J. Pragmatics 1909, 1911 (2008).
36) Dennis Kurzon, *The Rihgt of Silence: A Socio-pragmatic model of interpretation*, 23 J. PRAGMATICS 55.
37) Janet Ainsworth, *The Meaning of Silence in the Right to Remain Silent*, in THE OXFORD HANDBOOK OF LANGUAGE AND LAW 1, 287, 289-90 (Lawrence M. Solan & Peter M. Tiersma eds., 2012).
38) *Id.* 他方で、黙秘する意図を推認するべく、質問の方式やコンテキストなどを利用して考察するものもある。例えば、Kurzon, *supra* note 36 at 61-63.

できるのだとすると、裁判官からすれば、黙秘した理由が曖昧になる。曖昧になるがゆえに、合理的な不利益推認が困難になる。それは、玉石混淆状態を引き起こす真犯人からすれば、黙秘したとしても不利益に扱われにくいだろうと考え、虚偽供述ではなく黙秘という選択をする動機を生じさせる。もし不利益推認禁止を徹底し、玉石混淆問題の発生を確実に抑えようとするならば、黙秘権の保障が求められるだろう。

Ⅵ　小括

(1)　自己負罪拒否特権及び黙秘権の保障根拠

　以上のように、憲法及び刑事訴訟法は真犯人と無辜に対して、(不利益な) 供述をするかしないかの自己決定が可能な状態を確立し、各人がそれぞれ最適な自己決定を行えるようにすることで、無辜の処罰を抑え、不必要なプライバシー制約・刑事司法資源の浪費が引き起こされないようにしている。これが自己負罪拒否特権及び黙秘権の保障根拠と考えられる。

(2)　自己負罪拒否特権の保障範囲論

　このような理解は、証拠収集過程において被疑者・被告人の認知機能を介在させて新たに生成される証拠であるか否かが自己負罪拒否特権の保障範囲として画定する見解とも親和的だろう。そのことを説明しよう。まず、被疑者・被告人が証拠収集過程において認知機能を介在させて供述という証拠を生成する以上、それはいかようにも歪む。もし黙秘という選択の魅力を引き下げれば、無辜であろうと真犯人であろうと、虚偽供述・嫌疑のなすりつけ・争点のでっちあげといった、歪んだ供述を新しく生成するという選択の魅力が相対的に引き上がってしまう。しかし、その選択の弊害は大きい。だからこそ、黙秘という選択の魅力を引き上げて、弊害の発生を抑えているのである。これに対して、証拠収集過程において被疑者・被告人の認知機能を介在させて新たに生成されるわけではない物的証拠の場合、その証拠を強制的に採取しても証拠が歪むことはない。また、被疑者・被告人の認知機能を介在して既に生成されている証拠も、生成されて

いる以上は証拠収集過程に強制的要素が入ったとしても、その証拠が歪むわけではない。それゆえ、供述の場合とは異なり、物的証拠の強制的な採取が許容されているのである。以上の理由から、このような線引きがなされているといえるだろう。

(3) **被告人質問制度と被告人証人適格制度**
　そして、アメリカとは異なり、被告人に対する偽証罪を定めずに不利益推認を禁止するという制度設計には、一定の合理性があるように思われる。玉石混淆状態の防止は、それ自体が目的なのではなく、無辜の弁解供述が差し引いて評価されないことにあった。したがって無辜の弁解供述が公判廷に顕出されることが重要となる。しかし、偽証罪による制裁が定められている場合、理路整然と弁解することが困難な無辜は、自らの弁解が虚偽と判断されるリスクに鑑み、このように用意された場を利用しないという状態が生じる。そこで、被告人質問制度を採用し、偽証罪による制裁を設けない代わりに、玉石混淆防止は自白の減刑の増加と証拠収集活動を通じた虚偽検知に委ねることで、偽証罪による誤った処罰を恐れる無辜の弁解供述を顕出させやすくしているといえる。
　すなわち、アメリカと日本とでは、自己負罪拒否特権の保障を通じて玉石混淆を防止する点で共通する。もっとも、虚偽検知確率を下げる一方で偽証罪の制裁を設けることにより捜査資源を節約しながら玉石混淆を防止するのか、それとも、偽証罪の制裁を設けずに捜査資源を投入することにより虚偽検知確率を引き上げることで玉石混淆を防止しながら無辜の弁解供述を引き出すのか、という設計思想の違いがあると思われる。
　第3章ではメンタルワークロードの差異に着目して、被告人質問制度と被告人証人適格制度を説明してきた。本章は、玉石混淆防止とその利益の享受という観点から、被告人質問制度と被告人証人適格制度の差異を説明するものといえよう。

(4) **玉石混淆防止と弁護人立会権**
　弁護人立会権も玉石混淆防止との関係が深い。弁護人が捜査・公判に立

会い、即時的な助言を通じて、黙秘することへの心理的ハードルを引き下げる一方、供述することが望ましい場合には供述するように被疑者・被告人の供述意思決定を誘導する。これにより真犯人は黙秘し、無辜は過剰弁解せず、弁解すべきときは弁解するようになる。このように、弁護人立会権の保障によって、玉石混淆を防止しながら、その利益を被疑者・被告人が享受できるようになる。第3章ではメンタルワークロード（認知的負荷）の増加が弁護人立会権保障の必要性を向上させる旨を指摘した。本章は、玉石混淆防止の観点から、弁護人立会権保障の必要性を指摘したものである。

　ここまで、公共の利益に資するものとして自己負罪拒否特権及び黙秘権を保障することの合理性を提示してきたが、なお課題が存在する。それは、自己負罪拒否特権を憲法上の保障として位置づける意味である。個人の尊厳といった憲法上の価値に根付かせてきた自己負罪拒否特権論とは異なり、利益衡量をベースとする本書の理解は、自己負罪拒否特権を憲法上の権利として位置づける理由が見えにくい。そこで次章では、自己負罪拒否特権を憲法上の権利として保障する理由を探っていきたい。

第5章

憲法上の権利としての自己負罪拒否特権
――不利益推認禁止を巡るアメリカ法の歴史

I はじめに

　最後に残った課題として、自己負罪拒否特権を憲法上の権利として保障する意義を明らかにしたい。自己負罪拒否特権は憲法第38条第1項にて定められ、不利益推認禁止も自己負罪拒否特権の保障内容に含まれるものとして考えられてきた。本書は自己負罪拒否特権の保障根拠を、個人の尊厳に代えて、供述意思決定分析を踏まえたコストベネフィット計算に見いだしてきた。その結果、自己負罪拒否特権を憲法上の権利として格上げすべき理由が見えにくくなった。そこで最後に、自己負罪拒否特権を法律上の権利ではなく、憲法上の権利として位置づける意義を明らかにする。

　このことを明らかにするために、不利益推認に関するアメリカ州・連邦の立法・判例を追っていく。かつてのアメリカでは、不利益推認を認める州もあればそうでない州も存在した。いったん州最高裁レベルで違憲と判断されたとしても、州憲法を修正し、不利益推認を認めるような事態が存在した。しかし、1964年の *Griffin v. California* 判決[1]にて州・連邦法域いずれにおいても不利益推認は禁止されるに至った。それでもなお不利益推認を認めようとする動きはその後も続く。こうした不利益推認を巡る歴史を参照することにより、自己負罪拒否特権を憲法上の保障とする理由が浮き彫りになるだろう。どのような議論がなされ、いかにして不利益推認が容認・禁止されるに至ったのかを、歴史を紐解き明らかにすること

---

1) Griffin v. California, 380 U.S. 609 (1965).

で、自己負罪拒否特権の性格というのが分かるだろう。アメリカの議論から窺えるその性格から、自己負罪拒否特権を憲法上の保障に格上げする意義を見いだしていきたい。

アメリカ法を参照するにあたっては、ⅰ）推論過程の合理性、ⅱ）不利益推認を認める必要性、ⅲ）不利益推認を認めた場合に生じる供述意思決定への負担の評価、ⅳ）負担と自己負罪拒否特権との関係、の4点を分析の軸としながら、立法（案）及び州判例・連邦判例の議論を時系列に沿って紹介していく。ⅰ）とⅱ）の要素は、不利益推認の必要性を裏付ける事情であり、ⅲ）とⅳ）は不利益推認の許容性、すなわち自己負罪拒否特権との抵触に関する事情である。各観点でどのような主張がされていたのかを見ていくことで、自己負罪拒否特権の性格を明らかにしたい。

なお、検討にあたっての前提を確認しておこう。まず、「コメント」についてである。アメリカでは陪審員が証拠評価を明らかにしないため、実際に不利益推認が行われているかどうかが分からない。したがって、不利益推認の問題が顕在化するのは、論告や説示の際に、検察官や裁判官が被告人が証言台に立たなかった事実についてコメントする場合となる。

次に、前科事実によって被告人の信用性が弾劾される実務を説明しておこう。アメリカでは、前科事実によって被告人の証言を弾劾することが長きに渡り認められている[2]。犯罪歴のある者は、法遵守傾向になく、宣誓を軽視するような不誠実な人間であって、真実を証言していないというのがその推論過程である。しかし、前科を弾劾目的のみで利用したとしても、前科の存在が公判廷に顕出されることで陪審員が偏見を抱く虞がある。そうした偏見の危険性を恐れて、証言台に立たない被告人が多いとされる。

さらに合衆国憲法修正第5条とフェデラリズムとの関係が歴史区分を設けるにあたり重要となる。*Twining v. New Jersey* 判決[3]及び *Adamson v. California* 判決[4]では、合衆国憲法修正第5条が州に適

---

2) Fed. R. Evid. 609 (a) (1).
3) Twining v. New Jersey, 211 U.S. 78 (1908).
4) Adamson v. California, 332 U.S. 46 (1947).

用されるかどうかが争われたが、フェデラリズムを理由に問題の検討が避けられた。その後、Malloy v. Hogan 判決[5]と Griffin 判決を通して、合衆国憲法修正第5条及びその解釈が州の手続にも適用されるようになった。したがって、Malloy-Griffin 判決以前は、各州において不利益推認に関する立法提案が活発であった。そこで、Malloy-Griffin 判決が、歴史を区分する一つの基準となる。その他の時代区分は、アメリカ刑事司法史を描いたの Samuel Walker に倣ったものである[6]。

加えて、刑事裁判において被告人の証言又は黙秘事実にどれほど依存するのかは、当時の捜査技術水準とも関係を有するだろう。各時代の捜査技術水準についても触れておきたい。以上の前提を踏まえ、早速、本論に入りたい[7]。

II　被告人証人適格法の制定──（1860年～1899年）

1　州法域の状況

ここでは1860年から1899年までの時代を検討する。この時代は組織化された警察機構が存在していたわけではない。警察職員の採用は、政治的人脈（political connection）に基づいて行われた。したがって、筆記テストや、警察官としての資質・特性に基づいて採用されるわけではなかった。

---

5) Malloy v. Hogan, 378 U.S. 1 (1964).
6) サミュエル・ウォーカー（藤本哲也監訳）『民衆司法──アメリカ刑事司法の歴史』（中央大学出版部、1999年）。
7) 不利益推認を巡るアメリカの議論については、既に議論の蓄積がある。例えば、小早川義則『デュー・プロセスと合衆国最高裁IV──自己負罪拒否特権、（付）セントラルパーク暴行事件』（成文堂、2014年）、山田峻悠「アメリカにおける自己負罪拒否特権の行使と不利益推認──アメリカ合衆国最高裁判例の分析を中心に」比較法雑誌51巻1号191頁（2017年）、梶悠輝「アメリカ刑事手続における自己負罪拒否特権──『黙秘からの不利益推認』に関する議論からの示唆」同志社法學70巻6号2011頁（2019年）などがある。これらは Griffin 判決の理論的検討や不利益推認の許否が中心となっている。他方、本章は、Griffin 判決に至るまでの過程と不利益推認を巡る議論を叙述することで、自己負罪拒否特権がいかなる取扱いをされてきたのか、自己負罪拒否特権の権利の性格を描写することを目的とする。

警察の主要な機能は、犯罪統制ではなく、社会奉仕事業（social service）に重きを置いていたとされる。例えば、住む家の無い移民に一時的な住まいの提供、食事提供事業（soup stock）の運営、迷子の捜索、地方選挙の管理といったものであった[8]。

そのような時代にあって、不利益推認を巡る議論はどのようなものであったか。不利益推認に関する立法を検討するに先立ち、被告人に証人適格が認められる前の状況を簡単に紹介しよう。被告人の証人適格が認められる以前は、被告人は自らの意思で証言することは認められていなかった。その理由は、被告人自身が訴訟の当事者であり、強い利害関係を有していることから、証言の信用性が低いと考えられていたためである。被告人には証言するか黙秘するかの選択権が与えられていない以上、証言しない事実からの不利益推認が禁じられていた[9]。しかし、1864年にMaine州において、被告人の証人適格立法が認められ、それに倣う州が増えていった。証言するか黙秘するかの選択権を被告人が獲得した以上は、不利益推認が許されるか否かが問題となった。以下では、不利益推認に関わる立法の流れを概観[10]していく[11]。

(1) **不利益推認に関わる立法例**

先述したように1864年、Maine州において、被告人の証人適格を認め

---

8) なお、警察機構の歴史については、THE ENCYCLOPEDIA OF POLICE SCIENCE (William G. Bailey et al eds., 2d ed. 1995). [hireinafter POLICE SCIENCE] を参照した。Gary W. Cordner, *Administration, in* POLICE SCIENCE, *id.* at 9, 9-14.
9) OFFICE OF LEGAL POLICY, U.S. DEP'T OF JUSTICE, *Report To The Attorney General On Adverse Inference From Silence* (1989), *reprinted in* 22 U. MICH. J.L. REFORM 1005, at 1021-22 (1989) [hereinafter OLP Report].
10) 当時の詳しい立法の流れについては、Robert P. Reeder, *Comment upon Failure of Accused to Testify*, 31 MICH. L. REV. 40, 41-44 (1932).
11) なお、被告人の証人適格に関する条文は、AUSTIN ABBOTT & WILLIAM C. BEECHER, A BRIEF FOR THE TRIAL OF CRIMINAL CASES 371-80 (2d ed., 1902) にて一覧表として記載されている。本書では、その一部をここに記載された条文から引用している。

る立法がなされた。本法は被告人が自らの意思で証人になることができると規定しつつ、「本条は、被告人に証言を強要するような解釈を行ってはならない (Nothing herein contained shall be construed as compelling any such person to testify.)」とのみ規定されており、不利益推認・コメントについては明文規定を置かなかった。1866年には California 州及び South Carolina 州が、同様の定めを有する被告人証人適格法を制定した。明文規定を置かなかった州では、不利益推認やコメントは、証言の強要に該当しないために許容されると主張する余地が存在していたのである。

そうした中、1866年に Massachusetts 州にて不利益推認禁止規定が置かれた。「証言することを懈怠又は拒否したことから被告人に不利益な推定を生じさせてはならない (nor shall the neglect or refusal to testify create any presumption against the defendant.)」という規定を置くことで、不利益推認を明示的に禁じたのである[12]。

不利益推認禁止のみならず、その旨の説示を必要的なものとする規定を置く州も現れた。それが Nevada 州である。1867年、Nevada 州が、「刑事事件の被告人が証言をしなかった全事件において、証言しなかったことを理由に被告人に不利益な推論をしてはならない旨を、裁判所は陪審員に特別に説示しなければならない (in all cases wherein the defendant to a criminal action declines to testify the court shall specially instruct the jury that no inference of guilt is to be drawn against him for that cause.)」という説示規定を置いたのである。同年に Connecticut 州も、不利益推認禁止規定と説示規定を定めるに至った[13]。

その後、いくつかの例外を除けば、ほぼ全ての州が不利益推認・コメントを禁止する立法を行った[14]。したがって、多くの州は、不利益推認・コメントがそもそも問題とならないか、自己負罪拒否特権との抵触が問題

---

12) Act of May 26, 1866, ch. 260, 1866 Mass. Act, https://archives.lib.state.ma.us/handle/2452/100182.
13) Reeder, *supra* note 10, at 41-42.
14) ABBOTT & BEECHER, *supra* note 11, 371.

とならなかったのである。

　しかし、不利益推認・コメントを禁止する明文規定を置かなかった Maine 州や California 州などの一部の州は、州法上の根拠を欠くために、不利益推認・コメントが認められるかどうかが憲法問題として争われるようになった[15]。後述するように、Maine 州最高裁は不利益推認を許容し、California 州最高裁は不利益推認を禁止したのである。以下では、具体的な事案とその法廷意見を見ていこう。

(2)　**Maine 州判例**──*State v. Bartlett*, 55 Me. 200（1867）

　Maine 州にて不利益推認が問題となった事案が、*State v. Bartlett* 判決[16]である。被告人が、銀行へ侵入し、金貨、銀貨及び、各種債権を窃取したとする公訴事実で争われた事件である。検察官により各種財産が盗まれたこと及び被告人がそれらを所持していたことを示す証拠が提出されたのに対して、被告人は証言台に立たなかった。そこで裁判官が、被告人が証言台に立たなかった事実を事実認定にあたり考慮できると陪審員に説示したため、被告人側がそのような説示は自己負罪拒否特権を侵害するものとして争った事案である。これに対し、Maine 州最高裁は、次のように判示している。なお、当該事件は、不利益推認・コメント以外の事項についても判断しているため、関連部分のみを引用する。

　　不利益推認を禁止しているといった解釈が、権利章典の自己負罪拒否特権規定に施されてきたと思われない。むしろ、いま主張された解釈は、従前から裁判実務で古くから多用されている証拠法則と対立するもので

---

15)　なお、他にも問題となった州は、Georgia 州（Bird v. State, 50 Ga. 585 (1874)）；Virginia 州（Price v. Commonwealth, 77 Va. 393 (1883)）；New Jersey 州（Parker v. State, 61 N.J.L. 308 (1898)）；Connecticut 州（State v. Colonese, 108 Conn. 454 (1928)）などが挙げられる。しかし、これらは各州法の規定がいずれも異なる。対立点を明らかにするべく、規定様式が同じ Maine 州と California 州のみを取り上げることにした。

16)　State v. Bartlett, 55 Me. 200（1867）.

ある。

　被訴追者が、弁解すること（speak）が可能であるにもかかわらず沈黙したならば、それは被訴追者が進んで沈黙したのであり、その機会を利用して行われた沈黙という選択は、従前から証拠能力ある証拠とみなしてきた。選択とは当事者による行為なのである。古来より、被訴追者の応答や沈黙は、訴追時にその公判において陪審員が考慮できる正当な証拠としてみなしてきた。訴追がなされれば、犯罪事実の存在を裏付ける被告人のあらゆる行為が明らかにされる。逮捕から逃走したこと、矛盾を述べること、争点となる事項について虚偽供述や説得力のない弁解を行うこと、そして盗品所有の事実についての弁解を拒否したこと、これらは全て被告人の公判にて使用することが許容されている有罪証拠であって、被告人の行為や供述、沈黙に由来する証拠なのである。被告人は、こうした事実の存在を示す証拠を裁判所に提出するように一切強要されていないし、現在も強要されていない。先の行為が、被告人による任意の行為であるならば、これら行為も、証言を拒否した行為も、同じ任意の行為であるのは明らかである。盗品を所持していることが発覚し、そのことについて弁解を求められれば、被告人はそれに答えるか、沈黙するかしかない。窃盗のために用いられたとされる道具を所持していることが発覚し、そのことについて尋ねられれば、被告人は答えるか黙秘するしかない。卑劣な殺人のために用いられたとされる血痕が付着した道具を所持していることが発覚し、その所持についての弁解が求められれば、被告人はそれに答えるか黙秘するしかない。このことからは逃れることができず、被告人は話すか黙秘するかの、二つに一つしかない苦渋の選択が迫られているのである。しかし、先のいずれの場合であれ、そのような機会に基づいてなされた被告人の行為を証拠として認めるのが統一的な裁判実務であって、そうした実務が、自己負罪拒否特権を侵害するものとは考えられてこなかった[17]。……（中略）……問題となる

---

17) *Id.* at 217-18.

当該法律は、被告人に証言する義務を負わせたものではなく、証言する機会を与えたにすぎない。この法律により、証言するか黙秘するかの機会が与えられた点においてのみ被告人の立場が変容したに過ぎない。長年使われてきた証拠法則は、いまだ被告人の選択結果に適用されるのである。……（中略）……黙秘したことは事実であり、その事実は事実認定にとって怪しげな証拠ではなく、陪審員にとっても明らかな事実である。何らかの推認が生じることは認められるし、否定できるものでもない。黙秘した事実は証拠となる。その推認力は、各事情に依存するものである。陪審員がその推認力を誤って評価しうる場合は、その証拠は排除されなければならないというのは、革新的な主張ではあるものの、既に述べてきたように、この種の証拠評価は陪審員に任されてきたし、そのことにより問題となる結果は生じていないのである[18]。

　以上が主たる判示であるが、この判決を整理すると、ⅰ）伝統的な証拠法則のアナロジーを用いて、不利益推認の合理性を認めている。ここにいう伝統的な証拠法則とは、その者の権限内にあると考えられる証拠又はその者が知っていると思われる事情について弁解しない場合は、不利益な推認がなされるというものである。こうした伝統的な証拠法則を、証言台に立たなかった場合にも適用したのである。その推認力の強度については、種々の事情に依存しつつも、推認を弱め、遮断する事情については言及されていない。ⅱ）不利益推認を積極的に認めるべき必要性については言及はされていない。ⅲ）そして、苦境に立たされるがゆえに、供述するかしないかの意思決定に負担が生じるとしているものの、ⅳ）自己負罪拒否特権との関係では、苦境に立たされること自体を容認している[19]。

　この判例の特徴として、証拠の不提出から不利益推論を認めてきた伝統的な証拠法則に依拠している点及び、苦境に立たされること自体は自己負

---

18) *Id.* at 219.
19) *Id.* at 219-20.

罪拒否特権を侵害するものではないとする点が挙げられる。ただし、自己負罪拒否特権の趣旨には言及されていない。

それでは、Maine 州と同様の規定を置く California 州ではどのような判断が下されたのか、これを見ていこう。前述したように、California 州は Maine 州と同様の規定を置いている。それにもかかわらず、*People v. Tyler* 判決では正反対の結論が出されている点で参照価値が高い。

(3) California 州判例──*People v. Tyler*, 36 Cal. 522（1869）

本事案の概略は次のようなものである。強姦の罪で起訴され、裁判において証言台に立たなかった被告人が、不利益推論禁止の説示を裁判所に求めたところ、この要求に裁判所が応じなかったために、不利益推論を認めて説示を拒否したことは州憲法が定める自己負罪拒否特権及び証言を強要されない旨を定める被告人証人適格法に反するものとして被告人が上告したものである。以下に法廷意見を引用する。これもその後の不利益推認を禁止する立場に連なるので、長くなるが引用しよう。

事実審にて、当法律により与えられた、自身のために証人となる権利を被告人は行使しなかった。検察官は、口頭弁論にて被告人が自らのために証言しなかった事実に陪審員の注意を向け、被告人の黙秘は、被告人が有罪であることを強く示す事情であると主張した。弁護人はこれに対して異議を申し立て、そのような推論を促すのを控えるよう検察官に指示することを裁判所へ要求したが、これに対して裁判所は干渉を控え、そのような検察官の行為は法律によって正当化されていることを示唆した。

その後も検察官は陪審員に対して、被告人の黙秘は有罪であることを強く示す事情であると主張し続け、弁護人は異議を申し立てた。弁論終結時にも、「陪審員は、被告人が自らのために証人にならなかった事実から被告人に不利な推論をしてはなりません。証言台に立つか立たないかは、被告人が自由に選択できるものであり、陪審員が被告人の黙秘を不利益に解釈することは本法律の意図するところではありません」とい

う説示を裁判所に求めた。こうした要求に対して、裁判所はそのような説示を行うことを拒んだため、被告人は異議を申し立て、上記の事実関係のもとでは裁判所の訴訟指揮に誤りがあると主張する[20]。……（中略）……当該法律を吟味すると、第一項にて被訴追者は、「その者の請求によってのみ、適格ある証人となることができる」と規定しており、証言するかどうかを被告人の自由な選択に委ねている。第二項では、「本条は、訴追された者を証言するように強要するような解釈を行ってはならない」と規定しており、これは、州憲法の「何人も、刑事事件において、自己に不利益な証人になることを強要されない（州憲法第1条8節）」を法律でも改めて規定したものである。

　一般に、事実審にて、被告人が無罪の答弁により犯罪事実を否定するところ、このこと自体が積極的な否認行為であり、検察官側に証明責任を負担させることとなる。被告人が、無罪の答弁により争えば、その答弁時から被告人が有罪と証明されるまでの間は、無実の者とみなさなければならないと法は定める。コモンローも制定法も、証拠に基づき生じる合理的疑いの恩恵を被告人が受けられるようにしているのである。

　それでは、裁判の全目的のために、検察官側に証明責任が課されているところ、被告人が無罪の答弁に依拠する権利を有しているにもかかわらず、被告人が証言せずに犯罪事実を否定しなかった事実から有罪の推論が適法に引き出せるとなれば、被告人は、証言しなかった行為により、論理的とまでは言わないものの実質的には、彼を不利にさせ有罪とさせる不利な証拠を自ら提供することになる。これにより、間接的かつ実質的に、法律によって被告人に与えられた選択権が剥奪され、自己の負罪を強要されないことを定める憲法及び法律の規定がもたらす利益をも奪われることとなる。

　不利益推認を適法に引き出し得ることとなれば、選択権を行使して証言台に立つという行為が、本法律の制定によって自ずと強要されたもの

---

20) People v. Tyler, 36 Cal. 522, 527-28 (1869).

となり、その行為は、不利益推認の推認力の度合いに応じて、被告人にとって負罪的なものともなる。

　自らの権限内にあるはずの証言・証拠を提出しなかった事実からの推論に関する通常の証拠法則には様々なものがあろうが、しかし、本法律に基づく特権行使について言うならば、被告人が黙秘を望んで無罪の答弁により守られる権利を有しており、特権を行使して証言しなかった事実から不利益な推論がされないことは確かなことである以上、もし不利益推認を認めれば憲法及び法律の原理と精神を犯すことになり、本法律によって実現しようとした目的を促進するどころか害することとなろう[21]。

　法廷意見は、ⅰ）推認の合理性に関する評価は明らかではないうえ、推論を妨げるような具体的事情についての言及がなされているわけではない。また、ⅱ）不利益推論の必要性についても言及していない。他方、ⅲ）証言するかしないかの意思決定にかかる負担については、不利益推論やコメントを認めることになると、証言を強要することになり、証言するか黙秘するかの選択権が剥奪されると指摘する。ⅳ）こうした負担は自己負罪拒否特権の精神を犯すものと指摘している。もっとも、そこにいう精神とは必ずしも明らかではなく、自己負罪拒否特権の趣旨にまで遡った検討はなされていない[22]。

　Maine州とは正反対の帰結を導くCalifornia州最高裁判例であったが、どの点において見解の相違があったのだろうか、判決理由を比較しよう。

---

21) *Id.* at 529-30.
22) 一つの理解として、本判決は、たとえ被告人が証言を拒否したとしても、不利益推認が許されて沈黙が不利益証拠として用いられるならば、沈黙という証拠を提出することになるために自己負罪が強要されているとし、不利益推認を禁止したものとされる。OLP Report, *supra* note 9, at 1036.

(4) Maine 州判例と California 州判例の比較

　合理性については、 i) Maine 州判例は伝統的な証拠法則のアナロジーで認めたが、California 州判例では明らかではなかった。そしていずれも推認を遮断する事情については言及されなかった。ii) いずれの州も、不利益推認の必要性については言及されていない。iii) また、証言するかしないかの意思決定にかかる負担については、Maine 州は苦境に立たされると評価し、California 州は、証言するか黙秘するかの選択権が剥奪されると指摘する。そして、iv) こうした負担につき自己負罪拒否特権との関係については、苦境に立たされると評価しつつも自己負罪拒否特権に抵触するものではないとして Maine 州は容認し、California 州は自由な選択権が剥奪されるほどの負担である以上、自己負罪拒否特権の精神を犯すものであり、特権の侵害を構成するものとされた。しかし、いずれの州も、自己負罪拒否特権の趣旨にまでは言及がなされなかったのである。

　見解を分ける点が、証言するかしないかの選択に関わる意思決定への負担の測定とその負担の大きさに対する規範的評価であろう。不利益推認を認めても、意思決定に対して軽微な負担が生じるに留まり、自己負罪拒否特権を侵害するようなものではないと評するのか。それとも、証言するか黙秘するかの選択権が実質的に剥奪されるような負担であり、自己負罪拒否特権の侵害を構成するものと考えるのか。ここに一つの分水嶺が存在する。

　いずれの見解を採用するかは、証言するか黙秘するかの自己決定をどれほどに保障するかという態度に依存する。California 州最高裁判例である Tyler 判決は、まさにこの自己決定を十分に保障しようとしたものと評価できよう。

　当時は、証言するか黙秘するかの自己決定を十分に保障しようとする見解が有力であったと思われる。実際、California 州判例が採用する証言するか黙秘するかの自己決定を十分に保障しようとする見解は、当時の他州の最高裁においても採用されている[23]。当時の有力な憲法学者からも支持されていた[24]。Tyler 判決を嚆矢に、不利益推認・コメントが認められてしまえば、被告人は、黙秘を選択して不利益な推認を受けるか、また

は証言を選択してそれを避けるかのジレンマに立たされることになるところ、そのようなジレンマのもとでは、選択権が与えられたとしても、真に選択権を行使したものとは評価できないという主張がなされていくのである25)。他方で、連邦法域はどのような議論が展開されてきたのだろうか。

2 連邦法域の状況

連邦法域において、被告人の証人適格を認める立法がなされたのは1878年のことである。この規定のもとでは、証言台に立つことを要求しなかった事実から不利益な推定 (presumption) を生じさせることが禁じられていた。この規定のもと、検察官によるコメントが問題となったのが、Wilson v. United States 判決である26)。以下では事案と法廷意見を見ていこう。

(1) 連邦最高裁判決——Wilson v. United States, 149 U.S. 60 (1893)

本事案では、書店を営む被告人が、猥褻本及び猥褻本に関連する情報の郵送を禁ずるいわゆるコムストック法に違反したとして郵便犯罪の罪で起訴され、公判にて被告人が証言台に立たなかったところ、検察官が論告の際にこの事実についてコメントしたことが、被告人の証人適格を認めて不利益推定を禁ずる連邦法違反を構成するかが争われたものである。より具体的には次のような事案であった。

検察官は、論告の際に「陪審員の皆さん。仮に私がある犯罪で起訴され

---

23) 例えば、Price v. Com., 77 Va. 393 (1883); State v. Howard, 35 S.C. 197, 13 S.E.48 (1892); Bird v. State, 50 Ga. 585 (1874) が挙げられる。
24) THOMAS MCINTYRE COOLEY, A TREATISE THE CONSTITUTIONAL LIMITATIONS WHICH REST UPON THE POWER OF THE STATES OF THE AMERICAN UNION 447-49(7th ed. 1903).
25) Leslie H. Dills, *Permissibility of Comment on the Defendant's Failure to Testify in his own Behalf in Criminal Proceedings*, 3 WASH. L. REV. 161, 166-68, 169-71 (1928).
26) Wilson v. United States, 149 U.S. 60 (1893).

るようなことでもあれば、他の証人を証人台に立たせて私の善良な性格について証言してもらうだけでなく、私自らが証言台に進み出て、神の前に手を合わせて、無実であると証言するでしょう」[27] と陪審員に向けて述べたところ、これに対して、証言台に立たなかった事実に言及しているものとして、弁護人が異議を申し立てた。第一審の裁判官は本コメントにつき、証言台に立たなかった事実に言及したものとは断言できず、検察官も「被告人が証言台に立たなかった事実について一言も言及したつもりはない」と述べた。

このような事実関係のもと、次のような法廷意見が提示された。まず、被告人の証人適格を認める法律については、「全ての者に適用される無罪推定に依拠し、証人になろうとしない者への適正な配慮をしながら、制定されたものである」[28] としたうえで、無実の被告人であっても証言台に立たない場合がありうることを説明する。それによれば、「犯罪事実について全くの無実であったとしても、全ての者が安心して証言台に立てるわけではない。他人の面前で、怪しい取引や犯罪事実について弁解を試みるとき、その者が過度に臆病で神経質であると、疑いを除去するどころかえって増幅させるほどに混乱し、困惑してしまうことがままある。それゆえ、どれほどに誠実であっても、全ての者が証言台に立とうとするわけではない」[29] という。このような要因から証言台に立たない者への配慮として、証言台に立たないという選択を認めて不利益な推定を働かすことを禁じたとする。そのうえで、法廷意見は、被告人が無実ではないことを示す事情として証言台に立たなかった事実に言及したのは明らかであり、そのような検察官のコメントは、「法 (the law) により与えられ、本法律のもとで証言台に立たずとも失われるはずのない無罪推定を軽視するように陪審員へと促す方法として、これほど効果的な手段はない」[30] と評価することで、

---

27) *Id.* at 61.
28) *Id.* at 66.
29) *Id.*
30) *Id.* at 66-67.

証言台に立たなかった事実についてコメントを認めて不利益な推認を働かせることを認めた原判決を破棄し、再審理を認めた[31]。

以上の法廷意見は次のように整理することができるだろう。ⅰ）無実の者であっても証言台に立たない可能性があることを指摘し、不利益推認の合理性を否定する。ただし証言台に立たない事情としては、臆病や神経質といった程度のものしか挙げられていない。また、ⅱ）不利益推認を認める必要性についても言及していない。そして、ⅲ）証言するかしないかの意思決定にかかる負担については言及されていない。ⅳ）このことと連動し、自己負罪拒否特権との関係についても言及されておらず、被告人の証人適格を認める連邦法の解釈に基づき不利益コメントを禁止する[32]。この判例の特色は、不利益推認禁止規定の趣旨を、迂闊な証言（bad performance）からの保護に見いだす点であろう[33]。証言しないという選択を積極的に保護しようとする点で、証言するか黙秘するかの自己決定の実現を目指そうとするCalifornia州判例と一脈相通ずるところも存在する。

3　小 括

州判例及び連邦判例を見てきたが、この時代については次のことが言える。まず、ⅰ）合理性についてであるが、州判例も連邦判例も、推認の合理性の検討が薄いといえるだろう。推認過程が緻密に検討された痕跡は見当たらず、推認を遮断する事情が臆病や神経質といった程度に留まり、それ以外の事情については具体化した形では提示されていない。また、ⅱ）州判例・連邦判例はいずれも不利益推認の必要性を明言していない。もっとも、警察機構が十分に発達していない時代においては、黙秘の証拠価値に期待を抱いたとも考えられる。他方、ⅲ）不利益推認を認めることで生

---

31) *Id.* at 68.
32) OLP Report, *supra* note 9, at 1045.
33) Akhil Reed Amar & Renée B. Lettow, *Fifth AmendmentFirst Principles: The Self-Incrimination Clause*, 93 MICH. L. REV. 857, 894 (1995).

じる証言するかしないかの意思決定にかかる負担や、iv）その負担と自己負罪拒否特権との関係に関しては様々な見解があった。Maine 州は、不利益推認を認めることで被告人が苦境に立たされると評価しながらも、自己負罪拒否特権を侵害しないとした。しかし、自己負罪拒否特権の趣旨については言及されていない。一方、California 州判例は、不利益推認を認めると、証言するか黙秘するかの選択権を剥奪するほどの負担が生じると評価し、そのような負担は自己負罪拒否特権を侵害するものとした。Maine 州と同じく、自己負罪拒否特権の趣旨については言及されていないが、しかし、証言するか黙秘するかの自己決定を十分に保障しようとする志向が窺える。連邦最高裁判例は、法律上の定めから不利益コメントを禁止したと導出し、自己負罪拒否特権には言及していない。しかしながら、被告人に対して証言しないという選択権を十分に行使できるようにする点で、証言するか黙秘するかの自己決定を保障しようとする California 州判例と同様の傾向が見られるのであった。

　以上のことから分かるように、この時点では、自己負罪拒否特権と不利益推認・コメントの関係が十分に把握されていない。しかしながら、California 州最高裁や連邦最高裁が、証言するか黙秘するかの自己決定の保障を目指そうとする傾向にあって、一つの立場の萌芽が見えるのである。

Ⅲ　*Twining-Adamson* 判決下の動向── （1900年～1919年）

1　州法域の状況──Ohio 州憲法と不利益推認規定
(1)　立法（案）と時代背景

　次は、1900年から1919年の時代を見ていこう。この時代は、効率的な刑事司法運営が目指された時代であったとされる。訟務長官及び連邦巡回区控訴裁判所裁判官を経験してきた William Howard Taft の「本国の刑事法の運営は、我々の社会にとって望ましいものではない (The administration of the criminal law in this country is a disgrace to our civilization.)[34]」という指摘が、非常に影響力を持っており、各州の法曹

協会の年次集会等で引き合いに出されていた[35]。

そのような効率的な刑事司法運営を目指す一連の流れの中に、警察改革と不利益推認の許容に向けた法改正が存在した[36]。この時代から、本格的に警察の組織化が始まった。経済状況が要因となり、1890年から1910年は人口が増加していった。人口増加が原因で、各市は、治安維持に取り組まなければならなかった。その結果、19世紀末までには各市は警察組織を有するようになったのである。そして1900年から1920年は、革新主義者たち（Progressives）によって、政治と行政の分離と行政の専門化が目指された。すなわち、行政は、訓練されたプロフェッショナルの手によって運営されるべきとされた。したがって、試験の合格者による行政運営（Civil Service）と、成果主義（Merit system）の導入が行われるようになった。警察人事についても、警察署長（Police chief）は、政治手続から一定程度の独立性を有するようになり、警察は犯罪統制のための専門家集団へと移り変わった。また、職員採用にあたっては、筆記試験と身辺調査がなされ、新米職員に対する訓練プログラムも設置されるに至ったのである[37]。

そしてこの時期、同じく効率的な刑事司法運営という目的から、Ohio州が、州憲法の修正を通じて不利益推認を認めるに至ったのである[38]。そ

---

34) その後、合衆国大統領及び合衆国最高裁判所長官を歴任する Taft は、自己負罪拒否特権の歴史に基づき、禁止される「強要」は拷問などであって、そのような拷問がなされない公開の法廷にて、証言を強要することは認められうると指摘する。また、不利益コメントが許されるかどうかは、問題にならないという。なぜならば、黙秘した事実を陪審員が目撃しており、そこから不利益な推論がなされるのは当然であるからとする。William H. Taft, *The Administration of Criminal Law*, 15 YALE L. J. 1, 8-10 (1905).

35) Justin Miller, *Lawyers and the Administration of Criminal Justice*, 20 A.B.A. J. 77, 77 (1934).

36) *See* Michael G. Heintz, Criminal Justice in Ohio, 26 AM. INST. CRIM. L. & CRIMINOLOGY 180, 180-81 (1935).

37) John A. Conley, *The Police in Urban America 1860-1920*, in POLICE SCIENCE, *supra* note 8, at 558, 558-61.

38) 1916年の Michigan 州において、不利益推認を認める立法提言がなされていたようである。Note and Comment, 15 MICH. L. REV. 423, 423-24 (1916).

れでは、Ohio 州ではどのような議論を経て憲法が修正されたのだろうか。議事録や各種論文を参照しながら議論を追っていこう。

⑵　Ohio 州の憲法修正

　簡単に Ohio 州の歴史を概略していこう。1803年に Ohio 州憲法が制定され、州憲法第 8 条第11節に「刑事被告人は自己に不利益な証拠を提出するよう強要されない（accused...shall not be compelled to give evidence against himself）」として自己負罪拒否特権に相当する規定[39]）が置かれていたものの、被告人の証人適格を認める法律が存在していなかったために不利益推認は問題とならなかった。1851年に州憲法が新しく制定[40]）された際にも、「何人も、刑事事件において、自己に不利益な証人になることを強要されない」として自己負罪の強要を禁止する規定が置かれた。1867年には被告人証人適格法が制定され、1869年に法典化され施行されるに至る。そこでは「証言することを拒否したことから被告人にあらゆる不利益な推論をしてはならず、またいかなる言及またはコメントの対象としてはならない（nor shall the neglect or refusal to testify create any presumption against him nor shall any reference be made to, nor any comment upon, such neglect or refusal.）」とする規定が置かれて、不利益推認やコメントが禁止された[41]）。

---

39) OHIO CONST. of 1802, art. Ⅷ, § 11.
40)　このような新憲法が制定されたのは、Ohio 州民が、1803年憲法を撤廃し、新しい憲法を起草する必要があると考えていたからだとされる。1803年憲法は Ohio 州議会に多くの権限を与えており、州議会が裁判官および行政府の官憲を任命する権限を有していた。その結果、州議会が行政府を掌握しており、三権分立の観点から問題があったために新憲法が制定されたという。Ohio History Central, *Ohio Constitutional Convention of 1850-1851*, http://www.ohiohistorycentral.org/w/Ohio_Constitutional_Convention_of_1850-1851 [https://web.archive.org/web/20230404212923/http://www.ohiohistorycentral.org/w/Ohio_Constitutional_Convention_of_1850-1851].
41)　不利益推認を巡る Ohio 州の動向及び被告人証人適格の法文については、Nancy E. Ralston, *Comment and Inference under the Fifth and Fourteenth Amendments*, 25 OHIO ST. L. J. 578, 584 (1964).

当時の弁護人は、反対尋問を受けさせることが危険である場合には被告人を証言台に立たせず、検察官側立証が弱いがゆえに証言させる必要性がないと主張していたようである。また、裁判官と検察官は、被告人が証言しなかった事実についてコメントしなかったともいわれている[42]。

　しかし、犯罪者が野放しになっているという評価が識者の中で共有され、刑事司法制度改革の気運が高まると[43]、1912年にOhio州憲法を修正するに至った。「何人も、刑事事件において、自己に不利益な証人となることを強要されない。しかし、被告人が証言しなかった事実を、裁判所及び陪審員は考慮することができ、検察官のコメントの対象とすることができる」と修正し、不利益推認・コメントを認める文言が追加されたのである[44]。それでは、なぜこのような修正が求められたのだろうか。また、推認の合理性の問題についてはどのように解決したのか。そして、自己負罪拒否特権を保障しながら不利益推認を許容することに自己矛盾は生じなかったのか。これらを明らかにするために、起草過程を見ていこう。

　起草者は、一般論として刑事訴追が上手くいっていないことを指摘する。限られた者しか処罰されていない現状[45]があり、その原因は、過度に多くの権利・自由が被告人に与えられる一方で、国家側に権限が与えられていない点にあるとされた。これら権利は、被告人が公平な裁判を受けられなかった時代の反動から、過剰に与えられてしまったものであり、考え直す必要があるというのである[46]。

　しかし、憲法上の自己負罪拒否特権の解釈として不利益推認・コメント

---

42) Heintz, *supra* note 36, at 180-81.
43) Steven H. Steinglass, Gino J. Scarselli, THE OHIO STATE CONSTITUTION 106 (2011).
44) OHIO CONST. art. I, § 10 (amended 1912).
45) The Supreme Court of Ohio & The Ohio Judicial System, *Proceedings and Debates of the Constitutional Convention of the State of Ohio-1912*, 1593, http://www.supremecourt.ohio.gov/LegalResources/LawLibrary/resources/day68.pdf (last visited Nov, 11, 2024).
46) *Id.* at 1595.

の禁止が定着しているために、まずは憲法の修正が求められるとする[47]。そこで、不利益推認・コメント禁止に対して、起草者は歴史を踏まえながら批判を行う。自己負罪拒否特権は、拷問等によって自白を獲得してきた時代の産物であって、不利益推認・コメント禁止の保障は行き過ぎであるという[48]。

　それでは、不利益推認を認める必要性は何か。起草者らは、被告人に証言を強要することまではできないと考えたようであるが、しかし、不利益推認・コメントを認めることにより、真犯人をあぶりだす程度のことは許容されると考えていた。すなわち、黙秘それ自体が有する証拠価値が、不利益推認を認める必要性を基礎付けるのである[49]。

　これを踏まえて、不利益推認の合理性の検討が行われていった。そこでは黙秘するのは真犯人だけであるという前提に対して疑義が唱えられていく。例えば、間接証拠しか存在しない場合に、無実の被告人が、何らかの理由によりその証拠に対して弁解することができず、黙秘を選択するような場合があるだろうとして問題視された。このような場合、黙秘した事実について検察官のコメントが認められれば、無実の被告人は窮地に追い込まれる[50]。これに対して、起草者は、無実なのであれば誠実に証言すればよく、被告人がそのような窮地に陥ることはないと反論された[51]。

　また、被告人は、いくつかの事情については証言により反駁できるものの、それ以外のことについてはできず、証言しない場合がありうるのではないかとも指摘された。これに対し、起草者は説明できない点については、単に説明が出来ないと証言すればよいとされ、問題にはならないとした[52]。

　さらに、前科証拠による弾劾を危惧して証言しない場合がありうることが指摘された。証言をすれば前科証拠が持ち出されるため、証言させない

---

47) Id.
48) Id.
49) Id.
50) Id. at 1596.
51) Id.
52) Id.

場合があるというのである[53]。しかし、起草者は、そのような前科証拠による弾劾ルールそれ自体が問題であるか、または、前科証拠が被告人が信用できない者であることを示すために出されるのであれば、逆に被告人は信用できる者であることを裏付ける事情を提出すれば足りるとされた[54]。そのほか、無実の者であっても、検察官の反対尋問を乗り切ることができないような、か弱い女性や青年が被告人であるときには、弁護人は黙秘させる場合があると指摘されたが[55]、時間の問題で議論がなされなかった。こうした議論を終えた後、過半数によってこの修正案は採択され、Ohio 州憲法第 1 条第10節「何人も刑事手続において自己の不利益な証人となることを強要されない。ただし、証言しなかった事実は、裁判所及び陪審員は考慮することができ、検察官のコメントの対象とすることができるものとする（No person shall be compelled, in any criminal case, to be a witness against himself ; but his failure to testify may be considered by the court and jury and may be made the subject of comment by counscl.)」と修正されるに至るのである。先の時代との議論を比較しながら、これら憲法修正に関わる議論を整理してみよう。

(3) 検 討

起草者らの議論をまとめると、次のように整理することができる。まず、ⅰ) 推認の合理性については、黙秘するのは真犯人だからであるという素朴な経験則に依拠しているといえる。もっとも、無実の被告人であっても、前科証拠による弾劾を恐れる場合や、被告人の性格及び証拠の状況からして反対尋問を乗り切れないと予想される場合には証言しないとされるなど、推認の合理性を否定する様々な事情が指摘された。しかし、前科証拠による弾劾は、それを認めるルールを変えるか、または、証言台に立たせたうえで、被告人が信用できる事情を提出すればよいとされた。

---

53) *Id.* at 1599.
54) *Id.* at 1601.
55) *Id.* at 1602.

次に、ⅱ）不利益推認の必要性についていえば、黙秘それ自体に証拠としての価値があることが、必要性を裏付けるものだったといえよう。特に憲法修正を行う契機は、国家側の権限が少ない一方で、被告人に権利・自由を与えすぎた結果、訴追が上手くいっていないという評価にあった。捜査機関が未だ十分に組織化されておらず、捜査技術水準が十分なものではない当時において、黙秘が持つとされる証拠価値には大きな魅力があったと思われる。

そしてⅲ）証言するかしないかの意思決定にかかる負担については、無実であっても反証が出来ないときは黙秘することもあり、そのような場合にコメントを認めると、被告人は窮地へと追い込まれることになると指摘された。これに対しては、無実の被告人であれば、誠実に証言すればよいとされ問題とされなかったのである。

そして、ⅳ）自己負罪拒否特権との関係である。起草者らは、自己負罪拒否特権は、その歴史に照らせば、拷問等の強要を禁止したものであって、不利益推認・コメントを禁止したものではないとする。憲法修正によりこの点が確認された上で、不利益推認がもたらす意思決定への負担の程度は、拷問等に匹敵するものではないと考えられたのである。

先の時代と比較すると、議論の進展が見られる。1860年から1899年の議論と比較すると、推認の合理性に疑義が生じる場面が具体化された。また、前科による弾劾を禁止することで、不利益推認の合理性を担保しようとも試みられた。さらに、不利益推認を認める必要性が必ずしも明らかではなかった時代と比較すると、黙秘が有する証拠価値について自覚的に議論されたのも一つの特徴であろう。そして、証言するかしないかの意思決定にかかる負担や自己負罪拒否特権との関係について、その保障根拠にまで遡って議論した点で、それまでの時代とは異なる。自己負罪拒否特権の保障根拠は、その歴史的経緯に鑑みると拷問等の禁止にあり、拷問等に至らない程度の圧力である不利益推認を認めても自己矛盾は生じないとして憲法修正が図られたのである。自己負罪拒否特権の趣旨について明確に言及されていない先の時代とは、議論の様相を異にする。それでは、憲法修正後の実務はどうであったのかを見ていこう。

(4) 修正後の実務の評価

　Ohio 州の法曹である Michael G. Heintz によれば、検察官は論告の際に「陪審員が知りたい事実についてなぜ証言しないのか」といったコメントをするようになったため、不利益コメントから逃れるために被告人が証言するようになったものの、反対尋問で証言が弾劾されてしまうほか、場合によっては証言を弾劾するために前科証拠が持ち出されて、被告人側立証が台無しになる状況が発生したとされる[56]。こうした実務については、Heintz は肯定的な評価を下している[57]。この修正によって刑事司法運営の効率は向上したとし、証拠法の大家である John Henry Wigmore も賞賛したというエピソードを紹介する[58]。

　また、Ohio 州の各カウンティ所属の検察官に対して、憲法修正後の実務に関する調査を行ったところ、被告人が証言台に立つケースが増えた実感があるという調査結果が出されている[59]。不利益推認・コメントが有する圧力は、たとえそれが間接的なものであっても、これまで証言しなかった者が証言する程度の強さを有することが窺える。ただし、修正前の調査がなされていないため、どれほどに増加したのかは不明である[60]。

　このように不利益推認を許容するべく州憲法レベルでの修正が図られてきたのが Ohio 州であったが、他方、憲法ではなく州法レベルで不利益推認を認める州もあった。そこで不利益推認を認める州法は、合衆国憲法修正第5条に反するものではないかと争われたのが、*Twining v. New Jersey* 判決である。以下にこれを紹介していこう。

---

56) Heintz, *supra* note 36, at 181.
57) Ohio 州の訟務長官であった Price も、被告人が証言するケースが増えたとして賞賛している。John G. Price, *On the Right of the Prosecutor to Comment on Defendant's Refusal to Take the Stand*, 13 J. Crim. L. & Criminology 292, 292-93 (1922).
58) Heintz, *supra* note 36, at 181-82.
59) Walter T. Dunmore, *Comment on Failure of Accused to Testify*, 26 Yale L. J. 464, 466 (1916).
60) *Id.*

2 連邦法域の状況

(1) 連邦最高裁判決——*Twining v. State*, 211 U.S. 78（1908）

各州で不利益推認を認める動きが高まりつつある中で、これが合衆国憲法との抵触が問題となったのが *Twining* 判決である。New Jersey 州では、自己負罪拒否特権の保障が州憲法に定められておらず、被告人証人適格法にも不利益推認を禁止する規定が置かれていなかったことから、不利益推認が許容される余地があった。そこで、自己負罪拒否特権を保障する合衆国憲法修正第 5 条を州に適用させる形で合憲性が争われたのである。以下に事件の概要を説明しよう。

銀行の幹部職員である被告人らは、州銀行局検査官を欺罔する意図で銀行の経営状況に関する偽造書類を提出した罪で訴追された。被告人が証言台に立たず証言しなかったために、検察官は論告で証言台に立たなかった事実に言及し、裁判所も陪審員に対して、被告人が証言しなかった事実を考慮することができると説示した。これに対して被告人らは、不利益な説示を認めれば、修正第14条にいう「合衆国市民の特権または免除権」が侵害され、適正手続も否定されることになり、また、自己に不利益な証人になることを余儀なくされるために修正第 5 条に違反するものとして争った[61]。公判審理当時は、修正第14条を通じて修正第 5 条が州に適用されるかが明らかではなかった。そのため、被告人は、自己負罪拒否特権を保障していない New Jersey 州憲法に依拠せず、合衆国憲法修正第 5 条の適用を求めたのである。

これに対して法廷意見は、自己負罪証言の強要からの免除（exemption）が、修正第14条にいう特権または免除権（the privileges or immunities）として合衆国市民に保障しているか否か、保障しているとすれば、不利益推認を許容する州法がこの免除を縮減するものか否かという形で問題を論じる[62]。論理的には、前者の問題から検討する必要があることから、法

---

61) Twining, 211 U.S. at 84-86.
62) *Id.* at 91.

廷意見はこれを分析する。

　南北戦争時から、自己に不利益な証人になることを強要されないという法原理は、その保障の度合いや範囲は違えど、北部諸州においても採用されているところであったが、これは理不尽又は圧制的な訴追から無辜及び真犯人を保護することが目的であったという[63]。しかしながら合衆国憲法の制定当初は、自己負罪拒否特権が定められることはなく、その後の修正規定において盛り込まれることとなった。北部諸州も州憲法にて自己負罪拒否特権を保障したが、New Jersey 州や Iowa 州など、特権を保障しない州も存在した。このように特権の歴史を概説したうえで、自己負罪拒否特権は合衆国憲法によって付与されるものではなく、各州の憲法によって与えられるものと位置付けた[64]。過去の判例との対比も踏まえながら[65]、合衆国市民として与えられる市民権と、州市民として与えられる市民権とはそれぞれ異なり、事情・性格を異にするものとして存在しているところ[66]、自己負罪強要からの免除は、修正第14条により保障される合衆国市民の市民権として与えられる特権や免除権ではないと結論づける[67]。それゆえ、後者の論点は割愛された。加えて法廷意見は、自己負罪強要からの免除が、自由な政府の基本原則である自由と正義に組み込まれるほど歴史に根付いたものであって、これを州が削減することは許されないものであるかどうかが問題となるところ[68]、歴史的沿革からは確固たるものとして根付いているとはいえないことから、修正第5条は修正第14条を通じて州に適用されることはないとした[69]。

---

63) *Id.*
64) *Id.* at 91-92.
65) *Id.* at 92-98.
66) *Id.* at 94.
67) *Id.* at 99.
68) *Id.* at 106.
69) *Id.* at 110.

(2) 法廷意見の分析

　Twining 判決は、州の権限に配慮したフェデラリズムの帰結だといわれている[70]。その後、州の不利益推認規定と合衆国憲法との抵触が *Adamson v. California* 判決及び *Griffin v. California* 判決で問題となるが、それまでの間、*Twining* 判決は、各州にて不利益推認規定を認める論拠として引き合いに出されることになる[71]。

3　小括

　このように、不利益推認を認める動きが州レベルでも見られ、その動きはフェデラリズムのもとで是認されることになったのであるが、この時代の議論を整理していく中で、その特色を明らかにしていこう。1900年以前の時代は、州の大半が、不利益推認禁止規定を置いていた。しかし、この時代を境に不利益推認禁止規定を撤廃し、不利益推認を許容する動きが現れる。その動きの背景は、刑事司法運営の効率化というスローガンであった。そこで言われる刑事司法の非効率性とは、被告人への権利保障により真相解明が困難になっているというものであった。そこで Ohio 州は憲法を修正することにより、不利益推認を認めたのである。そこでの議論は、1900年以前の議論とは異なり、ⅰ）推認の合理性を肯定したうえで、推認が遮断される事情を具体化していった点にある。そこでは、前科証拠による弾劾を恐れて証言台に立たない者もいるほか、証言することでかえって疑惑を招くような場合や、女性や青年など、反対尋問を乗り切れない者がいると指摘された。しかし、前科による弾劾に対しては、それを禁止するか、当事者によって善良な性格である証拠を提出すればよいとされたのであった。他の制度の存在を意識しながら、合理性を論じた点で、それまで

---

70) Beth A. Brown, *Prosecutorial Comment and Judicial Instruction on a Defendant's Failure to Testify: In Support of a Liberal Application of the Fifth Amendment*, 13 VAL. U. L. REV. 261, 269 (1979).

71) Andrew A. Bruce, *The Right To Comment On The Failure of The Defendant to Testify*, 31 MICH. L. REV. 226, 228 (1932).

の議論とは異なる。また、ⅱ) 前の時代には検討されなかった、不利益推認を認める必要性については、黙秘それ自体が有する証明力に基づくものであることが指摘された。とりわけ、国家側の権限が少ない一方、被告人に権利・自由を与えすぎた結果、訴追が上手くいっていないという評価と、捜査機関が未成熟であり捜査技術水準がいまだ十分なものではない当時においては、黙秘の証拠価値には大きな魅力があったのだろう。そして、ⅲ) 証言するかしないかの意思決定にかかる負担や、ⅳ) 自己負罪拒否特権との関係については、自己負罪拒否特権の保障根拠が、その歴史に鑑みると拷問等の禁止にあったことから、不利益推認禁止の保障は行き過ぎとする。1860年から1899年の時代では、自己負罪拒否特権の趣旨に言及しなかったことに対し、この時代は自己負罪拒否特権の歴史的沿革に遡り議論した点に特色があるだろう。

こうした立法動向に連邦判例はどのように対応したか。Twining 判決では州の立法裁量を認めた結果、合衆国憲法修正第5条が州の手続に適用されないこととなり、不利益推認を認める州法は維持されるのであった。それゆえ、その後の時代は Twining 判決を盾に、不利益推認を認める立法提案が増えていった。それでは、その後の時代はどのような立法提案がなされたのか。その点を見ていきたいと思う。

Ⅳ *Twining-Adamson* 判決下の動向── (1920年〜1939年)

1 立法提案

1920年代から1930年代は、不利益推認を認める立法提案が盛んであったといわれている[72]。その立法提案を支えていたのが Jeremy Bentham の主張であった。被告人の証人適格が認められる以前から、Bentham は、

---

72) Note, *Comment on Defendant's Failure to take the Stand*, 57 YALE L.J. 145, 145-46 (1947); Frank B. Bailey, *Constitutionality of Comment to the Accused's Failure to Testify*, 16 Intramural L. Rev. N.Y.U. 200, 200-07 (1960).

黙秘をするのは真犯人だけであり、自己負罪拒否特権を認めても、真犯人を助けるだけに過ぎないと指摘していた[73]。その後、Benthamのような見解に共感する論者が徐々に増えていき、証言強要を認める立法提案はされないものの、不利益推認を認める立法提案が増えていったと言われている[74]。

そうした立法提案が増えていくも、その動向には2つの潮流がある。1つは、1900年から1919年においても指摘されたように、刑事司法運営の効率化である。例えば、1931年には米国法律協会（American Law Institute、以下、ALIと呼ぶ）[75]や米国法曹協会（American Bar Association、以下、ABAと呼ぶ）[76]が、そして1935年には犯罪対策司法長官会議（Attorney General's Conference on Crime）[77]が不利益推認を認める立法提案を行ったが、これらは、主に刑事司法運営の効率化という目的によるものである。1900年代から1930年代のアメリカは、①急激な人口増加や犯罪数の増加[78]、②犯罪の組織化・巧妙化を経験する[79]一方で、これらに捜査技術水準が追いついていないことに悩まされていた[80]。送受信無線機、自動車、写真技術、足跡保存（preservation of footprints）、筆跡鑑定、犯罪学、指紋鑑定の活用が謳われ、科学的捜査の発展期でもあった。1930年代には、

---

73) Jeremy Bentham, A Treatise on Judicial Evidence 240-45 (1825).
74) OLP Report, *supra* note 9, at 1028.
75) *Comment on fact defendant did not testify*, 9 A.L.I. PROC. 202, 202-18 (1931) [hereinafter A.L.I. Proceedings].
76) 56 A.B.A. Rep. 137-59 (1931).
77) *Resolutions Adopted by the Crime Conference*, 21 A.B.A. J. 9, 10 (1935) [hereinafter Crime Conference].
78) 例えば、人口の増加速度以上に犯罪数が増えており、捜査機関及び司法機関が対処困難に陥っている現状を指摘する当時の文献として、Sam B. Warner & Henry B. Cabot, *Changes in the Administraion of Criminal Justice During the Past Fifty Years*. 50 Harv. L. Rev. 583, 585-87 (1936).
79) *Id.* at 586.
80) したがって、Attorney General's Conferenceの決議Ⅱでは警察職員の訓練に向けて、ワシントン特別区に科学捜査機関や教育機関施設を設立すること、および決議Ⅲでは、地方の捜査機関が組織崩壊しているため、改善することが提言されている。Crime Conference, *supra* note 77.

各州の捜査機関が科学的捜査に関心を向け、連邦法域ではFBIが科学的捜査の重要性を認識するようになり、1932年にはFBI科学捜査研究所が設立されるに至った。しかし、科学的捜査が主流だったとは言い難かった[81]。いまだ捜査技術水準は高くなかったこともあり、不利益推認を認めることにより真犯人の処罰を効率的に実現しようと試みたのである。

　もう一つの潮流が、捜査機関による過酷な取調べを防ぐための手段として、不利益推認を認めるというものである。The National Commission on Law Observance and Enforcement、いわゆるWickersham委員会においては、捜査機関による過酷な取調べの存在が指摘された[82]。こうした現状を改善するためには、マジストレイトに取調べ権限を認め、その取調べに対して黙秘した事実から不利益な推認を認めることが必要であると提言されたのである。こうした潮流のもと、California州も憲法修正を行うことで不利益推認を認めるに至ったのである。

　本節では、立法提案・立法例を参照し、どのように議論が展開されたのかを分析していきたい。まずは、1931年のALIの立法提案から見ていこう。

2　米国法律協会 (American Law Institute) ——1931年

　ALIでは、不利益コメントに関する6つの草案をたたき台にしながら意見が交わされ、立法提案が作られた。次に示すのがその6つの草案である[83]。

①裁判官及び検察官は、被告人が証言しなかった事実についてコメントすることはできない。
②裁判官は、被告人が証言しなかった事実についてコメントすることが

---

81) Richard J. Terrill, *Police 1920 to the Present, in* POLICE SCIENCE, *supra* note 8, at 564, 565-67.
82) THE NATIONAL COMMISSION ON LAW OBSERVANCE AND ENFORCEMENT, REPORT ON LAWLESSNESS IN LAW ENFORCEMENT, 5-6 (1931).
83) A.L.I. Proceedings, *supra* note 75, at 202.

できない。検察官は、弁護人がすでにコメントしていた場合に限りコメントすることができる。
③裁判官は、被告人が証言しなかった事実についてコメントすることができる。検察官及び弁護人は、コメントすることができない。
④裁判官は、被告人が証言しなかった事実についてコメントすることができる。弁護人がすでにコメントしていた場合には、検察官もコメントすることができる。
⑤検察官は被告人が証言しなかった事実についてコメントすることができるが、裁判官はコメントすることができない。
⑥裁判官、検察官、及び弁護人は、被告人が証言しなかった事実についてコメントすることができる。

投票結果としては、第6提案が、賛成91人、反対53人により採択され、立法提案とされた。各提案が法文という形で提示されず、また6案も提示されているのは、起草者ら内部で見解が大きく分かれたためだとされる。したがって、以下では、起草者の意見ではなく、議事録の中でいかなる議論が提示され、収斂していったのかを示す。議論が散漫なこともあり、推認の合理性、必要性、証言するかしないかの意思決定にかかる負担、自己負罪拒否特権との関係に整理して議論を紹介していこう。

まず、推認の合理性についてである。ここでは、起草者の多くは黙秘するのは真犯人だからだと考えていた[84]。これに対して、起草者の一人は、被告人が証言しない理由は様々に存在し、被告人が真犯人であることと無関係なものが多いために、不利益コメントを認めるべきではないと指摘する[85]。具体的には、前科証拠による弾劾を恐れて証言しない場合や、無実であっても証言台に立って反対尋問に服すことで、かえって不利な状況に陥る可能性がある場合などが挙げられた[86]。しかし、こうした見解に

---

84) *Id.* at 204 (statement of Edwin R. Keedy).
85) *Id.*
86) *Id.*

対してフロアからは、そのような事情を考慮しないままに不利益推認を行ってしまい、陪審員が誤った判断をしてしまうことを防ぐ方法として、裁判官による説示が挙げられた[87]。すなわち、黙秘した事実には様々な事情があることを踏まえて不利益推認を行うように説示すればよく、党派性のある検察官・弁護人とは異なり、裁判官は党派性を有さないことからも説示は有効だというのである。加えて、検察官・弁護人双方が証言しなかった事実にコメントすることで、被告人にも良い効果をもたらすとも指摘された[88]。

さらに、フロアからは不利益推認・コメントを認める必要性については、黙秘それ自体の価値が提示されたうえで、刑事被告人に対して人権を保障しすぎているために、これを調整することにより刑事司法運営の効率化を図るべきとされた[89]。ここにいう刑事司法運営の効率化とは、不利益推認による有罪判決の促進を意味する。

次に、証言するかしないかの意思決定にかかる負担や、自己負罪拒否特権との関係である。起草者の一人は、コメントを認めれば、間接的ではあるが被告人に証言を強制させる結果になることから、証言強制を禁じた憲法規定に違反するものとしてコメントを認めるべきではないとされた[90]。フロアからはこの意見に同調する裁判官が存在した[91]。さらに、防禦手段として黙秘を利用しているにも関わらず、その黙秘を証拠として利用するのは不合理であるともフロアから指摘された[92]。

これに対しては、州・連邦の自己負罪拒否特権規定に不利益コメントを禁止する定めが置かれていないことも指摘された。自己負罪拒否特権は元々、糾問主義的な取調べが行われていた時代に付与されていたものであ

---

87) *Id.* at 205（statement of Harold A. Andrews）.
88) *Id.*
89) *Id.* at 215-16（statement of Geroge W. Wheeler）.
90) *Id.* at 204（statement of Keedy）.
91) *Id.* at 206（statement of chief justice of the North Dakota Supreme Court, A. M. Christianson）；215-16（statement of Floyd E. Thompson）.
92) *Id.* at 206（statement of James W. Vandervort）.

る。現代の刑事訴訟法のスキームには自己負罪拒否特権の保障は無用であるともされた[93]。さらに自己負罪拒否特権には、無実ではあるが反対尋問を乗り切ることができないような者、前科証拠による弾劾を恐れる者らを助ける機能があると指摘されたものの、それは不利益推認禁止の論拠にはなり得ないことも示唆された[94]。確かに、不利益推認を認めたことでその種の利益を享受できなくなる者が現れるだろう。しかし、そのことから直ちに不利益推認禁止の保障にまで繋がらないのではないかという疑問が提示されたのである。なぜならば、自己負罪拒否特権の保障内容は、特定の利益により導かれるものではなく、真実発見や社会防衛上の必要性、刑事司法運営の効率化といった利益[95]の総合考慮により定まるものと考えられるからである[96]。他にも、フロアからは無罪推定法理も問題となりうるところ、この法理は不利益コメントを禁止する趣旨ではないとも指摘されている[97]。

　それでは、こうした刑事司法運営の効率化を目指す潮流に対して、過酷な取調べを防止することをも目的とした立法提案はどのようなものであっただろうか。次に、Wickersham 委員会報告書を、学説と合わせて見ていきたい。

3　Wickersham 委員会報告書——1931年

　Wickersham 委員会報告書は、捜査機関の過酷な取調べを防ぐために、不利益推認を認めるべきとしたものである。本報告書の紹介に先立ち、Wickersham 委員会について紹介しよう。

　1929年に Hebert Hoover 大統領が、法の執行と監視に関する全米委員会（National Commission on Law Observance and Enforcement）（一般

---

93) *Id.* at 210-13 (statement of Wheeler), 205 (statement of Andrews).
94) *Id.* at 211 (statement of Wheeler).
95) *Id.* at 215.
96) *Id.* at 211.
97) Id. at 211.

には、Wickersham 委員会と呼ばれる）を創設した。1931年には、アメリカ刑事司法全体を調査し、刑事司法の現状を包括的に研究した最初の報告書が提出された。この報告書は、アメリカ全土にて過酷な取調べが広まっていることを明らかにした。

　Wickersham 委員会報告書には、過酷な取調べを伴う捜査実務を是正する手段が提案されている。その是正手段の一つが、不利益推認を認めることである。興味深い提案ではあるものの、後述するように理論的に不明確な点がある。しかしそうした欠点は、Paul G. Kauper によって直ちに補強された[98]。Kauper による理論整理は、その後の議論にも影響を与えていると思われるため、報告書の紹介の後にこれを見ていこう。

　14巻からなる報告書のうち、第11巻報告書『法執行における無法状態 (Lawlessness in Law Enforcement)』では、アメリカ全土で警察による過酷な取調べが行われていることを指摘する[99]。こうした実務が生じる背景を次のように説明する。まず、過酷な取調べを防ぐ手段として、逮捕を行った捜査官は、逮捕後、可能な限り早い段階でマジストレイトの面前に被疑者を引致する義務が存在するものの、そのような義務を捜査官が無視しているのが現状だという[100]。そして、自己負罪拒否特権の保障が原因で真実発見が阻害されており、そうであるがゆえに捜査機関は過酷な取調べに頼り、自白を違法に引き出そうとしているという[101]。

　過酷な取調べを用いてでも真実を発見する必要があるという主張に対して Wickersham 委員会報告書は、①違法な取調べによっては正義は実現

---

98) Kauper の業績を称えるものとして、Yale Kamisar, Kauper's "*Judicial Examination of The Accused" Forty Years Later —Some Comments on A Remarkable Article*, 73 MICH. L. REV. 15 (1974).
99) THE NATIONAL COMMISSION ON LAW OBSERVANCE AND ENFORCEMENT, *supra* note 82, at 3.
100) *Id.*
101) *Id.* at 4. なお各州の不利益コメントに関する状況については、*id.* at 114-17に紹介されている。また、*id.* at 308-10では、不利益推認コメントの禁止は検察官にとって不公正なルールであり、裁判所がこれを厳格に遵守した結果、一部の州では訴追が失敗に終わってしまった事案が紹介されている。

できないこと、②自白に頼ることで捜査機関が物的証拠収集を行う意欲を失うこと、③そのような方法で得た自白は信用性が低いこと、④市民が司法への不信感を募らせることになるものであることから、是正すべきと指摘する[102]。過酷な取調べに頼らず、実務を是正する方法として、報告書は次に引用するような提案を行う。

> こうした悪弊への最良の是正手段は、逮捕された全ての者を速やかにマジストレイトの面前まで引致し、マジストレイトが被疑事実の告知を行い、弁護人依頼権を付与し、さらにマジストレイトが取調べを行うというルールを施行することである。被疑者の応答は、記録され、その後のあらゆる手続において不利益な証拠として許容されるべきである。もし、被疑者が応答しないのであれば、裁判官、検察官及び弁護人によってその不応答にコメントすることは認められるべきである。多くの法域では、検察官や裁判官によって、自らのために証言をしなかったことに対するコメントを禁止している法律が存在しているが、それは廃止されなければならない[103]。

もっとも、どうしてそのような手段が過酷な取調べの防止策として有効なのかは理論的に明確ではない。さらには、本報告書で明確に述べているところであるが、こうした方策を採用するために立法や憲法の修正が必要なのかどうかについては留保している[104]。そこで、Wickersham委員会報告書の流れを汲むKauper[105]がこれを捕足する見解を提供しているため紹介しよう。

Kauperは、二つの提案をする。ⅰ）取調べ権限をマジストレイトに与

---

102) *Id.* at 4-6.
103) *Id.* at 5. なお、不利益コメントも含めた他の提案については、*Id.* at 334-47に纏められている。
104) *Id.* at 6, 342.
105) Paul G. Kauper, *Judicial Examination of the Accused――A Remedy for the Third Degree*, 30 MICH. L. REV. 1224 (1932).

えた上で、被疑者は逮捕後、取調べのためにマジストレイトの面前まで迅速に引致されることとする。ii) マジストレイトによる取調べの実効性を確保するために、供述を拒否した事実からの不利益推認を認める[106]。こうした提案が過酷な取調べをいかにして防ぐのか。まずは、Kauperは過酷な取調べが生じる要因を心理面と制度面から分析する。

裁判官、検察官、警察官、マジストレイトや大衆は、司法外の取調べ（extra-judicial interrogation）が司法の効率的運営に必要不可欠であるという考えを共有していることを指摘する[107]。このような心理面が、過酷な取調べを容認しているという。

制度面としては、過酷な取調べの抑止機能を期待される裁判官・マジストレイトの選任システムに問題があるという。裁判官・マジストレイトの在職（tenure）が、民衆の賛同（public approbation）に依存している。社会を犯罪から守るためには取調べが重要と考える大衆は、遅速な引致を容認する裁判官・マジストレイトを擁立するために[108]、有罪を求める大衆の声に反するような司法的判断を容易に下せるような制度設計になっていない。そうだとすると、過酷な取調べを是正するには、違法な捜査のチェック機能を有しながらも、真実発見という捜査機関の要求をも満たすような制度が求められるという。

Kauperは、取調べによって供述を引き出すためには、質問に答えるように一定程度の心理的圧力をかける必要があると考える。この圧力により供述を引き出すことが可能となり、逮捕直後の取調べを求める捜査機関の

---

106) Id. at 1239.
107) Kauperは、捜査機関による過酷な取調べを防ぐ手段として、従前提案されてきた方策を検討する。例えば、過酷な取調べを行った警察官個人に対して、民事上・刑事上の責任を負わせることで、抑止効果をもたらすことを狙う方策や、警察取調べ中によって得た供述を一切、裁判で証拠として許容しないといった方策が挙げられてきたが、いずれも捜査機関が過酷な取調べを行う動機を抑えるための手段としては不十分であったり、被疑者・被告人以外の者に対する取調べに対する抑止機能を有さなかったりするなど欠点があることを指摘する。Id. at 1225-28.
108) Id. at 1230.

動機が満たされることに繋がる。これは、逮捕後直後に取調べを行えば、アリバイ工作や虚偽供述を行う猶予を与えないというメリットもある[109]。

　もっとも、このような心理的圧力を加えることは自己負罪拒否特権の侵害とはならないのか。そこで問題を 2 つに整理する。①自己負罪拒否特権は、被疑者・被告人に取調べからの完全な免除（immunity）を与えているのか。免除が認められずに取調べが行えるとすれば、②不利益推認・コメントの威嚇がもたらす間接的圧力が「強要」と評価できるほどのものなのかと整理する[110]。

　Kauper は①職権宣誓などの強要的取調べ（compulsory interrogation）は禁止されるべきだが、単なる取調べは許容されると指摘する一方、②不利益推認・コメントの威嚇によって心理的圧力は生じるものの、自己負罪拒否特権を侵害するほどのものかは考察を要するという[111]。歴史に鑑みると、自己負罪拒否特権は被告人の唇から証言を強制的に引き出すことを防ぐために発展したものであり、それ以上に保障内容を拡大すべきではないという。黙秘をするのは真犯人であり[112]、不利益推認を認めたとしても依然として黙秘するか、供述するかの選択権は残されている以上、供述の強要とまでは評価できないとして不利益推認・コメントを許容する[113]。これが Kauper の見解であるが、Wickersham 委員会報告書の見解と併せて議論を整理しよう。

　ⅰ）黙秘するのは真犯人であるとして、推論の合理性を肯定する。ⅱ）不利益推認を認める必要性として、黙秘の証拠価値や、刑事司法運営の効率化、捜査取調べの適正化が指摘された。また、ⅲ）不利益コメントにより供述意思決定に心理的圧力が生じるものの、供述するかしないかを選択する余地は存在するという。ⅳ）このような負担については、職権宣誓や

---

109) *Id.* at 1240-42.
110) *Id.* at 1250.
111) *Id.* at 1251-1252.
112) *Id.*
113) *Id.*

拷問等の禁止に向けて発展した自己負罪拒否特権の歴史に鑑みると、自己負罪拒否特権が禁止しようとした負担ではないとして、自己負罪拒否特権の侵害とはならないと結論づけるのである。

この見解の意義は、不利益推認の必要性の内実に供述量の増加と捜査の適正化を含めていることと、自己負罪拒否特権に関する議論の整理の仕方にある。特に本書との関係で重要なのは、議論の整理の仕方である。第一段階として不利益推認によって生じる供述・黙秘の選択権にかかる負担を評価し、第二段階としてそうした負担が自己負罪拒否特権が禁止する強要に該当するほどのものかどうか、と議論を整理する。二段階に整理する議論は、その後の議論においても引き継がれていく[114]。

このように立法提案が盛んになっていき、実際にそれが州法として組み込まれるようになった。それが後の *Griffin* 判決においても問題となったCalifornia 州である。

4 州法域の状況──California 州憲法と不利益推認規定

(1) California 州の憲法修正

California 州憲法の修正過程を概略していこう。前述したように、California 州では不利益推認・コメントを禁止する州最高裁判例の *Tyler* 判決が存在していた。したがって、これを乗り越えるためには、州憲法の修正が求められる。そこで、California 州は、1934年に州憲法の修正を試みた。その内容は、「すべての刑事事件において、被告人が証言するかどうかを問わず、公判廷に顕出された不利益証拠及び事実に対して証言によって弁解又は否認しなかった事実は、裁判所及び検察官のコメントの対象になるものとする。その事実は裁判所又は陪審員が考慮できるものとする（But in any criminal case, whether the defendant testifies or not, his failure to explain or to deny by his testimony any evidence or

---

114) 例えば、Albert W. Alschuler, *A Peculiar Privilege in Historical Perspective: The Right to Remain Silent*, 94 MICH. L. REV. 2625 (1995); Ted Sampsell-Jones, *Making Defendants Speak*, 93 MINN. L. REV. 1327, 1343 (2008).

facts in the case against him may be commented upon by the court or by counsel, and may be considered by the court or the jury.)」というものであった。

それでは、不利益推認を認める憲法修正はどのような意図から発案されたものなのだろうか。起草者の見解を参照していこう。当該憲法の内容は、裁判官が黙秘だけではなく証拠についてもコメントを認めたものである点に注意が必要である。

> この憲法修正案は、犯罪者の有罪をよりいっそう確かなものとすることを企図したものである。現行法は、裁判官も検察官も、陪審員に対して、被告人が証言台に立って犯罪事実を否認しなかった事実についてコメントする権利を保障していない。前科者は証言台に滅多に立たない。証人にならなければ、陪審員が自らの前科を知ることはないからである。証拠から被告人が有罪であることが明らかであるにも関わらず、多くの審理無効（mistrials）が生じているのは、一定数存在する同情しやすい（sympathetic）陪審員が、被告人の前科を知らないがために、当該違法行為が初犯であると考えた結果、無罪評決に固執するためである。しかし、本案が採択されることで、裁判官は、陪審員に当該事件の事実についてコメントし、自らの証拠評価を伝え、訴訟の実体（merits）についての意見を述べられるようになる。しかし、同時に裁判官は、自らの意見は助言に過ぎず、陪審員こそが有罪・無罪の唯一の最終判断者であることも伝える。……本案を採択すべき理由は、法律家（lawyers）の力強いスピーチと切実な訴えに耳を傾けたときに、陪審員がどのような判断を下すべきかに自信が持てず、心理的混乱に陥ることが少なくない点にある。本案により陪審員は、裁判官による公正な事件分析を快く受け入れ、評決へ達することになろう[115]。

ここでは不利益推認を認める必要性が、黙秘それ自体の証拠価値と、正確な事実認定の促進に見いだされた。

それでは、自己負罪拒否特権との関係はどうか。この起草者の提案から

は明らかではない。当時の史料が入手できなかったため、時期は一致しないものの、不利益コメントを認める California 州修正憲法が修正第5条に反するかが問題となった1965年の Griffin 判決において提出された California 州訟務長官の意見書が参考になると思われるため、これを参照しよう。

　California 州訟務長官の意見書では、California 州憲法が自己負罪拒否特権を認め、証言強要を当然に禁止していることを確認する[116]。そして、自己負罪拒否特権の保障から直ちに、不利益推認・コメントの禁止までは導けないことを指摘する。他州の動向に鑑みても、不利益推認・コメントを禁止する規定を置いてはじめてこれが禁止されるのであり、不利益推認・コメントを禁止する規定を定めるか否かは州の政策的判断に任されているという[117]。さらに、不利益推認やコメントが認められている範囲も狭いとし、加えて、あくまでも提出された不利益証拠を重く評価しているに過ぎないとも指摘する。すなわち、被告人が証言しない又は証言しても弁解の対象としなかった不利益証拠が、証言又は弁解しなかったがゆえに、真実であることを示唆するに過ぎないというのである[118]。いわば、ある不利益証拠に対して弁解しなかった事実を、その不利益証拠の証明力を引き上げるための補助事実として使用しているに過ぎないというのである。また、陪審員は、証言台に立たなかった事実を目撃している以上、不利益推認をしてしまうのが当然であり、そうであるならば、不利益推認が許容される場合を裁判官の説示によって限定するほうが望ましいと指摘する[119]。こうした不利益推認・コメントを認めるにあたって、推認の合理

---

115) 修正案については、Permitting Comment on Evidence and Failure of Defendant to Testify in Criminal Cases California Proposition 5 (1934), https://repository.uclawsf.edu/ca_ballot_props/320/, last visited, Jan 10, 2025にて参照できる。
116) Brief for Respondent in Opposition at 13, Griffin v. California, 380 U.S. 609 (1965) (No. 202).
117) Id. at 16-19.
118) Id. at 20-21.

性が問題となるところ、無実の被告人であれば証言台に立って否認するはずであり、従前から、証拠及び証人の不提出からの不利益な推論が認められてきたことも指摘する[120]。

　以上のような、起草者の意見とCalifornia州訟務長官の意見を整理すると、ⅰ）合理性については、従前より証拠の不提出から有罪の推論が認められており、かつ裁判官の説示によって合理的な不利益推認を実現できることが挙げられた。ⅱ）不利益推認・コメントの必要性については、黙秘それ自体の証拠価値の存在と正確な事実認定の促進が指摘されていた。また、ⅲ）証言するかしないかの意思決定にかかる負担について、不利益推認・コメントを認めたとしても証言するかしないかの選択権はなお存在するとし、追加的な負担も軽微なものとする。ⅳ）そうである以上は、証言を「強要」するものではないとして、自己負罪拒否特権との自己矛盾を引き起こすものではないとするのであった。それでは、修正後の実務についてはどうであったか、以下に見ていこう。

(2)　**修正後の実務の評価**

　Los Angelesカウンティの検察官であるDaniel Beecherが、1934年に修正後の実務を次のように評価する。

　　憲法修正後、いまや陪審員に被告人が証言しなかった事実に注意を向けさせようと検察官が働きかけるのが一般的になった。そのようなコメントの効力がどのようなものなのかを正確に把握できる者はいない。しかしながら、すくなくとも検察官の立場からすれば、そして真実発見の観点からすれば、コメントは陪審員があらゆる主張・事実を考察する際に有益となろう。また、こうした修正によって、修正前であれば証言しなかったであろう被告人が証言せざるをえなくなった。Los Angelsカウ

---

119)　*Id.* at 20–24.
120)　*Id.* at 22–24.

ンティの重罪事件の有罪件数は1934年以降、4パーセントポイント増加したという事実が存在している。もっとも、この増加に憲法修正がどれほど寄与したのかは依然として問題ではある[121]。

このようにして、黙秘それ自体の証拠価値のみならず、証人として立つ者が増えたことから、実務家は憲法修正を好意的に受け止めた。しかし、そのようにして増加した証言の質については言及されていない点に留意すべきだろう。また、Ohio州と同様、この調査からは、不利益推認・コメントの有する圧力が、これまで証言しなかった被告人が証言するようになる程度の強いものであることが分かる。

5 小括

1920年から1939年の時代は、不利益推認・不利益コメントを認める動きが盛んとなった。その背後には、人口増加と犯罪の増加、そして捜査技術水準の問題があった。そこで不利益推認・不利益コメントを認めることで、有罪獲得を容易にし、刑事司法運営の効率化を図ろうとしたのである。また、当時問題視されていた拷問的取調べを抑え、取調べの適正化を実現するために不利益推認を認めようとしたのである。

この時代の議論の特色としては、ⅰ）不利益推認の合理性を担保する方策が模索されてきたことが挙げられるだろう。ALIやCalifornia州の憲法修正は、裁判官の説示により、推認の合理性を担保しようとした。ⅱ）不利益推認を認める必要性については、不利益推認を認めて有罪判決を促進するという意味で刑事司法運営の効率化を図る点にあるほか、捜査の適正化も挙げられるなど、不利益推認を認める必要性への模索が始まったといえる。ⅲ）証言するかしないかの意思決定にかかる負担と、ⅳ）自己負罪拒否特権との関係について、二段構造による整理も確立された。すなわ

---

121) Daniel Beecher, *1934 California Constitutional Amendments in the Field of the Criminal Law*, 29 AM. INST. CRIM. L. & CRIMINOLOGY 668, 670 (1938).

ち不利益推認・コメントを認めることにより生じる負担がどれほどであるか、その負担は自己負罪拒否特権の保障根拠に反するほどのものであるか否かという整理である。後段に当たる部分については、歴史的に見て、自己負罪拒否特権の保障根拠は拷問等の強要防止にあったことから、不利益推認を認めることで生じる心理的圧力は「強要」に該当しないという考え方が有力視されてきたのである。

こうした不利益推認を認めようとする動きが最高潮に達し、実際にもCalifornia 州は憲法を修正した。興味深いのが、California 州憲法の修正案の起草に、後に連邦最高裁判所長官となる Earl Warren が関わっていることである。1930年代、検察官としての Warren は刑事事件において不利益コメントを行っており、California 州の不利益推認・コメントを認める修正案の起草者としても関わっていた[122]。後にデュープロセス革命を担う Warren が、不利益推認・コメントを認める修正案を起草するほどに、当時は不利益推認を認める動きが強力であったといえよう。

しかし、California 州の憲法修正は、連邦最高裁によって二度に渡り審査を受けることになる。それが *Adamson* 判決と *Griffin* 判決である。次は、*Adamson* 判決とその時代に提案された立法提案を見ていこう。

V *Twining-Adamson* 判決下の動向──（1940年〜1959年）

1 立法提案の検討

前の時代に続いて、この時代も、ALI による Model Code of Evidence や、Uniform Rules of Evidence という形で、不利益推認・コメントを認める動きが続いた。その作業は、1920年代以降に推し進められた警察組織の専門化と科学的捜査の高度化を背景に行われた[123]。まずは

---

[122] Paul Moke, Earl Warren and the Struggle for Justice 54-56, 62 n.13 (2015).

[123] Richard J. Terrill, *Police 1920 to the Present*, in Police Science, *supra* note 8, at 564, 566.

Model Code of Evidence から見ていこう。

(1) **Model Code of Evidence**

Rule201の第1項では、被告人の自己負罪拒否特権を規定し、第3項では、「刑事事件の被告人が証言しない場合、裁判官及び検察官はその事実についてコメントすることができる。事実認定者は、その事実からあらゆる合理的推論を引き出すことができる」[124] と規定する。このように不利益推認・コメントを許容しているのである。

不利益推認・コメントを認める第3項は、自己負罪拒否特権を侵害するものだろうか。注釈によれば、捜査取調べは別にしても、公判段階では公正な裁判官がいて、弁護人も存在する以上、そもそも証言の強要という不当な取り扱いがなされるとは考えにくいと指摘された。そのため、自己負罪拒否特権の保障それ自体に対して疑念が差し挟まれた。もっとも、多くの州で自己負罪拒否特権が保障されていることから、Rule201の第1項においても自己負罪拒否特権が定められた[125]。その下で、起草に深く関与した一人によれば、自己負罪拒否特権は歴史的に拷問等の強要を禁じたものであって、それに至らない程度の働きかけである不利益推認・コメントは許容されると考えられたようである[126]。

ALIの議決と異なるのは、被告人の前科を弾劾目的で利用することを明示的に禁止している点である。Rule106(3)では「公判にて証言する被告人が、証言の信用性を補強するための証拠を提出しない場合、その者の前歴（commission）及び前科（conviction）に関わる証拠は、被告人の信用性

---

124) MODEL CODE OF EVIDENCE R.201 (AM. LAW INST. 1942).
125) MODEL CODE OF EVIDENCE R.201 comment on ¶ (1).
　起草者の代表である Edmund M. Morgan も、捜査機関による取調べによって抑圧される危険性は存在する一方で、裁判は公正な裁判官・陪審員によって構成され、弁護人も存在する以上は、自己負罪拒否特権の保障の必要性に疑問を提示している。Edmund M. Morgan, *Foreword, in* MODEL CODE OF EVIDENCE, 1, 17(1942).
126) Mason Ladd, *A Modern Code of Evidence, in* MODEL CODE OF EVIDENCE, *supra* note 125 at 241, 251.

を弾劾する目的のために、反対尋問その他の機会において提出してはならない。ただし、証言の信用性を補強するための証拠を被告人が提出する場合は、第1項のもとで許容される信用性に関する証拠は全て許容される」と規定する。注釈に従えば、本規定の目的は被告人を証言台に立たせるように促す点にあるとされる。一般に、証明力がある証拠であったとしても、一定の政策的必要性があれば、証拠利用を禁止することができる。本規定は、まさに前科証拠による弾劾を恐れて証言台に立たない者を証言台に立つように促す政策的必要性から、前科証拠の利用を禁止しているのである[127]。これは、前科証拠による弾劾を恐れて証言しない被告人を保護するために規定したものとも理解されている[128]。すなわち、前科証拠による弾劾を恐れて証言台に立たない者が多いことから、前科証拠による弾劾を禁止することで証言するように促す一方、不利益推認を認めることによっても証言台に立つように促すといった政策的考慮が働いているのである[129]。それでは、Model Code of Evidence が提示された後の Uniform Rules of Evidence ではどのような規定が提案されたのかを見ていこう。

(2) **Uniform Rules of Evidence**

Rule21では、Model Code of Evidence と同様に、前科証拠を弾劾証拠として利用することを禁止しており、Rule23(4)では、検察官による不利益コメントを認めている。起草者の意見によれば、この2つの条文は、被告人が証言するように促すことを目的として定めたものと指摘されている[130]。前科の弾劾証拠としての利用を禁ずることで、不利益コメントを認めても自己負罪拒否特権を不当に侵害することは無いと指摘されている[131]。

---

127) MODEL CODE OF EVIDENCE R.106 comment on ¶ (3).
128) Ladd, *supra* note 126.
129) MODEL CODE OF EVIDENCE R.201 comment on ¶ (1); MODEL CODE OF EVIDENCE R.106 comment on ¶ (3).
130) Uniform Rules of Evidence 175-77 (1953).
131) *Id.* at 177.

これら二つの提案を検討すると、次の特徴が浮かびあがるだろう。まず、ⅰ）推認の合理性が認められることは所与の前提とされている。ただし、前科証拠による弾劾を恐れて証言台に立たない場合があるため、前科による弾劾を禁止することによって合理性を担保している。ⅱ）不利益推認の必要性については、黙秘が持つ証拠価値それ自体だけではなく、証言量の増加も目的としている。不利益推認を認めながら前科による弾劾を禁止するなど、他の制度との調整を図ることで、証言量を増加させて刑事司法運営の効率化を試みたのである[132]。また、ⅲ）証言するか黙秘するかの意思決定にかかる負担は軽微なものであり、ⅳ）自己負罪拒否特権との関係性については、拷問等の禁止といった歴史的理解を採用することで、不利益推認を認めても自己負罪拒否特権を侵害するものではないとされてきたのである。不利益推認・コメントを認める理論はここに確立したといえよう。

　このように不利益推認・コメントを認める動きが高まりつつある中で、不利益推認・コメントを認めた California 州修正憲法の不利益推認規定が問題となった。それが *Adamson v. California* 判決である。

2　判例の動向
(1)　*Adamson v. California*, 332 U.S. 46 (1947) 判決
　Adamson 判決の事実関係は次の通りである。第一級謀殺罪にて訴追された被告人が証言台に立たなかったために、検察官が論告の際にこの事実について言及し、被告人に不利益に考慮することができるとコメントして被告人が有罪となったところ、被告人がこのような不利益推認を許容する California 州憲法は合衆国憲法修正第14条を介在して州市民に保障される自己負罪拒否特権及び適正手続を侵害するものであるとして連邦最高裁に上告したものである。

---

132) *See* Charles W. Quick, *Privileges Under The Uniform Rules of Evidence*, 26 U. Cin. L. Rev. 537, 566-68 (1957).

法廷意見は、修正第14条を介在して修正第5条が州に適用されるかを考察する。その考察の出発として、修正第14条の歴史を簡単に遡る。権利章典の批准時点では、権利章典の各権利は連邦政府からの保護を定めたものであり、その権利は州に及ぶものではないと考えられていた。修正第14条の批准にあたり、連邦法上の権利であっても尊重に値すると考えられた権利は、州法域にも及ぶと考えられた。しかし、1872年の *Slaughter-House* 判決[133]により、合衆国市民に付与される特権と免除権に相当するものと考えられる権利のみが州にも及ぶとされた。その後、*Twining* 判決により、修正第5条が保障する自己負罪拒否特権は、修正第14条にいう特権及び免除権に相当しないとして州法域に及ばないとされ、修正第14条の適正手続条項を侵害しない限りで、各州政府は州の市民権に由来する権利を縮減できるとした。こうした修正第14条の読み方は、州と連邦政府のバランスを取ったものであり、容認できるものであるから、法廷意見は *Twining* 判決を維持し、上告を棄却する[134]。

　また、自己負罪拒否特権が修正第14条にいう特権・免除権に当たらないにしても、不利益推認・不利益コメントを認める州法は、修正第14条の適正手続が保障するところの公正な裁判を侵害するものではないかという被告人側の主張に対しては次のように説明する。まず、適正手続条項が禁止するのは拷問等への恐怖による証言強要であるとし、California 州法もそれを定めていると指摘する。もっとも、被告人が証言しなかった事実にコメントすることは広くアメリカ諸州で禁じられているものの、その例外が California 州である。しかし、California 州では、公判廷に顕出された証拠や事実について証言により弁解・否定しなかったことへの不利益な推認・コメントを認めているに過ぎないのであって、反駁できないほど強固な有罪の推定が働いているわけではないと指摘する。さらに、自己負罪強要の禁止がどれほどに素晴らしいものであったとしても、証言台に立た

---

133) Slaughter-House Cases, 83 U.S. 36（1872）.
134) Adamson, 332 U.S. at 51-53.

なかった事実へのコメントまでもが禁じられることにはならないとも述べる。加えて、被告人が知っているであろう事実について証言台に立たないことから当然に湧き上がる不利益な推認を否定すべき理由も明らかではなく、そのコメントも検察官側立証の強さと被告人側立証の弱さに着目させるといった些細なものに過ぎないという。こうした理由からも上告を棄却する[135]。

(2) 法廷意見の分析

この判示からも窺えるように、修正第14条の適正手続が禁じているのは拷問等のような強要であり、不利益推認・コメントのようなものではないというロジックが採用されている。このロジックは、自己負罪拒否特権の目的を拷問等の禁止に見いだし、それに当たらないほどの圧力に留まる不利益推認は自己負罪拒否特権の侵害を構成しないとする見解と類似している。ただし、これはあくまで修正第14条の適正手続条項の解釈の話である。

実質的な理由は、Twining判決と同様、州への介入を抑えようとするフェデラリズムの理念であろう。これが強く働き、California州法を維持したことが窺える[136]。また、修正第5条の自己負罪拒否特権の解釈として不利益推認禁止が導かれると考える立場が連邦最高裁の内部で有力だったことも推測できる。実際、法廷意見はアメリカ全土で不利益推認・コメントが禁止されているのが一般的である[137]としてうえで、連邦法域のもとで不利益コメントがなされていたのであれば、修正第5条が定める自己負罪拒否特権を侵害するものになりうると指摘している[138]。このことからは、法廷意見が修正第5条の自己負罪拒否特権から不利益推認禁止の保障が導けると考えていたことが示唆される。Frankfurter裁判官は、補足意見にて、連邦法域の市民権の免除権の一部として、連邦法域では不利

---

135) *Id.* at 55-59.
136) Brown, *supra* note 70.
137) Adamson, 332 U.S. at 55.
138) *Id.* at 50.

益推認・コメント禁止が保障されると指摘する。ただし、その免除権は州法域には及ばないとして法廷意見に賛同し、ここでもフェデラリズムの観点が採用されている[139]。

他方、Black 裁判官の反対意見は、州への介入を求める。Black 裁判官は、法廷意見が修正第 5 条に基づいて不利益推認禁止を導いていることが窺えると指摘する[140]。そのうえで修正第14条の歴史からすれば、本来、修正第 5 条の特権も含めた権利条項は一般に州に適用されるものである[141]として、修正第 5 条に基づく解釈を California 州に及ぼし、不利益推認・コメントを禁ずるべきであったと主張する。この Black 裁判官の反対意見に Douglas 裁判官が同調している。また、Murphy 裁判官も Black 裁判官と同旨の反対意見を書きつつ、いくつか論理を付け加える。まず、California 州法によって不利益推認が認められている以上、それは黙秘が一種の供述として証拠利用されることとなり、黙秘という形で自己に不利益証言が強要されていることを指摘する。さらに、不利益推認を遮断しようとすれば証言せざるをえなくなり、自己の決断（volition）ではなく、不利益推認規定がもたらす圧力（pressure）により証言している結果になっているという。その上で、不利益推認・コメントを認めることの政策的な必要性は、訴追者の面前にて黙秘を望む者への慎重な配慮を基礎とする憲法上の要請を打ち破るものではないとする。また Wilson 判決の一節を引き、無実であっても様々な事情から黙秘する者がいることを確認したうえで、自己負罪の強要から逃れる自由を保障するためには、不利益推認・コメントを禁止しなければならないという[142]。すなわち、不利益推認・コメントによって黙秘という態様の不利益証言の提出が強要されており、この推認を遮断するためには証言しなければならず、それは自らの決断に基づいて行ったものではないとして、証言しないという選択を

---

139) *Id.* at 61.
140) *Id.* at 68.
141) *Id.* at 71-75（Black, J., dissenting）.
142) *Id.* at 123-25（Murphy, J., dissenting）.

尊重する自己負罪拒否特権の趣旨に反するというのである。

 Adamson 判決の法廷意見・補足意見・反対意見いずれを読んでも、不利益推認規定は修正第5条に違反するものと連邦最高裁が評価していたことは明らかである[143]。そうであっても州と連邦との権限配分に配慮するフェデラリズムの理念から、不利益推認・コメントを認める California 州憲法は維持されることになった。*Adamson* 判決が下された Vinson コート（1946年～1953年）では、連邦法上の権利を選択的かつ限定的な組み込みしか認めない Frankfurter 裁判官に賛同する裁判官が多かったこともあり、*Adamson* 判決後も、修正第4条、第5条、第6条をはじめとする被疑者・被告人の連邦法上の権利は、州に限定的にしか組み込まれなかった。こうした動きからも、Vinson コートではフェデラリズムの理念が追求されていたことが窺える[144]。

3 小括

　依然として不利益推認・コメントを認めようとする立法提案が続いていった。それぞれを纏めるならば、ⅰ）推認の合理性については、それまでの議論と同様であった。また、ⅱ）不利益推認の必要性として証言量の増加が挙げられ、その目的を実現するべく、刑事司法全体の制度的調整が図られた。具体的には、前科証拠による弾劾を明示的に禁止し、かつ、不利益推認規定を定めたのであった。こうした形で、証言量を増やそうとし、刑事司法全体の効率化を図ろうとしたのがこの時代の特色である[145]。一方、時代が変わっても普遍的な立場が存在する。それが、ⅲ）証言するか黙秘するかの選択にかかる負担とⅳ）自己負罪拒否特権の関係性である。これまでの議論を通観すると、不利益推認を認めようとする立法論は、い

---

143) 後の Griffin 判決では、Adamson 判決に関与した裁判官達が、不利益推認規定は修正第5条に違反するものと考えていただろうと評価する。Griffin, 380 U.S. at 614 n5.
144) Michal R. Belknap, The Vinson Court: Justices, Rulings, and Legacy 175-85 (2004).
145) *See* Note, *supra* note 72 at 149-52.

ずれも自己負罪拒否特権(もしくは適正手続条項)が禁ずる強要は、拷問等のような過酷な取調べであるとし、不利益推認・コメントによって生じる圧力はこれに該当しない軽微なものと位置づけるのである。こうした見解が不利益推認を許容する理論として強固なものとなってきた。しかし、*Wilson* 判決と *Adamson* 判決から分かるように、連邦最高裁は一貫して不利益推認禁止の立場を採用していた。不利益推認に対して否定的立場を採用し続けていたものの、フェデラリズムの理念が優先されて、州への介入が差し控えられていたに過ぎないのである。

その後、時代は Warren コートへと移り変わり、デュープロセス革命が始まるとこのような状況が一転する。*Twining* 判決を再確認し、修正第5条は州に適用されないとした *Adamson* 判決であったが、その後の *Malloy* 判決によって、修正第5条が州の手続にも適用されるようになった。その結果、不利益推認・コメントを認める California 州修正憲法が、修正第5条に反するものかが改めて問題となった。

VI *Malloy-Griffin* 判決——(1964年〜1965年)

公民権運動が活性化したこの時代においては、そうした運動の中で暴動が生じる場合もあり、それを抑えるために警察は駆り出されていた。こうした社会的混乱により、犯罪や暴動の原因を研究する委員会が立ち上げられ、種々の提案がなされた。その提案の中には、捜査機関の更なる専門化と警察組織への民主的統制が求められるようになった。その結果、警察職員が大学教育を受ける機会が増え、更なる専門化が進んだ[146]。

そのような時代状況において、1964年には *Malloy* 判決のもと、

---

146) そのような委員会として、例えば、the President's Commission on Law Enforcement and the Administration of Justice や、the National Advisory Commission on Criminal Justice Standards and Golds などがある。当時の警察の状況については、Richard J. Terrill, *Police 1920 to the Present, in* POLICE SCIENCE, *supra* note 8, at 564, 565–67が参考になる。

Twining-Adamson 判決が破棄され、修正第14条を通して、修正第 5 条は州に及ぶとされた[147]。こうして連邦法上の権利が州に組み込まれることとなった。その組み込み方についても、法廷意見は、「修正第14条は、州政府による侵害に対して、修正第 5 条が連邦政府による侵害に対して保障しているのと同一の特権——その者の独立した意思の行使に基づき供述を選ばない限り黙秘する権利及び……(中略)……そのような黙秘に対していかなる制裁も被らない権利——を保障している」とし、連邦法域で保障されるものと同水準の権利が州にも組み込まれることになった[148]。

もっとも、*Malloy* 判決から直ちに不利益推認禁止の保障までもが州に命じられたわけではない。連邦法域において不利益推認を禁止した *Wilson* 判決は、修正第 5 条の解釈から不利益推認禁止を導いたわけではなく、連邦法の証人適格法上の解釈として導いていたに過ぎない。そのため、修正第 5 条が保障する諸権利が州に組み込まれることになったとしても、不利益推認禁止の保障までもが州へと組み込むことになるかは議論の余地があった。加えて、*Malloy* 判決ではその脚注にて *Twining* 判決及び *Adamson* 判決に触れているところ、そこでは、両判決は州法違反の罪を理由とする州法域における不利益コメントが争点になったものであり、「両判決の事案が、もし連邦法違反の罪を理由に、連邦法域で訴追された被告人が、自らの防禦のために証言しなかったことについてコメントされていたような事案であれば、そのコメントは修正第 5 条が定める自己負罪拒否特権規定に違反するものと思われるが、そのような判示はされなかった」[149]と述べている。この脚注からは、修正第 5 条から不利益推認禁止が導出されると連邦最高裁が考えていたと窺えるが、他方、連邦最高裁がこれまで修正第 5 条を理由として不利益推認を禁止したことがないことの証左でもあった。

このことに着目したのが、*Malloy* 判決の直後に出た California 州最

---

147) Malloy, 378 U.S. at 6.
148) *Id.* at 8.
149) *Id.* at 2n.1

高裁の *People v. Modesto* 判決[150] である。この事案では、California 州憲法の不利益推認・コメントは、*Malloy* 判決により修正第14条を介在して適用されることになった修正第 5 条に違反するものとして被告人が争ったものである。不利益推認を認めれば、*Malloy* 判決が言うところの「その者の独立した意思の行使」を制約し、黙秘に対する「制裁 (penalty)」を加えることになるから、不利益推認を認める California 州憲法は *Malloy* 判決により州へと適用される修正第 5 条に反するものと主張するのである[151]。この主張に対して *Modesto* 判決の法廷意見は、そもそも不利益推認・コメント禁止を導出した *Wilson* 判決は連邦法の解釈に基づくものであること、そして *Twining* 判決と *Adamson* 判決はあくまで州法上の問題として処理されたことが *Malloy* 判決の脚注部分にて確認されていることを指摘し、州の不利益推認規定が合衆国憲法修正第 5 条に反すると判示した連邦最高裁判決は存在しないとして上告を棄却している[152]。

1 *Griffin v. California*, 380 U.S. 609 (1965)

このように不利益推認禁止が修正第 5 条から導かれるものであるか否か、仮に不利益推認禁止が導かれるとしても、その法理が州にまで組み込まれるか否かを議論する余地が残っていた。それゆえ、California 州の不利益推認規定が修正第 5 条に違反するか否かが争われた。それが *Griffin* 判決である。事実審において被告人が証言台へ立たなかった事実について検察官が論告にてコメントし、更に裁判所が陪審員に対して証言しなかった事実を考慮できる旨を説示し、第一級謀殺の罪で有罪判決が下されたために、被告人が *Malloy* 判決により州に組み込まれた修正第 5 条のもとでは不利益コメントは禁止されているとして上告した事案である。

本判決にて問題となった検察官のコメント及び裁判官の説示の意味を理

---

150) People v. Modesto, 62 Cal. 2d 436 (1965).
151) *Id.* at 451-52.
152) *Id.* at 447-49.

解するには、本事案の元になったCalifornia州最高裁判決（*People v. Griffin*判決）の事実認定を押さえておくことが有用と思われる。以下にそれを紹介しよう。

　クラブにて、被告人及び被害女性とその内縁の夫を含めた複数人で夜更けまで飲酒していたところ、被告人は、宿泊先がないということで、被害女性とその夫が住むアパートに宿泊することになった。被告人はリビングのソファーにて寝て、夫と被害女性は寝室で寝ていたが、夜更けにリビングから騒音がするために夫が目覚めると、被告人と被害女性が口論していた。被害女性は、被告人から性行為を迫られており拒否していた旨を、被告人の面前にて夫に伝えた。これを聞いた夫は、被告人を自宅アパートから追い出したが、被告人は声を荒げてこの夫に対して暴行を加えた。助けを呼ぶために夫はクラブへと向かったが、戻ったころには被告人も被害女性も見当たらなかった。翌朝、自宅アパートの路地裏にある通路を徘徊していた参考人が、ズボンをあげながら被告人が大きなゴミ置き場から出てきたのを目撃した。参考人は「何をやっていたのか」と被告人に聞いたところ、「なんでもない」と言いながら去っていたという。その後、参考人はゴミ置き場へと向かい、そこにあるゴミ箱を開けると、意識が朦朧としている傷だらけの被害女性が見つかった。病院へと通報し、治療が行われたが、意識は回復せず、被害女性は亡くなった。ゴミ箱には当時、被害者が付けていたウィッグなどが落ちていた。警察から任意の事情聴取を受けた被告人は、警察取調べにおいては次のような弁解をしている。それによると、被告人及び被害女性とその夫とでクラブで飲酒していたのは確かである。ワインを飲もうと被害者の夫に対して代金を渡したところ、口論の末に夫が立ち去ってしまい、被害女性も去って行ってしまったという。そこで二人を探し歩きアパートを見つけると、被害女性が自宅に入るように迎え入れてくれた。被害女性にワインの代金について聞いたところ、女性の方から性行為で埋め合わせすると申し出たため、性行為に至ったとする。しかし、性行為中に夫が帰ってきたため、被害女性を含めた三人で乱闘となり、自宅から路地裏へと向かう最中に夫はどこか消え去った。被害女性も数度、乱闘に関与していたが、結局、女性がゴミ置き場の方まで被告人

を連れて行き、再度、自発的に性行為へと至ったのだと供述する。

その後、被告人は訴追された。公判において検視官からは、遺体から精液が検出されなかったものの、被害発生時に被害者が何者かと性行為に及んでいた可能性は否定できないが、一般に、このような重大な被害を受けた女性が性行為に及ぶことは多大な苦痛を伴い、自発的に性行為に及んだとは考えにくい旨の証言がなされた。加えて、淋病に罹患した男性は精液が出なくなる旨の専門家証言が検察官から提出され、被告人自身も警察取調べにおいて自らが淋病であることを認めていた。このような間接証拠があったものの、被告人は証言をせず、最終的には被告人は有罪となった[153]。

以上がCalifornia州最高裁で引用された事実認定であるが、Griffin判決法廷意見で問題視されたのが、次のコメントと説示である。

検察官は論告の際に次のことを述べた。「被告人は、アパートから出ていき被害女性と路地裏へと向かった際に、女性が酷く殴られた様子であったどうかを確かに知っています」、「アパートから出て行った際に、互いに殴りあった女性と性行為に及びたいと思う男とはいったいどんな奴でしょう。」、「彼は知っていたのでしょう。被害女性がどのようにして路地裏まで向かったのか。コンクリートの階段下に付いた血がどのようにして付着したのか。どれほど長い時間、その女性とゴミ箱の中に一緒にいたのか。彼女のウィッグがどのようにして落ちたのか。被害女性を殴りつけ、酷いことをしたのかどうか。目撃者がこちらに向かってくるのを見つけた際に、冷静になってその場から離れたのは、自らの罪の意識からその傷ついた女性から離れようとしたためであるか否かも。」、「被告人は証言台に立ち、こうしたことについて否認・弁解することが適切ではないとします。」、「世界中をみて、誰かが知っているとすれば、被告人こそが知っているでしょう。」、「被害女性は死んでおり、自身の考えをあなた方に伝えることはできません。被告人も話そうとしません。」というものであった[154]。

---

153) People v. Griffin, 60 Cal. 2d 182, 185-88 (1963)

裁判官による説示は次のようなものであった。まず、証言台に立たないという憲法上の権利を被告人は有していると説示したうえで、「被告人自らが知る範囲内の事実であるがゆえに、否認又は弁解することが合理的と考えられるあらゆる不利益な証拠又は事実に対して、被告人が証言しない又は証言するが当該証拠については否認又は弁解しない場合、陪審員は、その証拠の真実性を示す傾向があるものとして、そして、そこから合理的に導き出される推論の中で、被告人に不利益な推論がより蓋然性の高いものとして、証言台に立たなかった事実を考慮することができる」とも説示した。これに加え、被告人の認識の範囲外にある証拠からは不利益な推論は引き出せないことも説示する。そのうえで、仮に被告人が知る範囲内の証拠に対し否認・弁解しなかったとしても、そこから有罪の推定（presumption）が生じさせるものではなく、またそれのみをもって有罪の推認（inference）を行うのは正当化できないし、検察官の証明責任を免除するものでもないとも付け加えられた[155]。このような一連のコメントが修正第5条の自己負罪拒否特権との抵触が問題となった。

これに対して Griffin 判決法廷意見は、不利益推認・コメントを禁止した Wilson 判決は修正第5条ではなく連邦法に依拠したものであることを確認し、改めて California 州の不利益推認・コメント規定が修正第5条に違反するものかどうかを検討しなければならないという[156]。そこで次のように検討を進める。

不利益推認の許容規定により、被告人が証言台に立たなかった事実を陪審員に考慮するように働きかける特権が検察官に事実上与えられていることになる。これは正式な証拠提出が行われていないにもかかわらず、それを容認するものに相当するという。こうした評価のもと、法廷意見は、無罪推定に依拠し、証言台に立つことを好まない者への慎重な配慮から連邦法に不利益推認禁止規定を置いたとする Wilson 判決の一節を引き、

---

154) Griffin, 380 U.S. at 610-11.
155) *Id.* at 610.
156) *Id.* at 612-13.

Wilson 判決を修正第 5 条に基づき読み替えを施せば、自己負罪拒否特権の理念が浮かび上がるとする[157]。それによれば、証言拒否へのコメントは、修正第 5 条が禁止しているはずの糾問的訴訟の残滓に相当するという。不利益コメントを認めれば、憲法上の権利を行使したことへの制裁（penalty）に相当し、権利行使を高くつくものとするから、不利益コメント・説示を認める California 州憲法は、修正第14条を介在して適用される修正第 5 条に違反するとした[158]。

　もっとも、法廷意見はこうした結論に対して異論がありうるとして、先に紹介した California 州最高裁 *Modesto* 判決の法廷意見を挙げる。その異論とは、被告人の知る範囲にある不利益事実に対して証言しなかったことからの有罪推認は、自然なものであり抗いがたいもの（natural and irresistible）であり、「証言しなかったことへのコメントにより、不利益推認を憲法上の特権行使に対する制裁（penalty）へと深化（magnify）させることにはならない」というものである[159]。

　この異論の意味を把握するためにも、*Modesto* 判決の参照箇所（*People v. Modesto*, 62 Cal. 2d 436, 452-453）を見てみよう。先にも述べたように *Modesto* 判決の被告人は、不利益推認を認めれば *Malloy* 判決にいう「その者の独立した意思の行使」を制約し、黙秘に対する「制裁（penalty）」を加えることになるとして合憲性を争うのであった。しかし *Modesto* 判決法廷意見は、*Malloy* 判決とは事案を異にするという。*Malloy* 判決は、自己負罪拒否特権を行使したがゆえにプロベーションが取り消されたという事実関係であった。プロベーションの取消しという、不利益推認・コメントよりも一層、直接的な制裁（direct penalty）であり、その者の独立した意思の行使を強く制約するものであった。しかし不利益推認・コメントは直接的制裁や証言の強要には至らないという。不利益推認・コメントがあろうとなかろうと、処罰から逃れるために提出できる証

---

157) *Id.* at 613-14.
158) *Id.*
159) *Id.*

拠は全て提出することが期待される被告人が証言しない以上、陪審員は不利益推認を行ってしまうものであり、その不利益な推認は自然であり抗いがたく、常識に即したものである。それゆえ、検察官や裁判官によるコメント・説示があろうとなかろうと、被告人は黙秘して不利益推論を受けるか、証言して不利益な推認を避けるかの選択を迫られるのが常である。「コメントにより、通常生じる否定的結果である不利益推認が、修正第14条が禁ずる制裁へ変貌するほどに深化するものでもない。確かに、コメントにより、証言しなかったことから合理的に引き出される推論を回避するべく証言するよう促される被告人も中にはいるだろうが、そのように促すことが修正第5条が禁ずる証言の強要に相当するものではないと考える(The comments do not magnify these normal negative consequences to the extent that they become a "penalty" prohibited by the Fourteenth Amendment. Although the comments might encourage some defendants to testify to avoid the inferences that may reasonably be drawn from their failure to do so, we are of the opinion that this encouragement does not amount to the compulsion to testify condemned by the Fifth Amendment.)」という[160]。このように、陪審員が不利益推認を行ってしまう以上は、検察官・裁判所から証言台に立たなかった事実への言及を認めても、そこから追加的に発生する圧力は、*Malloy*判決にいう「制裁」に至るほどに深化するものでもなく、単なる促し（encouragement）に留まり、修正第5条が禁ずる証言の強要（compulsion）にも当たらないというのである。こうしたCalifornia州の*Modesto*判決法廷意見が異論として引かれているのである。

　こうした異論を挙げたうえで、*Griffin*判決法廷意見は、陪審員が裁判所からの説示を受けずに不利益推論を行うことと、裁判所が黙秘した事実を証拠として考慮できる旨の説示をした場合に不利益推認を行うこととは全く別のことであるとして切り分けを行う。まず、黙秘した事実からの有

---

160) Modesto, 62 Cal. 2d at 452-53.

罪推認は自然なものでもなく、抗いがたいものでもないと指摘する[161]。証言すれば前科証拠が弾劾証拠として提出されるところ、その前科がもたらす偏見を恐れて証言しない者もいることは *Modesto* 判決法廷意見も認めているところであるとしてその該当箇所を引いたうえで、証言しない事実から有罪の推認をすることは必ずしも合理的ではないとする。このように指摘した上で、修正第5条は、黙秘した事実について裁判所が説示で言及することも、検察官が論告にてコメントすることも禁じていると判断するのである[162]。

 Griffin 判決は、*Malloy* 判決を意識していることもあり、制裁（penalty）といった特徴的な言葉遣いをしている。さらに、憲法上の権利行使を高くつくものとするという言い方は、これまで列挙してきた州・連邦最高裁からは見られないものである。これはどのような意味を有するのか。*Griffin* 判決法廷意見を内在的に理解するためにもこれに着目しよう。

2　法廷意見の検討

 Griffin 判決の理論構成については、二つの理解がある。それぞれ紹介することで、判例の理解を深めていこう。

 ひとつの理解は、非公式かつ間接的・心理的な圧力（pressure）を除外しなかったことそれ自体が「強要」を構成するというものである。古くから自己負罪拒否特権で言うところの「強要」とは、法的義務づけなどの公式な手続に由来する直接的な圧力を指していた。しかし、*Griffin* 判決で問題となったのは、検察官の論告におけるコメントというある種の非公式さを伴う、間接的・心理的圧力であった。法廷意見は、こうした非公式の間接的・心理的圧力を州が除外しなかったこと自体が、証言の強要を構成すると考えていたのではないかと指摘されている。不利益推認に関する警告を伴う説示を行うように裁判所へ要求する権利を、被告人が有するか否

---

161) Griffin, 380 U.S. at 614-15.
162) *Id.* at 615.

かにつき、Griffin 判決に依拠しながらこの権利を認めた Carter v. Kentucky 判決では、たとえ検察官から不利益コメントがなかったとしても、不利益推認への警戒を求める説示が無ければ、権利行使に対する同程度の制裁が生じると指摘している[163]。Carter 判決といった後続判例からは、間接的・心理的圧力を除外するのに必要な合理的手段の採用を州が懈怠したことが、証言の「強要」を構成すると連邦最高裁が考えているとも読み取れる[164]。これは自己負罪拒否特権を侵害するかどうかの審査基準が厳格になったともいえる[165]。いわば州側に証言への圧力除外義務のようなものがあると考え、その義務の不履行が証言強要を構成するものと考える立場だと言えるだろう。

もっとも、被告人側の実際の行為態様に着目すると、不利益推認を認める州憲法のもとであっても、被告人 Griffin は現に証言台に立っていないため、「証言」を「強要」したと評価するのは難しい。しかも、興味深いことに、法廷意見の文中には、修正第5条にいう compelled やその名詞形の compulsion といった文言は一切出てこない。「強要」という概念に依拠して不利益推認禁止を論じているわけではない。そこで、被告人 Griffin が現に証言台に立たなかった事実を考慮し、法廷意見が用いる制裁 (penalty) といった言葉や、特権行使を高くつくものとするという表現に着目しながら、Griffin 判決に別の読み方を施すものがある。

その一つの読み方が、Griffin 判決は違憲な条件法理を採用したとするものである[166]。違憲な条件法理とは、「助成受領に課される条件が、権利行使を『処罰』ないし『禁止』する場合と同様の『強制的効果』ないし『抑止効果』を有しているとき、そうした条件の賦課を憲法上禁止しようとする法理ということができる。すなわち、違憲な条件の法理は、助成受

---

163) Carter v. Kentucky, 450 U.S. 288, 310-11 (1981).
164) Stephen J. Schulhofer, *Reconsidering Miranda*, 54 U. CHI. L. REV. 435, 438-10 (1987).
165) AKHIL REED AMAR, THE CONSTITUTION AND CRIMINAL PROCEDURE 51-61 (1997).
166) Alschuler, *supra* note 114, at 28 ; Sampsell-Jones, *supra* note 114, *at* 1341-43.

領者の『自律』に着目し、助成条件が、助成受領者に対して刑事制裁を課す場合と同様の強制的効果を有する場合には、助成受領者の自律の侵害が生じていると捉えようとする理論である[167]」と紹介されている。本事案の文脈でいえば、法廷意見は、沈黙すること（助成または利益）に対して不利益コメントという一定の条件を課すことは、違憲な条件であるとして問題視したと考えられるのである[168]。

違憲な条件法理を採用した理由は、Stewart 裁判官の反対意見が原因とも言われている[169]。Stewart 裁判官の反対意見では次のようなことが指摘されている。まず、問題の対象は、被告人が自己に不利益な証人として強要されたかどうかであるとし、「強要」が検討の中心課題になると指摘する。そして、コメントによって何らかの圧力が生じたとしても、それは、歴史的に修正第 5 条が保障される発端となった手続における「強要」とは、性質が異なるという[170]。「被告人を星室裁判所や高等宗務官裁判所に喚問し、質問されたことについては全て答えるように命令し、広範囲かつ内奥までに及ぶ徹底した尋問に服させることで、いくらか疑いが残る犯罪や全く疑わしいところのない犯罪を解明しようとしたのである。そして、被告人は黙秘をすれば拘禁・流刑・身体刑が科されることとなった。偽証すれば、さらに刑罰が科されたのである。こうした恐ろしい選択肢に直面した場合、証言するという判断は疑いも無く強要されたものである」と述べた[171] うえで、不利益コメントによって生じる心理的圧力は、修正第 5 条が問題視していた類のものとは全く性質が異なると指摘する。

さらに、Stewart 裁判官は、法廷意見に対して「強要という概念を、合理的範囲を超えて解釈したものである」と批判を加える。被告人が自ら証言台に立たなかったがゆえに、陪審員はその立たなかったという事実を現

---

167) 横大道聡「公的言論助成に対する憲法的統制のあり方についての一考察」鹿児島大学教育学部研究紀要人文・社会科学編第60巻99頁、106頁（2009年）。
168) Sampsell-Jones, *supra* note 114, at 1343.
169) *The Supreme Court 1964 Term*, 79 HARV. L. REV. 103, 160 (1965).
170) Griffin, 380 U.S. at 620 (Stewart, J., dissenting).
171) *Id.*

に目撃している。したがって、検察官や裁判官のコメントはその事実への着目を促すのに留まると指摘するのである[172]。

法廷意見は、このような反対意見の克服を試みるために、違憲な条件法理に依拠せざるを得なかったとされる[173]。不利益推認・コメントを認める規定があれど、被告人自身は現に証言台に立っていない。そうだとすると、「証言」の「強要」が行われたとは評価しがたい。そこで、法廷意見は強要該当性に依拠せずに違憲な条件法理を採用したと考えられている。以上のような議論を踏まえた上で、*Griffin*判決を整理していこう。

3　小　括

*Griffin*判決を次のように纏められる。ⅰ) Wilson判決を引き、前科証拠による弾劾から前科証拠が公判廷に顕出されることを恐れて証言をせず、無罪推定に依拠する者もいることから、不利益推認の合理性を否定する。ⅱ) 不利益推認の必要性については明言していない。そして、ⅲ) 証言するかしないかの意思決定にかかる負担、ⅳ) 自己負罪拒否特権との関係では、二種類の読み方があった。もっとも、二つの読み方がありうるところ、いずれの読み方も狙いは同じであり、自己負罪拒否特権の行使を不利益に取り扱わないようにし、証言するかしないかの自由な自己決定を保障するように試みているのである。黙秘という選択に対して重大な配慮を求める考え自体は、*Wilson*判決にまで遡ることが可能であり、*Adamson*判決からもそのような思想が窺えるのであって、連邦最高裁はその意味で一貫しているといえる。このように決着がついたと思われる不利益推認を巡る議論であったが、その後も立法提案がなされるところである。これを最後に参照していこう。

---

172) *Id.*
173) The Supreme Court 1964 Term, *supra* note 169 at 160-61.

Ⅶ　司法政策局 (Office of Legal Policy) による立法提案 (1989)

　Griffin 判決後の立法提案として、1989年に提示されたアメリカ合衆国司法省司法政策局（Office of Legal Policy）の立法提案（以下、OLP 報告書と呼ぶ）が挙げられる。これは *Griffin* 判決を批判する文脈で書かれており、不利益推認許容論の集大成となっているものである。

　まず、ⅰ）推認の合理性については、無実であれば証言し、真犯人だからこそ黙秘するという Bentham に端を発する素朴な経験則に依拠する[174]。また、かねてより飲酒検査や血液検査の拒否、犯行現場からの逃走、証拠の偽造、証人を威迫した事実からの不利益推論やコメントがなされており、被告人の行為が証拠の一部として考慮することを許されてきたことを指摘する[175]。

　ここまでは既存の議論を踏襲しているが、この OLP 報告書には従前の議論とは大きく違う点が含まれている。それは、証拠採否の基準は「関連性」で足りるはずであるという指摘をした点である。不利益推認を禁止する論者は、無実の者であっても黙秘する場合があることを指摘するだけで問題を解決しようとしてきたと OLP 報告書は批判する。そして、「証拠の採否に関する一般基準は、絶対確実性ではなく、関連性である。言い換えれば、有罪・無罪の蓋然性に、直接的又は間接的に、一定程度の関係を有していれば十分である（The general standard for admitting and considering evidence is not infallibility, but relevance. In other words, it is sufficient if it has *some* bearing, direct or indirect, on the probability of guilt or innocence.)」と指摘する[176]。

　さらに、陪審員の能力についても言及する。これまでも、無実の被告人であっても過度に神経質（nervous）であったり反対尋問を恐れたりするなどを理由に、証言台に立たない場合があり、誤った判断の原因となりう

---

174) OLP Report, *supra* note 9, at 1029-30.
175) *Id.* at 1061-62.
176) *Id.* at 1062.

ると指摘されてきた。しかし、陪審員が、こうした事情の存在を理解できないとする前提は置くべきではないという[177]。また、前科による弾劾を恐れて証言台に立たない無実の被告人が存在することから、不利益推認を認めるべきではないという見解がこれまでも出てきたところであったが、Model Code of Evidenceを参照しながら、前科による弾劾を禁止するか、その利用を厳格化するルールを設定すれば良いと反論する[178]。

ⅱ）不利益推認の必要性については、黙秘それ自体の証拠価値があるだけではなく、証言が増えることも必要性として挙げている[179]。すなわち刑事手続全体の供述量を増加させることにより、刑事司法運営の効率性を向上させる点に不利益推認を認める必要性を見いだす。

そして、ⅲ）証言するかしないかの選択にかかる負担とⅳ）自己負罪拒否特権との関係性については次のように考察する。まず、自己負罪拒否特権の歴史的沿革を辿りながら、自己負罪拒否特権は不利益推認やコメントを禁止したものではないと指摘する。例えば、不利益推認を認めれば糾問的訴訟に立ち戻ってしまうという意見に対しては、黙秘のみをもって有罪とすることを可能とした手続を「強要」として禁止したのが自己負罪拒否特権の歴史であって、この歴史からは証言台に立たなかった事実を一事情として考慮することの禁止までは導けないと指摘する[180]。

また、不利益推認・コメントを認めると、被告人は証人になるように心理的に強要される結果になる、又は*Griffin*判決のように、証言するか黙秘するかの選択肢に許容できない負担を課すことになる、といった批判に対しては次のように応答する。まずOLP報告書は、不利益推認・コメントを認めることによって、黙秘という選択肢が、それまでと比べて被告人にとって魅力的なものではなくなることを認める。しかし、不利益推認・コメントは、証言しようとするインセンティブを与えているにすぎないと

---

177) *Id.* at 1071-72.
178) *Id.* at 1082-83.
179) *Id.* at 1075-76, 1086-90.
180) *Id.* at 1063-68.

いった評価に留めるのである[181]。不利益推認・コメントによって生じる負担をこのように評価したうえで、この負担が、修正第5条が禁止する強要（compulsion）を構成するかどうかが問題であるとする[182]。この点については、上記の自己負罪拒否特権の歴史に照らした上で、そうした負担は「強要」を構成するものではないと指摘するのである[183]。以上のような議論を展開したうえで、*Griffin*判決の破棄を求めるのである[184]。

既に指摘したように、内容としては、従前の不利益推認許容論の集大成と思われる。特徴としては、ⅰ）推認の合理性については、証拠の採否基準が関連性で足りる以上は、証言台に立たない理由が他にあったとしても、それを上回る証明力がある以上は、黙秘を証拠として採用することに問題は無いと明言した点である。従前の議論は、不利益推認を関連性の問題として自覚的に位置づけることはしてこなかった。その意味で、このOLP報告書は従前の議論と一線を画す。また、ⅱ）不利益推認の必要性については、黙秘それ自体の価値と、証言量の増加に求められる。Model Code of EvidenceやUniform Rules of Evidenceと同様、前科証拠による弾劾ルールとの調整をも図る点が特徴である。さらに、ⅲ）証言するかしないかの意思決定にかかる負担についてみると、不利益推認・コメントの存在は、証言するようにインセンティブを与えるものと位置づける点で、それまでの議論とは異なる。そして、ⅳ）自己負罪拒否特権との関係については、従前の議論と同様に、その歴史的沿革から、自己負罪拒否特権が禁止した「強要」とは性質が異なることを指摘する。この点は、従前の議論と同様のものといえよう。

以上のように、歴史を概観していったが、そこから何が浮かび上がるだ

---

181) *Id.* at 1011, 1075-76.
182) *Id.*
183) *Id.* また、他の法律やルールの存在が原因で、黙秘という選択肢が望ましくないことになったとしても、従前の連邦最高裁判例は許容してきたことを指摘する。
184) なお、無罪推定法理は、証拠によって有罪が証明されるまで被告人を無罪と推定することを定めているだけであって、不利益推認を禁止するものではないと指摘する。*Id.* at 1091-92.

ろうか。議論の変遷を把握し、類型化を図ることで議論を整理したいと思う。

Ⅷ 傷つきやすく分かりにくい権利としての自己負罪拒否特権

1 不利益推認を巡るアメリカ法の歴史の通観

まず、合理性についての議論の変遷を把握しよう。

ⅰ）黙秘からの不利益推認に合理性をいち早く認めた論者としては、Jeremy Bentham が挙げられる。Bentham は「逸脱行為と黙秘との間には、明白な繋がりがある。あまりに明白であるため、その繋がりは、不変であり、切り離すことが出来ないほどのものである[185]」と指摘している。犯罪行為と黙秘には、「明白な繋がり（manifest connection）」があり、推認力が非常に高いと評価している[186]。時代が下って、1860年から1899年には、不利益推認の合理性が認められない事情が、Wilson 判決により確認された。Wilson 判決では過度に神経質な被告人が存在し、証言台に立たない場合があると指摘されるに留まり、それ以外の具体的な指摘はなされなかった。しかし、1900年から1919年にかけて、Ohio 州憲法の修正過程に見られるように、前科による弾劾を恐れる場合や、証言することでかえって疑念を生じさせる場合、女性や青年であるために検察官による反対尋問による追及を乗り切れない場合などを理由とした黙秘が存在するなど、合理性を否定する事情が具体的な形で指摘されるようになった。その後、1920年から1939年は、ALI によって、不利益推認・コメントを認めながらも、裁判官による説示によって偏見・誤導の是正も考えられた。こうした議論が積み重ねられ、1980年代には、OLP 報告書によって関連性で足りることが指摘され、不利益な推認が遮断される場合もありうるとしながら

---

185) 5 JEREMY BENTHAM, RATIONALE OF JUDICIAL EVIDENCE 209 (1827).
186) SIDNEY HOOK, COMMON SENSE AND THE FIFTH AMENDMENT, 51-52 (1957).

も関連性は認められるという議論に着地したのである。

　もっとも黙秘した事実の使い方には、若干の違いが存在する。その一つが、黙秘した事実を犯人性の立証のための間接事実として利用する場合である。これが Bentham をはじめとする一般的な見方である。不利益証拠が面前にあるにも関わらず、被告人が証言して否認しないのは、被告人が犯人であるがゆえに否認できないからだ、という形での推論である。もう一つが、特定の不利益証拠を前にして黙秘した又は否認しなかった事実を、その不利益証拠の証明力を引き上げるための補助事実として用いる場合である。California 州憲法の不利益推認規定がその例にあたろう。すなわち、不利益証拠が面前にあるにも関わらず被告人が証言して否認しないのは、その不利益証拠から引き出される被告人に不利益な命題が真であり、否認できないからだという形で推論がなされる。そして、否認しない理由には弾劾証拠の顕出を恐れるなど様々なものが挙げられるが、もしそうであればその旨を伝えるであろうとされた。いずれの使い方にしても、黙秘するのはやましいところがある真犯人だからだ、という素朴な経験則が介在している。

　次に、ⅱ）不利益推認の必要性についてである。不利益推認を認める必要性を基礎づけるものとして、黙秘それ自体が有する証拠価値の高さが考えられる。時代が下るにつれて、被疑者・被告人に権利を保障しすぎたがゆえに、処罰を確保できていないという認識が醸成されていった。その認識は、黙秘した事実を証拠として利用することによって、効率的な処罰の確保という方向へと結実する。他方、Wickersham 報告書のように、捜査機関による取調べの適正化手段の方策として不利益推認の有用性が認識された。さらには、Model Code of Evidence などに見られるように、前科証拠による弾劾を禁止しながら、不利益推認を認めることで、証言台に立つ被告人を増やすことが試みられた。各種制度との調整を図りながら不利益推認を認めることで証言量の増加を図ったのである。

　そして、ⅲ）証言するかしないかの意思決定にかかる負担と、ⅳ）その自己負罪拒否特権との関係であるが、歴史を概観すると一定の類型化が可能だろう。不利益推認・コメントを認める立場は、自己負罪拒否特権が禁

止する「強要」とは、過去に存在した拷問に相当するものを指すという歴史的解釈を施す。その解釈のもとでは、不利益推認やコメントを認めることによって生じる負担は、歴史的に禁じてきた「強要」を構成しないものとなる。こうした理解は、歴史を振り返ってみると、Ohio 州における憲法修正から ALI 等の立法提案、*Griffin* 判決反対意見、OLP 報告書など、不利益推認・コメントを許容する立場の一貫した態度であった。

一方、*Tyler* 判決に端を発する不利益推認・コメントを禁止する立場は、自己負罪拒否特権の目的は、証言するかしないかの自己決定の実現に見いだしたといえるだろう。したがって、不利益推認・コメントによって生じる心理的圧力により、その自己決定に制約が加えられるのであれば、それは証言の「強要」にあたるか、もしくは違憲な条件を課すものとして禁じられるのである。黙秘するという選択に対して重大な配慮を求める考えは連邦最高裁が一貫して採り続けてきた立場であり、その立場は *Wilson* 判決にまで遡れるのであった。歴史を通観する中で、自己負罪拒否特権が憲法上の保障に値する理由が示唆される。

2　歴史から得られる日本法への示唆
(1)　傷つきやすい権利としての自己負罪拒否特権

一連の歴史から分かることは、真犯人だから黙秘するという素朴な経験則と刑事司法運営の効率化という要請によって、自己負罪拒否特権は脆くも崩れ去ってしまうということである。この歴史から自己負罪拒否特権が憲法上の保障に値すべき理由が示唆される。

不利益推認を巡る議論からは、自己負罪拒否特権は真犯人が行使するものという素朴な経験則が根強く存在していた。しかし、既に指摘したように、法と言語研究者は、黙秘した事実が有する証拠価値は低いと主張している。黙秘する理由には様々なものがあり、黙秘の意味を特定するのは、法律家が考えている以上に困難だからである。しかし法と言語研究者の考えとは裏腹に、歴史的には真犯人が黙秘するという素朴な経験則が不利益推認を認めようとする原動力になっていた。つまり、必ずしも妥当ではない素朴な経験則が自己負罪拒否特権を縮減させる要因となっていたのであ

る。

　そうした経験則の存在とともに、刑事司法運営の効率化という目的からも、不利益推認を認めて自己負罪拒否特権の保障の縮減が図られた。しかし、効率化を謳うものの、効果予測や効果測定は十分にはなされなかった。不利益推認を認めた州では証言量が増加したようである。しかし、導入前後を通じた具体的な数値に基づく分析はなされていなかった。例えば、Ohio 州、California 州の憲法修正後の実務についての調査研究からは、不利益推認・コメントの圧力は、これまで証言しなかった者が証言するようになる程度の強さを有していることが示唆されているが、その具体的な増加率は調査からは明らかではない。しかし、不利益推認・コメントを認めることにより、黙秘という選択の魅力は相当に引き下がる。それは、虚偽証言や虚偽自白の増加をもたらすことが本書の予想するところであった。もっとも、当時の議論においては、黙秘という選択の魅力の低下は刑事司法運営の効率化の観点から高く評価されるのであった。歴史を紐解けば、不利益推認がもたらす供述意思決定の影響に関する予測や事後的な効果測定が十分に行われてきたわけではないのである。

　黙秘という選択を制約する不利益推認の必要性は、素朴な経験則と効果予測・測定なき刑事司法運営の効率化という要請の両輪から肯定されてきたのである。

　他方、不利益推認を巡る許容性に関する議論も十分ではなかった。不利益推認を認める論者は共通して、自己負罪拒否特権の保障根拠を歴史的理解に基づき、拷問等のような供述・証言の「強要」の禁止に見いだし、不利益推認によって生じる供述・証言への圧力は些細なものとして位置づけることで、合憲性を維持しようとした。しかしながら、そのような歴史的理解に固執すべき理由は明らかではない。

　以上をまとめるならば、不利益推認の歴史は、重大な疑義が投げかけられている素朴な経験則と、効果予測・測定を伴わない刑事司法運営の効率化の要請から、自己負罪拒否特権を縮減しようとしてきた歴史といえる。そうした主張を支えるのが、歴史的理解に基づく自己負罪拒否特権論であった。

自己負罪拒否特権の縮減に向けて、不利益推認を認めようとする要請は強固であったことが各州の憲法修正からも明らかである。Ohio 州は憲法修正を施して不利益推認・コメントを認めようとした。California 州は、州最高裁判決により一旦は不利益推認・コメントが違憲と判断されたにも関わらず、州憲法を修正することでこれを認めるに至った。こうした歴史からは、自己負罪拒否特権は傷つきやすい性格を有していることが浮かび上がる。

(2) 分かりにくい権利としての自己負罪拒否特権

　他方、不利益推認の歴史は、自己負罪拒否特権を削減しようとする強い要請の中にあっても、証言するか黙秘するかの自己決定の実現を確立しようとしてきた歴史でもある。それは、連邦最高裁法廷意見が一貫して、証言するか黙秘するかの自己決定の実現を確立しようとしてきたことからも窺える。本書の供述意思決定の分析からすると、そのような方向性は望ましいものだと考えられる。

　しかし、不利益供述をするかしないかの自己決定を保障する自己負罪拒否特権の機能は、実際に刑事訴追を受けた者には理解しやすく、そうでない者には分かりにくい。現に自己の生存に係わる質疑応答を様々な不確実性のもとで行われることを体験しなければ、その効能を理解するのは困難である。また、自己負罪拒否特権がもたらす効能は広く、間接的なものも含まれていた。誰かが黙秘することで、間接的に冤罪リスクが縮減し、無用なプライバシー制約が回避され、刑事司法資源が節約される。社会全体が広くかつ間接的にその効能を享受する。すなわち、自己負罪拒否特権は刑事手続に無縁な人にとって分かりにくい権利としての性格を有するといえよう。

　このように自己負罪拒否特権が有する傷つきやすく分かりにくい権利という性格に鑑みると、日本法において自己負罪拒否特権を憲法上の権利として位置づけ、不利益推認禁止もその保障内容に組み込んできたことには意味があったように思われる。自己負罪拒否特権を法律上の権利として位置づけ、不利益推認禁止も法律上の問題として位置づけた場合、時の政府

は得票を目論見、この権利の廃止・縮小を訴えるだろう。素朴な経験則の存在や、自己負罪拒否特権の効能を直接に享受できる利害関係者の少なさ、その効能の間接性に加えて、その効能の直感的なわかりにくさが容易に廃止へと導くことになりうる。このことは日本の告知規定修正・廃止論や憲法改正論からも推測できる。しかしながら、いったん廃止してしまえば、その損失は大きい。それゆえ自己負罪拒否特権を憲法上の保障として格上げし、不利益推認禁止も憲法上の保障として扱うことで、人々に熟慮を促し、廃止を容易に認めないようにしているといえるだろう。

すなわち、本書のように自己負罪拒否特権の保障根拠を個人の尊厳に見いださず、供述意思決定分析を踏まえたコストベネフィット計算の結果に見いだす立場を採用したとしても、自己負罪拒否特権を憲法上の権利として格上げすべき理由は存在するといえよう。傷つきやすく分かりにくい権利であり、社会的厚生を増進させる権利でもある自己負罪拒否特権が安易に縮減されないようにするには、自己負罪拒否特権を憲法上の権利として格上げしておく必要があるのである。そうすることで、政治家による得票行動から自己負罪拒否特権の修正・廃止が謳われたとしても、供述意思決定分析を踏まえた冷静なコストベネフィット計算を伴う慎重な熟議がこれを抑えることになる。法改正に比べて憲法改正のハードルは高く、各政治家がその改正に向けて政治的資源を割いても功を奏しない可能性が高い。そのため、自己負罪拒否特権の修正・廃止を政治の争点として安易に取り上げられずに済むという効能も有しているだろう。

最後に、不利益推認・コメントに関する議論の歴史を通観してきたが、自己負罪拒否特権や黙秘権保障の在り方を考察する視座も示唆として得られたと思われる。

しばしば、前科証拠による弾劾が認められているため、前科が公判廷に顕出されることを恐れて、被告人は証言しないという状況が指摘されていた。こうした指摘を踏まえ、前科証拠の弾劾利用を禁止しながら不利益推認を認めることにより、人々のインセンティブに影響を及ぼそうとしてきた。制度全体の調整を図ることで、前科を有する無辜は弁解証言をして無罪を獲得し、自己に不利益と考えて証言しない真犯人は黙秘して処罰を受

けるという結果を生み出すと考えられたのである。つまり、前科証拠の利用の許否、不利益推認の許否は、証拠法の枠内だけで考えるのではなく、これらを供述採取制度として一纏まりに考えて調整を図り、人々のインセンティブに働きかけることで、社会的に望ましい結果を生み出そうとしているのである。各プレイヤーに対する意思決定分析を踏まえて、供述採取制度はデザインしなければならないのである。これが日本法へのもう一つの示唆といえるだろう。最後に、ここまでの検討を纏めていきたい。

終 章

自己負罪拒否特権及び黙秘権の保障根拠

I メンタルワークロード（認知的負荷）と保障根拠論

1 刑事手続における質疑応答の性質

　本章では、これまでの検討を総括しながら、自己負罪拒否特権及び黙秘権保障の根拠論を提示したい。まずは、被疑者・被告人に対する質疑応答の性質を押さえておこう。

　刑事手続において、捜査官・裁判官が質疑に設定するトピックは、刑罰の賦課という自己の生存（または個人の尊厳）に関係している事項である。刑事手続は、刑罰賦課の可能性を左右する犯罪事実の存否等の確認を目的とする手続であるため、被疑者・被告人の生存に関わるトピックが質問の中心となる。そして、この刑事手続の目的を効率的に遂行するためにも、捜査・公判を問わず、被疑者・被告人にとって不利益になりうるトピックに質疑応答の焦点が当てられ、そのトピックがずらされることなく繰り返される（トピックコントロール）。これにより、犯罪事実の存否等の確認という刑事手続の目的を、円滑に遂行することができるのであった。

　なお、同様の指摘が、日本及びアメリカの実務家・研究者からなされていたことに触れておくべきだろう。憲法調査会において、捜査官は、犯罪の解決を求める世論からの期待を背負っており、その期待を果たすために取調べを行っていることが弁護士の大竹武七郎から指摘がされていた[1]。アメリカにおいても、捜査機関、裁判所、そして市民が刑事手続の効率的運営のために取調べを必要としているとPaul G. Kauperは述べていた[2]。

　1）本書第1章31頁参照。

これらはいずれも、犯罪事実の存否等の確認という刑事手続の目的を円滑に遂行する動機を捜査機関と裁判所は有していることを指摘するものである。

このようなトピックコントロールが実現可能になっているのは、取調べや被告人質問という制度の存在あるいは刑事手続の持つ権威そのものから調達されるパワーの不均衡にあった。パワーの不均衡が、捜査機関及び裁判所が常に質問者であり、被疑者・被告人側が常に回答者であるという関係性を確固たるものとする。これにより、捜査機関・裁判所は会話をコントロールすることができるのである。

このような質疑応答が、次の三重の不確実性のもとで行われるのであった。

第一の不確実性が、質問・発言した者の思惑に関する不確実性である。被疑者・被告人が犯人であるか否かを試すための質疑を首尾良く実現するために、捜査機関・裁判所は質問や発言の思惑を隠す。それゆえ被疑者・被告人は、質問の意図に関する不確実性に直面するのであった。

第二の不確実性が、自分の発した言葉がどのように解釈され、どのような結果を生むのかという結果の不確実性である。被疑者・被告人の言葉は、証拠として用いられるために、自らの手を離れて捜査機関・裁判所によって解釈される。自分の言葉の取扱いに関する不確実性は、解釈権限が捜査機関・裁判所のもとにある以上、解消することができないのであった。

第三の不確実性が、被疑者・被告人の言葉がどのタイミングで用いられるのかという時間的不確実性である。過去の文脈のもとで発した言葉も、その言葉の解釈権限を有する裁判所・捜査機関が後になってこれを拾い上げ、突如として意味を持つ。この時間的不確実性は、解釈権限が捜査機関・裁判所のもとにあるのに加え、言葉を証拠とする訴訟手続に由来するために払拭することが難しい。言葉を証拠とする以上、被疑者・被告人が発した言葉は保全され、任意のタイミングで利活用されるのである。

2）本書第5章199頁参照。

これら3つの不確実性はいずれも、言葉を証拠として扱う刑事手続の性格に由来するものであり、除外困難なものである。このような質疑応答の構造をメンタルワークロードあるいは認知的負荷概念を用いて分析することで、自己負罪拒否特権の保障根拠が浮かび上がる。

2 自己負罪拒否特権の保障根拠

このような解消の難しい三重の不確実性のもと自己の生存に関わる質疑応答を行うという過大な認知的負荷(メンタルワークロード)を伴う作業に被疑者・被告人は従事しなければならない。過大なメンタルワークロードを伴う作業には誤りが含まれやすい。熟慮にもとづかない供述や虚偽自白を行ってしまう虞がある。

そうした中では、自己負罪拒否特権を保障し、不利益推認を禁止する意義は大きい。認知資源を確保し、熟慮に基づく供述を実現する機能を有している。自己に不利益な結果をもたらしうる判断を下すにあたっては、何をどこまで、どのように、いつ、どこで、誰に話すか、逆にどこまで話してしまったのか、これらを熟慮するための整った環境・時間・認知資源等が必要となる。しかし、過大な認知的負荷が原因で、ときには虚偽自白を行ってしまう場合もある。だからこそ、その意思決定には熟慮が必要となる。沈思黙考というように、こうしたニーズに対して自己負罪拒否特権は資するだろう。しかしこれらが奪われることとなれば、無辜の処罰の危険性が上昇することになろう。

被疑者・被告人に対する質疑応答に付随するメンタルワークロードの高さが、供述意思決定を歪ませ、供述量の増加というベネフィットを上回る程度に諸コストを引き上げるリスクがあるために、自己負罪拒否特権と不利益推認禁止を保障しているといえよう。

なお、アメリカの連邦最高裁判例である *Griffin v. California* 判決や、*Carter v. Kentucky* 判決も同様に供述意思決定の負荷に着目していたことを指摘しておこう。これらは、被告人の供述意思決定に関わる間接的・心理的圧力を除外するのに必要な合理的手段の採用を求めていた[3]。そうした判断の背景には、供述意思決定への負荷が、供述を歪ませること

になり、種々のコストをもたらすことへの警戒があったとも考えられる。

3 捜査段階の黙秘権の保障根拠

　質疑応答に伴う認知的負荷という観点は、黙秘権への保障を拡充する理由も説明できる。事件の初期段階である捜査段階は、被疑事実が流動的であるがゆえに何が有利になるか不利になるかの計算量が増加し、質疑応答に伴う認知的負荷が高まるがゆえに、供述が歪みやすい状況といえる。そのような計算量を踏まえると、利益・不利益を問わず何も話さないという黙秘権の保障が求められる。

　このような計算量の話は、黙秘権告知規定の廃止・修正論でも示唆されていた。柏木千秋は、何が利益か不利益かの判別は困難であり、もしその判別を強いたうえで、不利益でない事柄についての供述義務があるとすれば、結局、不利益供述を強要する結果を招きうると指摘した[4]。この指摘は計算量に関わるものとして位置付けることができ、本書の見解と軌を一にするものといえる。

4 公判廷における黙秘権の保障根拠

(1) 計算量と認知的負荷

　他方、争点が形成される公判段階は、何が利益・不利益になるかの計算量が減少する。その分だけ質疑応答に伴う認知的負荷が抑えられているとすれば、自己負罪拒否特権の保障に限るという設計もありえる。一方で、公判段階における質問方法への規律が不十分であり、様々な質問テクニックが用いられると、何をどのように発言すべきか・すべきでないかの計算量が増えるために、認知的負荷が高まり、迂闊な発言等が生じる危険性が増加する。その結果、諸コストの増加が考えられるならば、利益・不利益を問わず何も話さないという黙秘権の保障が求められるだろう。

　3）本書第5章224頁参照。
　4）本書第1章34頁参照。

(2) 被告人質問と被告人証人適格

　計算量という観点は、被告人質問と被告人証人適格制度の差異を説明することに繋がる。何時でも必要とする事項について被告人の供述を求めることができる被告人質問制度のもとでは、被告人は、刻一刻と変化する状況を認識しながら、何をどのように発言すべきか・すべきでないかを計算しなければならない。被告人の抱える計算量は高まり、迂闊な発言等が生じる危険性が増加することから、自己に不利益か否かを問わず何も喋らないという選択としての黙秘権保障が必要となる。

　他方、被告人証人適格制度の下では、主張と争点が明確であり、質問時期も定められていることから、被告人質問に比べると計算量が低下すると考えられる。計算量の低下に鑑みると、自己負罪拒否特権の保障に限定することになると考えられるだろう。

(3) メンタルワークロードと弁護人立会権

　そして自己負罪拒否特権又は黙秘権の実質的保障という理由から、弁護人立会権が論じられているところ、これも供述意思決定を踏まえながら、メンタルワークロード（認知的負荷）と種々のコスト・ベネフィットの関係へと整理して分析を試みた。すなわち、弁護人立会権の必要性を高める事情として、認知的負荷を高める取調べテクニックについて言及した。取調べ制度の存在それ自体がもたらす権威や、警察署という物理的空間、知識の非対称性等が、捜査機関と被疑者との間のパワーの非対称性を認識させ、認知的負荷を高めるような取調べテクニックの利用を容易にしているのであった。これに対して、弁護人立会権の保障は、パワーの不均衡の是正に繋がり、取調べテクニックの利用を困難とする。その結果、供述が歪むリスクが抑えられることになり、種々のコストを抑えることに繋がる。

　供述意思決定への働きかけが高まる結果、供述量の増加等のベネフィットが見込める一方、供述が歪むリスクの増加により生じる種々のコストがそれを上回ると予想される場合、弁護人立会権の保障が求められる。自己負罪拒否特権、黙秘権、弁護人立会権はいずれも供述意思決定と各種コストベネフィットが関わる問題として位置付けられるものとした。

II 玉石混淆問題と保障根拠論

1 玉石混淆問題と自己負罪拒否特権の保障根拠

さらに、公共の利益を増進する個人の権利としての自己負罪拒否特権の保障根拠も考えられた。以下では、黙秘という選択を困難にした場合の帰結を考えよう。

公判段階にて黙秘という選択を不利益に扱えば、虚偽供述を行う真犯人が現れるようになる。真犯人が虚偽供述を行い、無辜は真実の弁解供述を行うという玉石混淆状態が引き起こされる。虚偽供述が入り交じる危険性を予測する裁判官は、被告人の供述一般を信用しなくなる。これは、無辜の供述の信用性も差し引くことを意味する。無実の被告人の言葉が差し引いて評価されてしまえば、無辜の処罰確率は増加する。

捜査段階にも同様の考えが当てはまる。黙秘という選択の魅力を低下させた場合、取調べにおいて真犯人が虚偽供述を行う危険性が高まる。捜査と公判で供述が食い違わないように、真犯人は一貫して虚偽供述を行うようになり、先と同じ帰結を生じさせる。

さらに、不利益推認の影響は無辜に対しても波及する。不利益推認を認めるなどすれば、真犯人が虚偽供述を行い玉石混淆状態に陥るために、供述一般の信用性が低下し、無辜は自らのアリバイ供述が信用されなくなる。この傾向が固着化すれば、無実の被疑者・被告人は、あらゆる方法をもって嫌疑を払拭しようと、第三者への嫌疑のなすりつけや争点のでっちあげといった過剰弁解を行う危険性が生じる。これは、不必要なプライバシー制約や無用な刑事司法資源の浪費に繋がる。さらに、たとえ無実の被疑者・被告人であっても過剰弁解を行うのだとすれば、ある供述が無辜の真実の弁解供述である確率が一層低下し、供述一般の信用性の更なる低下を招く。それは、無辜の供述も信用されなくなるために無辜の処罰確率の増加を意味する。

これに対して自己負罪拒否特権を保障し、不利益推認を禁止すれば、真犯人は虚偽供述の代わりに黙秘という選択を採用するインセンティブに惹かれるため、玉石混淆状態が抑えられる。これにより供述一般の信用性が

向上し、無辜の供述の信用性も同時に引きあげ、冤罪リスクを抑えることに繋がる。さらに、無辜が第三者に嫌疑をなすりつけて、争点をでっちあげるといった、あらゆる方法で嫌疑を払拭する必要性も低下するため、無実の被疑者・被告人による過剰弁解の危険性も抑えられることに繋がる。

2 黙秘権保障への拡充
(1) 不利益推認の禁止手段と黙秘権

さらに自己負罪拒否特権保障から黙秘権保障へと政策的に拡充することで、不利益推認禁止を徹底し、玉石混淆状態の発生を抑えるということも考えられる。黙秘理由を疎明する必要が無くなり、利益・不利益を問わずに黙秘できるのだとすれば、裁判官からすると黙秘した理由が曖昧になる。曖昧になるがゆえに、合理的な不利益推認は困難になる。法と言語学の知見によると、沈黙の機能の多様性や沈黙が生じたコンテキスト、文化によって沈黙の意味内容が異なることから、被疑者・被告人がどのような理由から沈黙しているかの識別は困難であるという。したがって、玉石混淆を引き起こす真犯人からすれば、黙秘したとしても不利益に扱われにくいだろうと考え、虚偽供述ではなく黙秘という選択をする動機を抱くようになる。不利益推認禁止を徹底し、玉石混淆問題を確実に抑えようとするならば、黙秘権の保障が求められる。

(2) 被告人質問と被告人証人適格

また、玉石混淆防止という観点から、被告人質問と被告人証人適格制度とで保障のあり方が異なることを説明できるとした。アメリカとは異なり、被告人に対する偽証罪を定めずに不利益推認を禁止するという日本の制度設計には、一定の合理性がある。無辜の弁解供述が差し引いて評価されないことに玉石混淆防止の目的があった。この目的からすると、無辜の弁解供述が公判廷に顕出されることが重要となる。しかし、偽証罪による制裁が定められている場合、理路整然と弁解することが困難な無辜は、自らの弁解が虚偽と判断されることを恐れて供述しないことも考えられる。そこで、被告人質問制度を採用し、偽証罪による制裁ではなく、自白の減刑の

増加と、証拠収集活動を通じた虚偽検知に玉石混淆防止を委ねることで、偽証罪による処罰を恐れる無辜の弁解供述を顕出させやすくしていると考えられる。

アメリカと日本は、自己負罪拒否特権の保障を通じて玉石混淆を防止する点で共通している。しかし玉石混淆防止方法と供述採取に関しては発想を異にする。アメリカは起訴基準を引き下げ、虚偽検知確率を低下させる一方で、被告人証人適格制度を採用する。偽証罪の制裁を利用することで、捜査資源を節約しながら真犯人の虚偽供述インセンティブを低下させ、玉石混淆を防止している。他方、日本は起訴基準を引き上げ虚偽検知確率を高める一方で、被告人質問制度を採用する。捜査資源の投入を通じて虚偽検知確率を引き上げることで玉石混淆を防止し、無辜の弁解供述を引きだそうとしている。このような設計思想の違いがあることを指摘した。

(3) 玉石混淆防止と弁護人立会権

そして、弁護人立会権も玉石混淆防止との関係が深いことを指摘した。弁護人が捜査・公判に立会い、即時的な助言を通じて、黙秘することへの心理的ハードルを引き下げる一方、供述することが望ましい場合には供述するように被疑者・被告人の供述意思決定を誘導する。これにより真犯人は黙秘し、無辜は過剰弁解せずに、弁解すべきときには弁解するようになる。弁護人立会権の保障は、玉石混淆防止を促進する一方、その利益を被疑者・被告人が享受できるようになる機能があることを指摘した。

Ⅲ 黙秘権の保障根拠

以上の検討から、黙秘権の保障根拠は次の4点に求められる。

第一に、黙秘を認めることで被疑者・被告人の認知資源を確保し、無辜の熟慮に基づく供述を実現し、無辜の処罰を防止する点が挙げられる。被疑者・被告人は、自己の生存に関わる質疑への応答を三重の不確実性のもとで行わなければならない。そのような過大な認知的負荷を伴う質疑は、そのままでは熟慮にもとづかない供述や虚偽自白を引き起こす虞を有する。

III 黙秘権の保障根拠　247

何をどこまで、どのように、いつ、どこで、誰に話すか、逆にどこまで話してしまったのか。黙秘権は、これらを熟慮するために必要な認知資源の確保に資する。

　第二に、揚げ足を取られるような供述を無辜が行わないように、供述しないという選択を認めることによって、無辜の処罰を防止する点が挙げられる。たとえ熟慮を認めたとしてもなお、揚げ足を取られるような供述が採取されるおそれがあり、それは冤罪の原因となる。しかし、何も供述しないという黙秘権を保障することにより、これを防ぐことになろう。

　第三に、真犯人の虚偽供述を抑えることで、間接的に無辜の処罰を防止する点が挙げられる。不利益推認を認めるなどして、真犯人にとって黙秘という選択が魅力的でない場合、黙秘から虚偽供述へと選択を切り替える。その結果、真犯人の虚偽供述と無辜の供述が入り混じる玉石混交状態が助長されるため、目の前の被告人が嘘を言っているのではないかと裁判官が先読みするようになり、被告人の供述一般が信用されなくなる。その結果、無辜の供述も同時に信用されなくなり、冤罪リスクが引きあがる。そこで、真犯人に虚偽供述をさせないように黙秘権を保障することが求められる。

　第四に、前述した形で供述一般が信用されなくなると、無辜が過剰弁解（嫌疑をなすりつける・争点のでっちあげ等）を行う動機を有するようになるところ、黙秘権を保障することでこうした事態の発生を防ぎ、無辜の処罰、不必要なプライバシー制約、刑事司法資源の浪費を抑える点が挙げられる。

　特に、刑事手続の歴史においては、無辜の処罰は真犯人の不処罰というエラーよりも重大なものとして評価されてきた。無辜が負担する負の効用は勿論のこと、真犯人の不処罰とは異なり、冤罪は刑罰執行費用という無駄なコストが伴う。さらに、無実の者でも処罰されるというリスクの増加は、法遵守行為の期待利得の低下をもたらし、刑罰の感銘力・抑止効果の低下を引き起こす。そして、冤罪コストは一人に集中するコストである一方、真犯人の不処罰コストは社会全員で負担できるコストでもあった。

　これらに鑑みると、供述量の増加というベネフィットをあえて放棄し、代わりに種々のコストの発生を抑えるシステムとして自己負罪拒否特権及び黙秘権が保障されるべきである。

これまでの検討から得られた成果を纏めるならば、憲法・刑事訴訟法は真犯人と無辜に対して、（不利益）供述拒否権・不利益推認禁止をその内容とする自己負罪拒否特権及び黙秘権を保障し、（不利益な）供述をするかしないかの自己決定が可能な状態を確立し、各人がそれぞれ最適な自己決定を行うことで、無辜の処罰を抑え、無用なプライバシー制約・刑事司法資源の浪費が引き起こされないようにしているといえるだろう[5]。

なお、本書の検討の出発点となったアメリカの Ronald J. Allen と M. Krstin Mace の画定基準について触れておこう。彼らは、自己負罪拒否特権の保障範囲についての画定基準を整理するにあたり、「証言的」もしくは「証言」という要素を、認知機能が関わる実体的内容──人々が抱きまたは生成する真偽値を伴う命題──を含むもの、すなわち、真実性に関わる内容を含むものと整理したが、それには理由があったと思われる[6]。犯罪事実や量刑事実の真実性が関わる場合は、供述が歪んだ場合のコストが大きい。それゆえ、真実性に関わる内容を含む供述に対しては、自己負罪拒否特権の保護が及ぶと整理できるだろう。

もっとも、個人の尊厳といった憲法上の価値に根付いた自己負罪拒否特権論とは異なり、本書が提示する保障根拠論は供述意思決定分析を踏まえたコストベネフィット計算の結果に保障根拠を見いだすため、自己負罪拒否特権を憲法上の権利として格上げすべき理由を別途模索する必要がある。そこで本書では、最後に自己負罪拒否特権という権利の性質を検討した。

---

[5] 本理論はプライバシーとの関係では、プライバシーを適正な自己情報の取扱いを受ける権利（音無知展『プライバシー権の再構成』［有斐閣、2021年］）と理解する見解と親和的と思われる。

[6] 本書第2章87頁参照。Allen と Mace は、筆跡鑑定のために名前を書かせたり、同一性の確認のために服を着させたりすることは、認知機能を介在しているもの、実体に関する真偽値を有する命題、すなわち真実性に関わる事情を産出していないために修正第5条の保障が及ばないとする。Ronald J. Allen & M. Kristin Mace, *The Self-Incrimination Clause Explained and Its Future Predicted*, 94 J. Crim. L. & Criminology 243, 270 (2004).

Ⅳ 憲法上の権利としての自己負罪拒否特権

　本書では、自己負罪拒否特権を憲法上の保障として位置づけるべき理由を、傷つきやすく分かりにくい権利という性格に見いだした。アメリカの不利益推認を巡る歴史を紐解くと、重大な疑義が投げかけられている素朴な経験則——黙秘するのは真犯人だからである——を前提に、効果予測・効果測定を伴わない刑事司法運営の効率化に向けて、自己負罪拒否特権の保障内容を削減しようとしてきた。自己負罪拒否特権は、政治的に傷つきやすい権利という性格を有するのである。

　他方、自己負罪拒否特権の機能は、実際に刑事訴追を受けた者には理解しやすく、そうでない者には分かりにくい。現に、自己の生存にかかる質疑応答を様々な不確実性のもとで行うことを体験しなければ、その効能を理解するのは困難である。加えて、自己負罪拒否特権のもたらす効能は広く、間接的なものも含まれていた。黙秘を認めることにより、虚偽供述や過剰弁解の発生が抑えられて、でっちあげられた争点に資源を割り当てずにすむ。刑事司法資源の節約という社会全体が薄くその効能を受けられる。また、別の第三者が無用なプライバシー制約を受けない・無辜の処罰を回避できるといった形で、その効能は薄く広がり、間接的なものである。このように自己負罪拒否特権は、刑事手続に全く無縁な人にとって分かりにくい権利という性格を有する。

　もし自己負罪拒否特権を法律上の権利として位置づけた場合、時の政府は得票を目論見、この権利の廃止・縮小を訴えるだろう。素朴な経験則や、黙秘権の効能を直接に享受できる利害関係者の少なさ、その効能の間接性に加え、その効能の直感的なわかりにくさが容易に廃止へと導く。

　このような傷つきやすい権利としての性格は、1950年代の憲法調査会の存在からも推測できよう。実際、憲法調査会にて、竹内誠はいったん権利行使に制約を認めると、そこから権利保障が掘り崩されることを指摘していた[7]。自己負罪拒否特権は日本においてもアメリカと同様に傷つきやすい権利としての性格を有しているといえる。

　しかしながら、いったん廃止してしまえば、その損失は大きい。それゆ

え傷つきやすく分かりにくい権利であり、社会的厚生を増進させる権利でもある自己負罪拒否特権が安易に縮減されないようにするには、自己負罪拒否特権を憲法上の権利として格上げしておく必要がある。そうすることで、政治家による得票行動から自己負罪拒否特権の修正・廃止が謳われたとしても、供述意思決定分析を踏まえた冷静なコストベネフィット計算を伴う慎重な熟議がその歯止めをかけるのである。

V　自己負罪拒否特権の保障範囲と供述採取制度の設計思想

1　自己負罪拒否特権の保障範囲とポリグラフ検査・復号強制

　本書の提示する保障根拠論は、被疑者・被告人が証拠収集過程において認知機能を介在させて証拠を生成していく主体であるという発想が根底にあることもあり、自己負罪拒否特権の保障範囲もこの観点から画定される。すなわち、自己負罪拒否特権の保障範囲は、証拠収集過程において被疑者・被告人の認知機能を介在させて新たに生成される証拠であるか否かという観点から保障範囲は画定する。

　血液検査、呼気検査のほか、既に生成された被疑者・被告人の私的文書をはじめとする物的証拠は、証拠収集過程で被疑者・被告人の認知機能を介在して新たに生成されるものではなく、被疑者・被告人が手を加えることがもはや不可能な性格を有する。他方、物的証拠とは異なり、供述は、取調べや被告人質問といった証拠収集過程において、被疑者・被告人の認知機能を介在させて新たに生成されるという性格を有する。物的証拠も供述も同じ証拠ではあるが、供述は、証拠収集過程において被疑者・被告人の認知機能を介在して新たに生み出される点で性格的差異が存在する。

　この性格的差異が、保障範囲を供述するかしないかの自己決定に限定し、その範囲内で保障を手厚くする理由となる。証拠収集過程において認知機能を介在させて生成される供述は、物的証拠と異なり、いかようにも歪む。

　7）本書第1章30頁参照。

先に述べたように、被疑者・被告人は、その環境次第によっては、虚偽自白、虚偽供述、過剰弁解（嫌疑のなすりつけ・争点のでっちあげ）を行う。これらは、無辜の処罰、無用なプライバシー制約、刑事司法資源の浪費といった大きな弊害を生み出すものであった。被疑者・被告人が証拠生成主体である以上は、供述が歪まないように供述採取には慎重になり、自己負罪拒否特権の保障が必要となる。

他方、証拠収集過程において被疑者・被告人の認知機能を介在させて新たに生成されるわけではない物的証拠の場合は、その証拠を強制的に収集しても証拠が歪むことはなく、証拠価値が低下するわけではない。また既に被疑者・被告人の認知機能を介在して生成された証拠（日記等）も、生成されている以上は、その証拠収集過程に強制的要素が入ったとしても、その証拠が歪むことはなく、証拠価値が低下するわけではない。それゆえ、供述の場合とは異なり、物的証拠の強制的収集が憲法第35条の範囲内で許容されているといえるだろう。

このような理解からすると、ポリグラフ検査や復号強制は、これを強要しても真実性に関わる供述内容やデータ内容を歪ませるといった影響は生じないために、自己負罪拒否特権及び黙秘権の保障範囲から外されると整理できるだろう。復号強制の規制のあり方は、アメリカやイギリスの動向を参照することで、自己負罪拒否特権との関係で議論がされてきた。しかし、自己負罪拒否特権の枠内で議論することは、あるべき規制を見えにくくすることになろう。懸念すべき対象が、内容の真実性ではなく、プライバシーや情報の保管・管理にあるのだとすれば、端的にその部分を捉えて、プライバシー権等から規制を考察するべきだろう。

2　供述採取制度の設計思想

このように供述採取制度の有り様は、認知的負荷と種々のコスト・ベネフィットとの関係で決まるだろう。より具体的には、ⅰ）供述が歪む虞、ⅱ）歪みのメカニズム、ⅲ）その歪みの影響を含めた結果の評価という枠組みによって決まるのだろう。これらの要素により、供述採取の規律の有り様が変わってくる。このような観点から、自己負罪拒否特権や黙秘権の

保障の要否も変わり、保障する場合もどれほど手厚いものにするかも変わるだろう。もっとも、こうした考え方は既存の自己負罪拒否特権及び黙秘権の保障根拠論からも看取できる。

　個人の尊厳保障に自己負罪拒否特権及び黙秘権の保障根拠を見いだす立場は、自己の生存に関わる質疑応答であるからこそ生じる、供述が歪むリスクに着目したものといえる。自白偏重防止に保障根拠を見いだす立場は、虚偽自白という結果を深刻視したものと位置づけることができる。プライバシーを保障根拠とする見解は、嫌疑がかけられているがゆえに公権力の干渉対象となりやすいという国家権力側のインセンティブに着目し、供述が歪むメカニズムに着目したものといえよう。自己決定の実現を保障根拠に据える見解も、被疑者の精神的力量に着目していることから、供述が歪む虞に着目したものだろう。そして、自己負罪拒否特権及び黙秘権は証明責任との関係で説明されることもあるが、これも本書の理解と親和的だろう。もし証明責任の原則が存在しない場合、無辜はあらゆる方法を使って嫌疑を払拭しようとする。その方法として、過剰弁解（嫌疑のなすりつけ・争点のでっちあげ）が行われる。同様に、証明責任の原則が存在しない場合、真犯人は積極的に供述や証拠提出を行わない限り有罪となる確率が高いという公算を有し、虚偽供述を行う動機を強める。そのうえ、真犯人は真犯人であるがゆえに犯罪事実に詳しく、精巧な虚偽供述を作ることが可能である。しかし、嫌疑のなすりつけ・争点のでっちあげ・虚偽供述という玉石混淆をもたらす選択は、社会にとって望ましいものではない。そこで、玉石混淆状態の発生を抑えるためには、黙秘していても無罪を得られるような制度設計が求められるところ、それがまさに証明責任の原則である。ここに自己負罪拒否特権及び黙秘権と証明責任の交差が見られるのである。

　さらに、人々のインセンティブとその帰結に着目して供述採取制度を構築しようとする発想は、アメリカの不利益推認を巡る議論からも浮かび上がっていた。アメリカでは、前科証拠による弾劾が認められているため、前科が公判廷に顕出されることを恐れて、被告人は証言しないということが指摘されていた[8]。その指摘を踏まえ、前科証拠の弾劾利用を禁止しながら、不利益推認を認めることにより、人々のインセンティブに影響を

及ぼそうとしてきた。制度的調整を図ることによって、前科を有する無辜は証言して無罪を獲得し、自己に不利益と考えて証言しない真犯人は黙秘して処罰を受けるという望ましい結果を生み出すだろうと考えられたのである。アメリカにおいては、前科証拠の利用の許否、不利益推認の許否は、証拠法の枠内に留まらず、これらを供述採取制度の一つとして考えて調整を図り、人々のインセンティブに働きかけることで、社会的に望ましい結果を生み出そうとしているのである。ここからは、他の制度との調整により人々のインセンティブに影響を及ぼしながら、質の高い供述・証言を採取していき、望ましい帰結を生み出そうとする設計思想が浮かび上がる。

　本書の提示した、ⅰ）供述が歪む虞、ⅱ）歪みのメカニズム、ⅲ）その歪みの影響を含めた結果の評価という枠組みのもと、自己負罪拒否特権や黙秘権保障の在り方をはじめとした供述採取制度を設計するという発想は、刑事手続以外にも妥当すると思われる。本書では検討しないが、行政調査における自己負罪拒否特権保障の在り方も分析できるだろう。これは今後の課題としたい。

8）例えば、本書第5章228-229頁参照。

あとがき

　本書は、2021年に、一橋大学大学院法学研究科に博士学位申請論文として提出した「黙秘権の機能的分析」に大幅な加筆・修正を施したものである。本書の問題意識は既に述べたところであるから、本書の執筆に至る経緯を述べておきたい。これにより本書が採用する方法論への理解が深まれば幸いである。

　筆者は、修士課程より不利益推認に関する研究を行ってきた。しかし、研究を進めていく中で、研究方法に不安感を覚えていた。

　これまで自己負罪拒否特権及び黙秘権の歴史的沿革や諸外国での議論が仔細に紹介され、分析されてきた。このような重厚な文献調査に憧れを抱きながらも、そこで提示される保障根拠論は、私にとって抽象的なものと感じられた。また、私の能力では、「比較法」ではなく、アメリカの著名な研究者や裁判官が考えたことをトレースするだけで終わってしまうとの予感もあった。

　一方、弁護人・検察官・裁判官・警察官等の刑事手続の最前線にいる方々の黙秘権論にも心が惹かれた。黙秘権の機能やその重要性が具体的な形で認識されて、提示されていた。しかしこのような手触りのある見解を構築したくとも、私は実務経験を有していなかった。

　そのような方法論への不安感を抱きながら、私は日本法の議論を整理し、アメリカ法の動向を参考にすることで不利益推認の許容性を論じるに至った。しかし、研究成果を纏めている最中に、不利益推認に関する比較法研究が多数生まれたために公刊を断念した。これが研究方法を変える決定的な出来事であった。

　そこで手始めに、日本の先行研究で触れられてこなかった Alex Stein と Daniel J. Seidmann の共同研究の理解を深めようと「法と経済学」を学ぶことにした。私なりに理解すると、法と経済学は、意思決定分析と帰結の評価によってルールの望ましさを判断する分野である。法と経済学を学ぶにつれて、既存の保障根拠論は、意思決定分析を欠いているのではないかと疑問を抱くようになった。人々の供述意思決定は、環境、心理状態、

利害得失、働きかけによって大きく変わる。その性質を踏まえないと、保障根拠論は空虚なものになるのではないかと考えるように至ったのである。人々の意思決定を制御するのがルールの役割の一つだとすれば、意思決定分析が必要不可欠である。そこで、供述意思決定分析に基づく保障根拠論を展開できないかと試みたのが、本書の基礎となった博士論文である。

　しかし、筆者の想像力は貧弱であるため、被疑者・被告人の供述意思決定を想像するのは困難であった。そこで、合理的選択理論に基づくゲーム理論や、人々の供述意思決定を実証的に分析しようと試みる「法と心理学」・「法と言語学」に依拠し、想像力を補うことにしたのである。

　ゲーム理論等の意思決定分析が有する建設的性格は、筆者の好みにも合っていた。例えば、ゲーム理論モデルに対しては、『人は合理的ではない』という批判が提示される。しかし、もし人間が完全にランダムに動くのだとすれば、意思決定の制御手段であるルールの存在意義は失われることになる。したがって、『人は合理的ではない』という批判は、『人は、モデルが予測するような行動をしない』『実際の行動は次のようなものではないか』ということを意味しているのだろう。これに対して、意思決定分析は、批判として提示された具体的な行動様式を吸収し、精緻な意思決定モデルを構築しようと試みる。本書が提示する供述意思決定モデルにも様々な批判があるだろうが、このような建設的性格に鑑み、批判を吸収して精緻化を図りたい。

　こうして隣接諸学問の知見をなんとか纏めることができたのは、多くの方々のご支援によるものである。

　大学生時代には横山實先生、中川孝博先生から、大学院生時代には、指導教員として葛野尋之先生、副指導教員として緑大輔先生から指導を賜った。学際的アプローチを採用する私を快く受け入れ、刑事訴訟法学と学際的知見の接続を実現できるように丁寧に指導していただいた先生方には心から御礼を申し上げる。

　愛知学院大学の皆さんにも大変お世話になった。教職員の皆さんは本書の基礎となる学会報告へのチャレンジを後押ししていただき、学生（特に

大角ゼミのゼミ生）の皆さんは私の研究アイデアを楽しそうに聞いてくれて批判もしてくれた。愛知学院大学での教育活動・研究活動が本書に生きている。

　弁護士の芝﨑勇介先生は、読まれずに埋もれていた博士論文を隅から隅まで読んでいただき、繰り返しコメントをしていただいた。出版を決意するきっかけの一人でもあり、感謝を申し上げる。

　父の秀夫、母の陽子、兄の勇介は、やりたいことが多くて色々なことに手を出す私を温かく見守ってくれた。そうした家族のもとで育ったからこそ、学際的性格を有する本書が生まれたのだと思う。

　そして、大学生時代からのパートナーである妻の理沙は、二言目には、泣き言を言う私を辛抱強く励ましてくれた。私一人では絶対に書き切れなかっただろう。細部にわたる校正や内容面の検討にも尽力してくれた厳格な読者でもある。

　本書の刊行に当たっては公益財団法人末延財団より出版助成を受けた。可読性を高めるためにUDフォントの採用を提案した日本評論社の田村梨奈氏には大変お世話になった。読みやすい研究書へと仕上げるために尽力していただき、深く感謝する。

2025年2月15日

牧野由依「スピラーレ」
（作詞：河井英里、作曲・編曲：窪田ミナ）を聞きながら

大角洋平

◆事項索引

A

Adamson v. California, 332 U.S. 46 (1947) …………………………… 168, 211

B

Bird v. State, 50 Ga. 585 (1874) … 172, 179
Block v. People, 240 P.2d 512 (Colo. 1951) …………………………… 79

C

Carter v. Kentucky, 450 U.S. 288 (1981) …………………………… 225, 241

G

Griffin v. California, 380 U.S. 609 (1965) …………………………… 167, 218, 241
Griswold v. Connecticut, 381 U.S. 479 (1965) …………………………… 83

H

Holt v. United States, 218 U.S. 245 (1910) …………………………… 76, 113

M

Malloy v. Hogan, 378 U.S. 1 (1964) …………………………… 169
Malloy, 378 U.S. ……………………… 217
Model Code of Evidence …………… 208

P

Parker v. State, 61 N.J.L. 308 (1898) … 172
People v. Griffin, 60 Cal. 2d 182 (1963) …………………………… 220

People v. Les, 267 Mich. 648 (1937) …… 78, 114
People v. Modesto, 62 Cal. 2d 436 (1965) …………………………… 218, 222
People v. Sallow, 100 Misc 447 (165 N.Y.S 915) (1917) …………………… 77, 113
People v. Tyler, 36 Cal. 522 (1869) …………………………… 175, 176
Price v. Commonwealth, 77 Va. 393 (1883) …………………………… 172, 179

S

Schmerber v. California, 384 U.S. 757 (1966) …………………… 77, 80, 113, 138
State v. Bartlett, 55 Me. 200 (1867). … 172
State v. Colonese, 108 Conn. 454 (1928) …………………………… 172
State v. Howard, 35 S.C. 197, 13 S.E.48 (1892) …………………………… 179

T

Twining v. New Jersey, 211 U.S. 78 (1908). …………………………… 168
Twining v. State, 211 U.S. 78 (1908) …………………………… 190

U

Uniform Rules of Evidence ………… 208

W

WH-クエスチョン …………………… 116
Wickersham 委員会報告書 ………… 198
Wilson v. United States, 149 U.S. 60 (1893) …………………………… 179

Y

Yes/No クエスチョン ………………… 126

あ

圧力 …………………………… 130

い

違憲な条件法理 …………… 225, 233
意思決定 …………………… 43, 178
意思決定分析 ……………………… 237
意思疎通 ……………… 77, 80, 81, 137
一括均衡 …………………………… 153
インセンティブ ……… 128, 149, 151, 252

え

冤罪コスト ………………………… 112
冤罪リスク ………………………… 161

お

思惑に関する不確実性 …………… 107

か

外部性 …………………………… 72, 152
会話ストラテジー ………………… 125
会話の公理 ………………………… 123
科学的捜査 …………………… 194, 208
過酷な取調べ ………………… 198, 201
画定基準 …………………………… 83
過剰弁解 …………… 157, 158, 165, 244, 247
関連性 ……………………… 228, 230

き

偽証 ………………………………… 144
偽証罪 …………… 136, 146, 153, 164, 245
傷つきやすく分かりにくい権利 …… 231, 233, 235, 249
期待可能性理論 …………………… 136
窮地の抗弁 …………………… 140, 143
糾問型スピーチイベント ………… 124
糾問の捜査観 ………………… 44, 46

く

供述 …………………………… 38, 113
供述意思決定 …………… 43, 130, 165, 178
供述義務 …………………………… 46, 58
供述採取制度 ……………… 237, 252
供述量 ………… 112, 130, 161, 203, 241, 247
強制採血 …………………………… 79, 80
強制の抗弁 ………………………… 140
協調の原理 ………………………… 123
強要 ……………………………… 35, 43, 224
虚偽供述 ………… 112, 136, 154, 160, 163, 244
虚偽検知 …………………………… 156
虚偽自白 ……………………… 112, 252
玉石混淆 ……… 112, 153, 157, 159, 160, 163, 244

け

警察の組織化 ……………………… 183
刑事司法運営の効率化 …… 192, 194, 202, 207, 234, 249
刑事司法資源 ………… 112, 129, 158, 161, 163
刑事弁護ルネッサンス …………… 57
刑事免責制度 ……………………… 107
刑罰執行費用 ……………… 112, 247
結果の不確実性 …………………… 108
嫌疑のなすりつけ …………… 158, 160
言語運用能力 ……………………… 125
憲法調査会 ………………………… 22
憲法の精神 ………………………… 69
　　　──の拡充 …………………… 16
権利の実質化 …………… 55, 58, 66, 73

こ

語彙選択 …………………………… 127
公共の福祉 ……………………… 29, 72
公共の利益 ………… 29, 62, 72, 244
拷問 …………………… 43, 203, 212
功利主義 …………………………… 141
効率的な刑事司法運営 …………… 182
合理的疑いを超えた証明 ………… 151
勾留 ………………………………… 130
個人の尊厳 …… 11, 26, 61, 68, 100, 106, 138, 236, 239, 248, 252

言葉の解釈権限·················108
コメント························168
コンタミネーション··············117

さ

残酷なトリレンマ················139
三重の不確実性········ 107, 131, 240, 246

し

時間的不確実性··················108
自己決定··········· 55, 58, 62, 69, 178, 227
自己負罪拒否特権······ 58, 112, 115, 131, 135, 146, 151, 152, 157, 162, 178, 227, 239, 241
　　──の保障範囲················250
質疑応答······················99, 110
自白······················ 41, 144, 154
　　──偏重防止········· 9, 32, 68, 252
司法省司法政策局（Office of Legal Policy）
　·····························228
司法への信頼················· 137, 146
指紋強制採取··················77, 78
社会からの合意····················61
社会的厚生······················236
社会的スキル····················125
主体性··························63
主体的地位······················55
主体的力量···················64, 67
証言量···················211, 215, 230
証拠価値······· 181, 202, 204, 206, 229, 233
証拠収集過程··········· 92, 113, 152, 163
証拠収集過程の性質················86
証拠生成能力·················93, 152
証拠の性質······················86
証拠の不提出····················174
情報収集型スピーチイベント········124
情報の非対称性··············· 129, 150
証明責任················· 61, 130, 252
使用免責·······················137
真犯人··············· 73, 136, 150, 156, 202
　　──の不処罰········ 128, 147, 161, 247
　　──の不処罰コスト··············112

す

スキーマ························125
スピーチイベント················122
制裁（penalty）·················222
静寂···························98
精神的プライバシー····· 60, 66, 69, 70, 84, 92

せ

責任阻却·······················145
説示···························197
説得······················ 18, 52, 63
説明責任························73
前科············· 168, 187, 196, 198, 229, 230
戦略的行動······················145

そ

訴因···························114
捜査技術水準·············· 188, 194, 207
捜査構造論·················45, 46, 69
争点のでっちあげ············· 158, 160
訴訟的捜査構造論·················47
素朴な経験則·············· 228, 233, 234

た

タスク処理を取り巻く諸制約········107
タスク処理を複雑にする諸要因······116
タスクの要求内容············ 100, 106
弾劾的捜査観················ 46, 48, 50

ち

知識確認型質問··················116
知識の非対称性··················127
着衣強制························76
沈黙······················· 162, 173
　　──の自由····················54

て

提出命令 ································· 89

と

当事者主義 ····················· 10, 16, 26, 81
党派性 ································· 197
トピックコントロール ····· 101, 103, 239, 240
　──の目的 ························· 104
取調べ ·································· 29
　──技術 ················ 36, 38, 41, 45
　──遮断効 ························ 127
　──受忍義務 ······················ 47
　──テクニック ··················· 127

に

認知機能 ······················ 90, 96, 110
認知資源 ····························· 114
認知的証拠 ························ 87, 94
認知的負荷 ········ 98, 110, 114, 116, 241, 242
　→メンタルワークロードも参照

は

働きかけ ······························ 43
パッシブディセプション ··············· 120
パワー ······················ 104, 105, 127, 240
犯人性の立証 ························· 232

ひ

被疑者の主体的地位 ···················· 49
被告人質問 ··········· 115, 164, 240, 243, 245
被告人証人適格 ··· 29, 115, 136, 154, 164, 169, 243, 245
フェデラリズム ················ 192, 213

ふ

付加疑問文 ······················ 115, 119
復号強制 ···························· 250

ほ

物的証拠 ····························· 163
物的証拠収集 ························· 71
プライバシー ····· 58, 65, 83, 92, 137, 159, 160, 163, 247, 252
不利益推認 ··· 34, 42, 67, 112, 114, 151, 156, 159, 161, 170, 171, 198, 230, 241

へ

米国法律協会（American Law Institute） ································· 195
弁護人立会権 ····· 116, 127, 128, 131, 164, 243

ほ

法遵守行為 ···················· 140, 247
法と言語 ······························ 99
保障内容 ······························ 67
ポリグラフ検査 ··············· 37, 91, 250

む

無辜 ····················· 136, 150, 156, 158, 244
　──の処罰 ····· 147, 159, 163, 241, 244, 247
無罪推定 ························ 180, 198

め

迷妄的多義表現 ······················· 120
免除権 ·························· 190, 212
メンタルワークロード ······· 95, 98, 110, 115, 116, 127, 131, 164, 241
　→認知的負荷も参照

も

黙秘 ·································· 154, 160
　──権・58, 114, 115, 132, 162, 239, 242, 246
　──権告知 ·························· 19
　──権の機能 ·················· 61, 65
　──権の濫用 ··················· 30, 43
　──理由 ···························· 162

ゆ

誘導尋問 ･････････････････････････ 117

よ

抑止効果 ･･･････････････ 141, 143, 145

ら

ラポール形成 ･･････････････････････ 120

り

利益衡量 ･･････････････････････ 85, 138

れ

レモン市場 ･･･････････････････････ 149

《著者紹介》

大角　洋平
（おおかど　ようへい）

●——略歴
2014年　國學院大學法学部卒業
2021年　一橋大学大学院法学研究科博士課程修了・博士（法学）
現　在　愛知学院大学法学部講師

●——主要業績
「捜査法上の処分に対する経済学的分析：Orin S. Kerr の論文を参照して」一橋法学17巻1号179頁（2018年）
「罪証隠滅防止を目的とする起訴前勾留の経済学的分析」一橋法学19巻1号391頁（2020年）
「保釈保証金の経済学的分析」季刊刑事弁護107号40頁
「身体拘束中の被疑者に対する取調べ前の権利告知制度の機能的分析」判例時報2535号15頁（2022年）
「身体拘束中の被疑者に対するトラウマインフォームドな供述採取制度の検討」愛知学院大学論叢法學研究65巻1・2号87頁（2024年）
「量刑資料の収集動機と判決前調査制度の要否――ゲーム理論・アメリカ法・心理学の観点から」愛知学院大学論叢法學研究65巻3・4号55頁（2024年）

黙秘権の機能的分析
（もくひけんのきのうてきぶんせき）

2025年3月31日　第1版第1刷発行

著　者——大角洋平
発行所——株式会社　日本評論社
　　　　〒170-8474 東京都豊島区南大塚3-12-4
　　　　電話03-3987-8621（販売：FAX－8590）
　　　　　　03-3987-8592（編集）
　　　　https://www.nippyo.co.jp/　振替　00100-3-16
印刷所——精文堂印刷株式会社
製本所——株式会社松岳社
装　丁——Ebranch 冨澤崇

|JCOPY|＜(社)出版者著作権管理機構　委託出版物＞
本書の無断複写は著作権法上での例外を除き禁じられています。複写される場合は、そのつど事前に、(社)出版者著作権管理機構（電話03-5244-5088、FAX03-5244-5089、e-mail: info@jcopy.or.jp）の許諾を得てください。また、本書を代行業者等の第三者に依頼してスキャニング等の行為によりデジタル化することは、個人の家庭内の利用であっても、一切認められておりません。

検印省略　©2025　Yohei Okado
ISBN978-4-535-52832-1　　　　　　　　　　　　　　　　　Printed in Japan